Staats- und sozialwissenschaftliche Forschungen

herausgegeben

von

Gustav Schmoller und **Max Sering.**

Vierundzwanzigster Band. Viertes Heft.

(Der ganzen Reihe 114. Heft).

G. Luther, Die technische und wirtschaftliche Entwicklung des deutschen Mühlengewerbes im 19. Jahrhundert.

Leipzig,
Verlag von Duncker & Humblot.
1909.

Die

technische und wirtschaftliche Entwicklung des deutschen Mühlengewerbes

im 19. Jahrhundert.

(Mit Berücksichtigung der früheren Entwicklung und unter Fortführung bis auf die neueste Zeit.)

Von

Gerhard Luther.

Leipzig,
Verlag von Duncker & Humblot.
1909.

INHALTSVERZEICHNIS.

*

EINLEITUNG.

A. Allgemeines.

Viele Werke der technischen Fachliteratur bezeichnen die Müllerei als eine Kunst, die nicht rein handwerksmäßig erlernt und ausgeübt werden könne; denn außer der eigentlichen Vermahlung müsse der Müller die Beurteilung, die Behandlung und die Mischung der nie ganz gleichartig ausfallenden Getreideernten verstehen, wenn er in seinem Berufe etwas leisten wolle. Diese Wertschätzung der Müllerei ist verhältnismäßig neuen Datums; zwar hatte man den Übergang von der alten Handmüllerei zum Wind- und Wasserbetrieb laut als Fortschritt begrüßt und viel besungen, aber noch im Anfange des 19. Jahrhunderts war in Deutschland die Meinung verbreitet, daß das damals äußerst einfache Mühlenhandwerk von einem Manne mit gesundem Menschenverstand in einer Woche bequem zu erlernen sei. Heute gestaltet sich das Bild ganz anders! Es ist hier die Entwickelung des deutschen Mühlengewerbes nach einer Epoche des Stillstandes durch das 19. Jahrhundert zu verfolgen, durch das Jahrhundert der Technik, das endlich auch der Müllerei den technischen und wirtschaftlichen Aufschwung brachte. Und am Ende dieser Periode wird sich der betrachtete Gewerbezweig als zum großen Teil festfundierter moderner Großbetrieb präsentieren, der mit der Müllerei vom Anfang des Jahrhunderts eigentlich nur noch den Namen gemeinsam hat.

In der Bedeutung für die Volksernährung steht das heutige Mühlengewerbe unbestritten an erster Stelle. Seine Lage ist in den letzten Jahren in Presse und Parlament vielfach erörtert worden, aber diese Erörterungen vermochten sich nur selten über einseitige Eigen- oder Parteiinteressen zu erheben; sie kennzeichnen sich meistens durch weitgehende Tendenzbefangenheit und haben daher nur bedingten Wert. Die wissenschaftliche Literatur über die Mühlenindustrie ist merkwürdigerweise gering; erst in den allerletzten Jahren ist hier eine Wendung zu verzeichnen gewesen und neuerdings scheint auch die seitens der Interessenten bisher beobachtete ängstliche Geheimhaltung alles Wissenswerten etwas abzunehmen. So ist zu hoffen, daß die Müllerei aus einer immer umfangreicheren Bearbeitung der sie berührenden Fragen zukünftig Nutzen ziehen wird, und ebenso ist zu hoffen, daß es gelingt, anstatt der heute wenig freundlichen Beziehungen eine engere Fühlung zu erreichen zwischen der Müllerei, der Landwirtschaft und der Bäckerei; denn diese drei Gewerbe sind ja eigentlich durch ihre engen Wechselbeziehungen geradezu zum vereinten Marschieren gezwungen.

Über die Entwicklung der Mühlentechnik weiß man nicht besonders viel; ihre geschichtliche Entstehung soll daher in einem besonderen Kapitel unter Benutzung der in der Literatur zerstreuten Angaben behandelt werden; daran knüpft sich die Darstellung der technischen Verbesserungen im 19. Jahrhundert und eine kurze Besprechung der Müllerei in ihrer heutigen Form. Im Rahmen der vorliegenden Untersuchung ist es natürlich nur möglich, die Mühlentechnik in größeren Zügen zu schildern; das betreffende Kapitel erhebt also nicht den Anspruch, praktischen Müllern und Ingenieuren Neues sagen zu wollen, sondern es soll lediglich dem Zwecke dienen, den mit der Müllerei nicht Vertrauten einen übersichtlichen Einblick in dieses Gewerbe zu erleichtern. Im zweiten Teil der Arbeit ist die wirtschaftliche Entwicklung behandelt, und zwar zunächst in rein chronologischer Anordnung, welche etwa bis zum Jahre 1875 eingehalten ist. In die Folgezeit fällt dann die Hauptentwicklung des modernen Mühlenbetriebes; es war daher nötig, hier die chronologische Einteilung aufzugeben und dieses Stadium der neuesten Entwicklung nach der stofflichen Differenzierung zu gliedern. — Um gleich an dieser Stelle eine Anschauung von der Bedeutung der deutschen Getreidemüllerei zu geben, sei bemerkt, daß die deutsche Mühlenproduktion einen Wert von mehr als 1600000000 Mk. repräsentiert und daß hiervon etwa 1100000000 Mk. auf die Handelsmüllerei entfallen.

B. Das Wesen der Müllerei.

Die Aufgabe der Getreidemüllerei ist die Trennung der im Getreide enthaltenen verdaubaren Teile von denen, die für den menschlichen Magen unverdaulich sind, also die Erzeugung eines möglichst kleiefreien Mehles und anderseits die Gewinnung einer mehlfreien Kleie. Unter letzterer sind die harten, teilweise verholzten Samenschalen und die weichen äußeren Kleberschichten des Getreidekornes zu verstehen; die inneren Kleberschichten sind dagegen ein wichtiger Mehlbestandteil, denn guter Kleber hat die Fähigkeit, bis 200 % Wasser aufzunehmen und dann eine elastische Masse zu ergeben, während Stärke mit Wasserbeimengung nur eine unelastische Masse darstellt. Kleberreiches Mehl liefert daher im allgemeinen ein poröses Brot von gutem Geschmack, kleberarmes Mehl aber ein rissiges Brot, das sehr fade schmeckt. Die Güte des Klebers ist in seinem Stickstoffgehalt begründet, der normal 16 % beträgt; die Qualität ist um so besser, je mehr Stickstoff darin enthalten ist.

Im vorliegenden Fall soll nur der Weizen und Roggen berücksichtigt werden; die Gerste-, Hafer-, Maisvermahlung usw. bleiben unberücksichtigt, da sie besonders in Deutschland von untergeordneter Bedeutung sind.

Das Roggenkorn zeigt die einfachere Bildung; seine Schale besteht nur aus zwei Häutchen, der Fruchthaut und der Samenhaut; unter letzterer befindet sich die Kleberzellenschicht, die den Mehlkörper von der Schale trennt. Das äußere Roggenkorn hat eine silbergraue oder blaugraue Farbe, eine längliche, walzenförmige Gestalt ohne tiefere Furchen. Anders das Weizenkorn. Bei diesem wird die Fruchthaut aus drei, die Samenhaut aus zwei einzelnen Häutchen gebildet; das Korn ist gelbbraun, eiförmig, nach außen hin etwas konvex; es zeigt auf der Bauchseite einen tiefen Längseinschnitt, die Kerbe, die sich in einem Spalt bis etwa in die Mitte des inneren Kornes fortsetzt. Die Vermahlung des Roggens ist also auch die einfachere; und da überdies auf die Gewinnung feinster Roggenmehle im Gegensatz zu den Weizenmehlen wenig Gewicht gelegt wird, so vereinfacht sich das Mahlverfahren noch mehr, so daß eine Roggenmühle in Anlage und Betrieb weit billiger ist als eine Weizenmühle gleicher Leistung.

Die Behandlung des Getreides wird später besprochen, doch mögen die wesentlichen Punkte schon hier erörtert werden: durch das „Putzen“ werden Erde, Staub, Fremdkörper entfernt, beim „Spitzen“ die Keime am unteren, sowie das Bärtchen am oberen Ende beseitigt, beim „Schälen“ werden die verschiedenen Häute, aus denen die Samenhülle besteht, als Kleie abgeschieden; der innere Mehlkern allein liefert ein brauchbares Mehl, das um so weißer und hochwertiger wird, je mehr man bei der Vermahlung nach innen gelangt; der äußere Teil ist härter und kleberreicher und ergibt daher dunklere Mehle. Die mineralischen Teile des Getreides bestehen etwa zur Hälfte aus Phosphorsäure, ferner aus Kali, Magnesia, Kalk, Natron, Chlor, Kieselerde, Eisenoxyd. Die Menge dieser unverbrauchbaren Bestandteile wird durch Brennproben festgestellt; ihre Asche wiegt etwa $^1/_{50}$ bis $^1/_{25}$ der verbrannten Körper.

Hinsichtlich der Getreideproduktion ist zu sagen, daß Deutschland zu Anfang der Betrachtungsperiode seinen Bedarf noch durchaus selbst produzierte. Später haben sich aber die Verhältnisse stark geändert. Die deutsche Landwirtschaft ist mehr und mehr vom Anbau des Roggens zum Weizenbau übergegangen und hat hier besonders die Produktion der ertragreichen, aber geringwertigen, sogenannten englischen Weizensorten gepflegt. Der Grund ist folgender: der deutsche Weizen entwickelt in einer Ähre nur zwei bis drei, nur selten aber vier Samen, der englische dagegen mindestens vier, in der Regel aber fünf, häufig sogar sechs Samen. Für die Landwirtschaft stellt sich also der Anbau dieses Weizens günstiger; der Vorteil wird für sie aber noch um so größer, als der englische Weizen ihr mehr Stroh bringt als der gewöhnliche deutsche Weizen. Die Qualität ist dagegen bedeutend schlechter; der Gehalt an Kleber ist zu gering, und daraus resultiert eine schlechte Backfähigkeit; die Qualität wird noch mehr verringert, je mehr der Rübenbau zunimmt, der die Bodenkraft völlig aussaugt und für den nachfolgenden Weizenanbau eine äußerst starke künstliche Düngung erforderlich macht. Aus dem Grunde der immer schlechteren Kornbeschaffenheit wurde die Beimischung und Mitvermahlung kleberreichen ausländischen Weizens eine immer kategorischere Forderung, besonders da die Anforderungen an gute Mehle seitens der Konsumenten ganz gewaltig gestiegen sind. So sieht sich Deutschland hinsichtlich seiner Weizenversorgung auf eine Einfuhr aus dem Auslande angewiesen.

Beim Roggen ist die Änderung in den Produktionsquellen eine weniger starke; die Roggeneinfuhr ist mehr konstant geblieben, da einerseits durch immer intensivere Bodenkultur die Produktion erheblich gesteigert wurde, anderseits aber die Bevölkerung im letzten Viertel des 19. Jahrhunderts sich in immer steigendem Maße dem Weizenmehlkonsum zugewandt hat. So nimmt der Bedarf an reinem Roggenmehl kaum zu; heute käufliches Roggenbrot ist sogar oft aus einem Gemisch von Roggen- und Weizenmehl hergestellt. Immerhin ist der Roggen noch heute Hauptnahrungsmittel in großen Teilen von Ost- und Norddeutschland, ferner in Dänemark, in Rußland und Teilen von Österreich; der Weizen ist Hauptnahrungsmittel in Süd- und Westdeutschland, sowie in einigen Teilen Mitteldeutschlands, ferner in dem deutschen Österreich, in Frankreich und England.

Das Getreide ist heute der wichtigste Welthandelsartikel geworden und immer mehr tritt eine Teilung der Handelsstaaten in Ein- und Ausfuhrstaaten ein. Eine nähere Betrachtung dieser Verhältnisse dürfte sich schon an dieser Stelle empfehlen, wozu die von Fridrichowicz[1] für das Jahr 1905 aufgestellten Tabellen dienen mögen. Nach ihnen stellt sich:

(Siehe die Tabellen auf S. 5 und 6.)

---

[1] Vgl. Fridrichowicz, Technik des internationalen Getreidehandels, Berlin 1908, S. 3 und 4. (Die Erntezeiten sind vom Verfasser hinzugefügt.)

I. Die Welternte und der Konsumbedarf in Weizen.

Land	Erzeugung	Verbrauch	Fehlbetrag	Überschuß	Erntezeit
	in Millionen Doppelzentnern				
Großbritannien . .	17	73	56	—	Juli, August, Sept, Oktbr.
Frankreich . . .	84	98	14	—	Juni und Juli
Deutschland . . .	37	57	20	—	Juli und Aug.
Österreich	13	28	15	—	Juli
Italien	43	52	9	—	Juni
Niederlande . . .	1	6	5	—	August
Schweiz	1	5	4	—	Juli
Belgien	3	17	14	—	August
Dänemark	1	2	1	—	Sept. und Okt.
Schweden	1	4	3	—	Juni
Spanien	30	35	5	—	Juni
Portugal	2	3	1	—	Juni
Griechenland . . .	2	4	2	—	Feb.,März,Apr.
Ägypten	4	5	1	—	Juli
Ungarn	46	32	—	14	Süd-Rußland
Rußland	150	130	—	20	Juni, Juli, Nord-Rußland Septbr., Okt. Juli
Rumänien	22	12	—	10	Juli
Bulgarien	11	6	—	5	Juli
Serbien	4	3	—	1	Juni
Türkei	18	15	—	3	Februar, März,
Ostindien	75	65	—	10	April
Vereinigte Staaten Nordamerikas . .	184	158	—	26	Juni, Juli
Kanada	27	16	—	11	Juli, August
Argentinien . . .	42	14	—	28	Dezbr., Januar
Australien	15	13	—	2	Januar
Algier	6	5	—	1	November
Summa	839	858	150	131	

Also Defizit 19 000 000 Doppelzentner.

An beiden Aufstellungen fällt zunächst auf, daß ein absoluter Fehlbetrag an Weizen wie an Roggen vorhanden war. Das Defizit an Weizen von 19 000 000 Doppelzentnern fand aber Deckung durch den aus dem Jahre 1904 restierenden Überschuß von etwa 34 000 000 Doppelzentnern; es konnte also noch ein Überschuß von etwa 15 000 000 Doppelzentnern in das Jahr 1906 übernommen werden. Auch dem Fehlbetrage an Roggen von etwa 20 000 000 Doppelzentnern stand ein Überschuß aus 1904 gegenüber, der aber nur etwa gleich groß war, so daß tatsächlich für 1906 kein Vorrat blieb. Ferner zeigt die zweite Tabelle die auffallende Tatsache, daß Rußland trotz seines Rufes als Roggenexportland im betrachteten Erntejahre nicht nur keinen Überschuß, sondern

II. Welternte und Konsumbedarf in Roggen.

Land	Erzeugung	Verbrauch	Fehlbetrag	Überschuß
	in Millionen Doppelzentnern			
Frankreich	14	15	1	—
Deutschland	93	102	9	—
Osterreich	19	23	4	—
Niederlande	3	6	3	—
Belgien	5	6	1	—
Dänemark	4	6	2	—
Schweden	6	8	2	—
Norwegen	—	3	3	—
Spanien	4	5	1	—
Ungarn	14	11	—	3
Rußland	200	202	2	—
Rumänien	3	2	—	1
Bulgarien	4	3	—	1
Türkei	5	4	—	1
Verein. Staaten Nordamerikas	8	7	—	1
Summa	382	402	28	8

Also Defizit 20 000 000 Doppelzentner.

sogar einen Fehlbetrag von 2 000 000 Doppelzentnern aufwies; dieses Land hatte jedoch einen Vorrat von etwa 15 000 000 Doppelzentnern aus dem Jahre 1904; es konnte also selbst in dem betrachteten schlechten Erntejahr noch etwa 13 000 000 Doppelzentner teils exportieren, und zwar hauptsächlich nach Deutschland und Österreich, zum anderen Teil für 1906 aufsparen.

Der Erntetermin für Weizen ist nach der obigen Tabelle auf alle Jahreszeiten verteilt, so daß also jederzeit neue Getreidemengen auf den Weltmarkt geworfen werden. Haupterfordernis ist daher heute für jeden Mühlenleiter eine gründliche kaufmännische Schulung und Ausnutzung von Marktkonjunkturen. Letztere ist für den deutschen Müller um so mehr erschwert, als amerikanische Getreidehandels- und Spekulationsfirmen ihre möglichst umfangreichen Ankäufe in mächtigen Speicheranlagen lagern, um die Ware erst bei eingetretenem Hochstand der Preise auf den Markt zu werfen. Eine Kenntnis der Weltmarktlage und annähernd sichere Beurteilung der kommenden Preisentwickelung gehört daher heute zu den schwierigsten Aufgaben der Müllerei.

ERSTER TEIL.

Erstes Kapitel.

Die Geschichte der Mühlentechnik bis 1800.

Nähere Angaben über die geschichtliche Entwicklung der Technik darf man nicht in den heutigen wissenschaftlichen Fachwerken suchen. Die Ingenieurwissenschaft hat im vergangenen Jahrhundert eine ungeahnte Entwickelung erlebt, die sich noch in der Gegenwart eitrig fortsetzt. So bleibt dem praktisch tätigen Ingenieur keine Zeit, den Blick in die fernere Vergangenheit zurückzulenken; er gründet auf der Gegenwart die Technik der Zukunft, er baut für die kommenden Generationen. Geschichtliche Angaben finden sich daher meistens nur in dürftiger Weise in der Literatur verstreut und ihre Kontrolle auf Glaubwürdigkeit ist oft sehr schwer ausführbar. Man weiß, daß die Kenntnis der Müllerei bis in die fernsten Zeiten zurückreicht; denn es entstand schon früh die Erkenntnis, daß das Getreide als solches dem Menschen nur wenig nutzt, daß es vielmehr erst durch geeignete Zerkleinerung zu einer dem menschlichen Magen zuträglichen Nahrung wird. Diese Zerkleinerung geschah zunächst durch Stoßen der Körner mit Steinkeulen in Steinen, die etwa durch stetiges Wassertropfen oder sonstwie von Natur gehöhlt waren; später in eigens hergerichteten Steinmörsern; aber dieses grobe und mühselige Verfahren genügte nicht lange, und so ist man wohl bald zum Zerreiben zwischen zwei flachen Steinen übergegangen. Im fünften Buch Mosis heißt es bereits: „Du sollst nicht zum Pfande nehmen den untersten und obersten Mühlstein.“ Demnach müssen horizontale Steinmühlen schon im 16. Jahrhundert v. Chr. bekannt und offenbar allgemein verbreitet gewesen sein. In der Bibel finden ferner schon die Tretmühlen Erwähnung, deren eine, die den Philistern gehörte, Simson ziehen mußte; aber man nahm auch schon damals den Betrieb dieser Mühlen durch Maultiere vor. Im ersten Jahrhundert unserer Zeitrechnung fanden sich dieselben primitiven Steinmühlen bei den Römern; die Untersteine waren in den Erdboden eingebettet, also unbeweglich; die konischen Obersteine wurden an langen Hebeln gedreht, und zwar durch Sklaven; über diese wie über ihre weiblichen Genossen wurde diese Arbeit oft als Strafe verhängt. Die Müllerei stand also damals noch auf einer nicht viel höheren Stufe als vor 1000 Jahren! Allerdings erzählt Plinius, dessen Leben in das erste Jahrhundert n. Chr. fällt, daß der Einfluß verschiedener Steinarten auf das Mahlprodukt bereits bekannt sei und daß man ein Verfahren kenne, das Getreide vor der Vermahlung anzufeuchten. Er erwähnt ferner die bereits damals geübte Trennung der Kleie vom Mehl, in der sich die instinktive Abneigung gegen jenes Produkt als menschliches Nahrungsmittel ausdrückt. Plinius berichtet auch, daß die Römer damals schon einen Unterschied zwischen feinen und groben Mehlen machten; sie hatten für erstere die cribra excussoria. Siebe aus Pferdehaar sollen zuerst die alten Gallier, solche aus Leinen zuerst die alten Hispanier verwendet haben. Ein großer Fortschritt war offenbar die Ausnutzung des Wassers als Antriebskraft. Nach neuester Forschung wird angenommen, daß horizontale Wasserräder schon etwa um 800 v. Chr. von den Chaldäern gebaut sind. Dr. Belck[1] fand auf einer Forschungsreise in Armenien und Kurdistan einen 80 km langen gemauerten Kanal, der in einen Aquädukt über den Korsch-Abfluß führt; das gewaltige Bauwerk soll aus der Zeit des chaldäischen Königs Mänuas stammen. Noch heute liefert der Kanal Wasser für 20 liegende Räder, sowie für die Bewässerung von 42 Dörfern.

Die erste Erwähnung von Wassermühlen in Europa findet sich bei Vitruvius, der unter Julius Cäsar und dem Kaiser Augustus Baumeister war und in den Jahren 16—13 v. Chr. ein Werk in 10 Büchern „de architectura" schrieb. Er kannte auch die verschiedensten Wasserschöpfmaschinen und regelrechte Paternosterwerke, die damals zum Wasserschöpfen dienten. Ausonius, der im 4. Jahrhundert n. Chr. lebte und eine epische Schilderung seiner Rheinreise hinterließ, spricht schon von Wassermühlen an der Mosel; sie waren oberschlächtig und von unbedeutender Größe und jeder Mahlgang hatte sein besonderes Wasserrad. Im Laufe der Jahrhunderte wurden die Wasserräder besonders in Deutschland vervollkommnet, wo man sie vorzugsweise im Berg- und Hüttenwesen zur Anwendung brachte. Gleichzeitig hat sich Leonardo da Vinci mit ihrer Konstruktion beschäftigt und auch in Frankreich fanden dieselben Verbreitung. Jaques Besson[2] beschreibt in seinem „Théatre des Instruments mathématiques et méchaniques" 1578 einen Mahlgang, dessen Mühleisen durch ein direkt darunter befindliches Wasserrad seine Rotation er-

---

[1] „Die Mühle", 1897 Nr. 23.

[2] Vgl. Th. Beck, Beiträge zur Geschichte des Maschinenbaues, Berlin 1900, S. 195.

hält. Dasselbe hat einen halbeiförmigen Körper und schraubenförmig gekrümmte Schaufeln. Später suchte man auch das geringe Gefälle nur kleiner Flüsse auszunützen, indem man der Ausbildung der unterschlächtigen Räder besondere Aufmerksamkeit schenkte, die man dann in Staber-, Straube- und Panstermühlen einteilte. Die Stabermühlräder hatten zwei Reifen, zwischen denen die Schaufeln eingezapft waren; die Strauberäder aber hatten nur einen Reifen und die Schaufeln standen auf dessen Stirnkranz. Beide Radarten waren in ihrer Höhenlage einfürallemal festgestellt im Gegensatz zur dritten Art, den Panstermühlen. Deren Räder sind nach dem wachsenden oder abnehmenden Wasser in der Höhenlage verstellbar, haben also stets die gleiche Beaufschlagung und ergeben somit die besten Wirkungsgrade.

Die im Strome verankerten Schiffmühlen sollen eine Erfindung Belisars, des Feldherrn des byzantinischen Kaisers Justinian I. sein, die in das Jahr 536 n. Chr. fiel, doch sind sie in Deutschland erst viel später bekannt geworden. Im 13. Jahrhundert sollen sie auf dem Rhein vorgekommen sein und im 17. Jahrhundert haben niederländische Flüchtlinge solche Mühlen bei Mannheim gebaut. Sie hatten wahrscheinlich vertikale Wasserräder, die sehr langsam liefen, also eine starke Übersetzung erforderten. Die späteren Schiffmühlen bestehen fast immer aus zwei Einzelschiffen, von denen das größere, das sogenannte Hausschiff die Mühlenanlage trägt; das zweite Schiff ist mit dem ersteren fest verbunden und hat nur den Zweck, einen zweiten Auflagerpunkt für die Welle des zwischen beiden Schiffen rotierenden unterschlächtigen Wasserrades zu liefern; häufig dient es außerdem als Lagerraum. Diese Mühlenfahrzeuge werden im Strom fest verankert und noch mit Seilen am Ufer befestigt; die Umdrehungszahl ihrer Wasserräder ist naturgemäß eine langsame und meistens sind nur 1—2 Mahlgänge vorhanden. Die Schiffmühlen haben zeitweise eine starke Verbreitung gehabt, während sie heute eine untergeordnete Rolle spielen; man trifft sie noch auf der Etsch bei Verona, auf der Donau und anderen Flüssen.

Roßmühlen waren von jeher im Gebrauch, wenigstens solange, als man Eselsmühlen kennt. Der Mahlgang unterschied sich nicht von dem anderer Mühlen, nur wurde der Antrieb von zwei Pferden besorgt, die beständig einen Kreis beschrieben. Im Jahre 1600 etwa wurde, wie Vittorio Zonca in seinem 1607 in Padua erschienenen „Novo Teatro di Machine et Edificii“ mitteilt, die erste Wagenmühle zum Mitführen im Kriege erbaut; die war erfunden von „Pompeo Targone, Ingenieur Seiner Exzellenz des Herrn Ambrosio Spinola, General Seiner katholischen Majestät in Flandern“ [1].

[1] Vgl. Beck, a. a. O., S. 310.

Die ganze Mühle war auf ein Wagengestell gesetzt, das von vier Pferden ins Feldlager gezogen und dort bis über die Achsen ins Erdreich versenkt wurde; zwei Pferde sorgten dann für den Antrieb der beiden Mahlgänge, während die beiden anderen ausruhten. Die Mühle diente nur zum Schroten, nachdem aber später das noch zu besprechende Beutelwerk in festen Mühlen allgemein angewandt wurde, schlug Mathias Beyern 1735 in seinem „Theatrum machinarum molarium" vor, doch einen Gang zum Beuteln einzurichten, „um wenigstens bei einer Armée vor die hohen Officiers im Fall der Noth recht Mehl zu verschaffen". Die Roßmühlen haben sich offenbar großer Verbreitung erfreut und sind noch heute in entlegenen Weltwinkeln anzutreffen. Der schon genannte Vittorio Zonca beschrieb auch eine Mühle mit schrägem Tretrade für Ochsenbetrieb, die zu seiner Zeit besonders in Venedig, wo keine Wasserkräfte bestanden, in Verwendung war. Zonca stellte auch einen Kollergang mit einem Läuferstein dar, der durch ein Wasserrad von unten betrieben wurde; diese Mühle kam für Pulver und Leinsamen, nicht aber für Getreide in Betracht.

Die Handmühlen wurden von Menschenhand meist mit Hilfe einer Kurbel angetrieben; sie waren für 1—2 Personen eingerichtet und hatten später sogar ein Beutelwerk. Im Kriegsfalle oder beim Niederbrande einer Mühle konnten sie oft auf Wagen, allerdings dann ohne Beutelwerk, transportiert werden. Schon früh brachte man am Mühleisen eine Kröpfung und in dieser eine Schubstange an, an welcher der Arbeiter dann zog resp. schob; im Anfange des 15. Jahrhunderts hatte man ein Armkreuz[1] mit Schwungkugeln am Mühleisen angeordnet und so die Arbeit etwas erleichtert. Die Handmühlen haben sich lange erhalten und finden sich zuweilen noch heute, trotzdem nach Mathias Beyern das Mahlen auf ihnen „eine dermaßen saure und harte Arbeit ist, daß die leibeigenen Knechte und die, so etwas verwürket hatten, zu Strafe mahlen" mußten.

Über den Ursprung der Windmühlen herrscht in der Literatur keine Einigkeit. Man hat angenommen, daß sie ursprünglich aus Persien stammen, von dort nach Arabien kamen, und daß ihre Kenntnis im 11. Jahrhundert von Kreuzfahrern nach Europa gebracht sei. Dieser Meinung tritt Beckmann[2] mit der Begründung entgegen, daß man im Orient heute keine Windmühlen kennt und daß auch keine Spuren von solchen gefunden sind; er hält Deutschland für das Ursprungsland trotz der Meinung Antons[3], der infolge der 868

---

[1] Vgl. Beck, a. a. O., S. 276.
[2] Beckmann, Beiträge zur Geschichte der Erfindungen, 1788, S. 35.
[3] Anton, Geschichte der deutschen Landwirtschaft, 1802.

erfolgten Schenkung einer Windmühle an die Abtei Croyland die Entstehung nach England verlegt. Jedenfalls waren Windmühlen vor 1105 in Frankreich bekannt, denn in einem von Mabillon aufgefundenen Diplom[1] erhält ein französisches Kloster die Erlaubnis zur Errichtung von „molendina ad aquam et ventum". Nach einer anderen Urkunde von 1143 haben in England vor diesem Zeitpunkte Windmühlen bestanden. Ihre wirkliche Verbreitung in Deutschland dürfte aber erst im 13. und 14. Jahrhundert stattgefunden haben, und zwar hat es sich damals nur um die sogenannten deutschen, die Bockwindmühlen, gehandelt. Das hölzerne Gebäude ruhte drehbar auf der Versteifung, dem sogenannten Bock eines vertikalen Holzständers, der „Hausbaum" hieß; das Drehen der Flügel, also des ganzen Hauses, nach dem Winde geschah mit einem Hebel, dem „Sterz", der aus der Mühlenrückwand hervorragte und nach der Drehung festgestellt wurde, also gleichzeitig als Gegenstütze gegen starken Wind diente. Im Jahre 1393 ließ die Stadt Speyer eine solche Mühle von einem eigens aus Holland herbeigerufenen Windmüller errichten, und Berthelot beschreibt eine Bockwindmühle mit Sackaufzug aus dem Jahre 1430[2]. Von diesen Bockwindmühlen unterscheiden sich die „Paltrock-Windmühlen" nur durch den Drehungsmechanismus; auf einem fest fundamentierten Ringe laufen Rollen, auf die sich wiederum das Gebäude legt, das nun ebenso wie die Bockwindmühle gedreht werden kann. Besonders bei starken Winden erwies sich diese Konstruktion stabiler als die der deutschen Bockwindmühle. Aus der erforderlichen Drehbarkeit des ganzen Gebäudes resultierte aber die Forderung möglichst leichter Konstruktion, und daher war die Widerstandskraft bei starkem Winde so gering, daß man diesen nie ganz ausnutzen konnte; infolgedessen hatten diese Mühlen im allgemeinen auch nur einen Mahlgang. Dieser Mangel wurde wesentlich eingeschränkt durch die Einführung der sogenannten Holländer Windmühlen, die die feste Fundierung des ganzen Gebäudes im Erdboden und demgemäß eine größere und stabilere Ausführung gestatteten. Beim Stellen nach dem Winde wurde nur noch der Kopfteil, nämlich die die Rutenwelle tragende Haube, gedreht; die Windkraft konnte nunmehr besser ausgenutzt werden und es wurden durchgehend zwei Mahlgänge betrieben. Die Holländer Windmühle soll eine flandrische Erfindung aus dem Jahre 1550 sein; doch finden sich Skizzen von Windmühlen mit drehbarem Dach schon etwa 50 Jahre früher bei Leonardo da Vinci.

Man hat dann auch versucht, die horizontale Rutenwelle

[1] Vgl. Beckmann, Beitr. zur Geschichte der Erfind., 1788, S. 35.

[2] „Pour l'histoire des arts mécaniques et de l'artillerie vers la fin du moyen-âge". Annales de Chimie et Physic, Paris 1881.

mit der kraftraubenden Übertragung durch Winkelräder zu vermeiden und die Windflügel zu einem horizontalen Windrad mit vertikaler Welle auszubilden und schon Hieronimus Cardanus, von dem an anderer Stelle näher zu sprechen sein wird, fertigte etwa 1650 eine Zeichnung hierfür an. In dem 1547 in Nürnberg erschienenen Werke des Gualtherius Rivius: „Der fürnehmsten, nothwendigsten, der ganzen Architektur angehörigen, mathematischen und mechanischen Kunst eigentlicher Bericht" findet sich eine solche Mühle mit horizontalem Windrade über dem eigentlichen Mühlengebäude; die Flügel bestehen aus einem Rahmenwerk, in dessen Feldern Ventilklappen angebracht sind, die sich nach einer Seite hin öffnen können. Diese Klappen werden auf der einen Seite durch den Wind geschlossen, der dann an der ganzen Flügelfläche angreift; gelangt der Flügel nun auf die andere Seite, so werden seine Klappen vom Winddruck geöffnet und der Wind wirkt jetzt bloß noch auf einen kleinen Teil der Flügelfläche. Das Prinzip ist also: Auffangen des Windes auf der einen, unbenutztes Durchlassen desselben auf der anderen Seite. Näheres über derartige horizontale Windräder verschiedenster Konstruktion findet sich auch in dem großen 1617 erschienenen Werke von Faustus Verantius, Erzbischof von Gran, Primas und Vizekönig von Ungarn, von dem an späterer Stelle zu sprechen sein wird. Der Titel des Buches lautet: „Machinae novae Fausti Verantii Sicenti cum declaratione latina, italica, hispanica, gallica et germanica. Venetiis cum Privilegiis". Verantius beschreibt hier Windräder für einen viereckigen und für einen runden Turm und nennt dieselben „Panemoren"[1]. In der Folgezeit sind offenbar mit diesen Windrädern verschiedene praktische Versuche gemacht, aber die Konstruktion hat keine weitere Verwendung gefunden. Im Jahre 1868 machte der damals recht bekannte Mühlenbauer A. M. Arndt in Magdeburg neue Vorschläge und wollte mit einem horizontalen Windrad von 8 m Durchmesser eine vertikale Windmühle mit 27 m langem Rutenzeug ersetzen. Als weitere Vorteile führte er an die Stabilität des viereckigen, massiven Gebäudes, den Fortfall der nach dem Winde zu drehenden Haube, die besseren Innenräume und besonders die Möglichkeit, jederzeit zu mahlen. Auch das Arndtsche Windrad hat sich in die Praxis nicht einführen können und in neuester Zeit hat man von derartigen Plänen kaum etwas gehört, weil die Windmühlen von immer geringerer Bedeutung geworden sind.

Die Mahlgänge waren gegenüber den früher erwähnten römischen Mühlwerken wohl etwas verbessert worden, besonders durch die Aufhängung des oberen, des Läufersteines;

[1] Vgl. Beck, Beitr. zur Geschichte der Maschinenbaukunde, S. 517.

aber im wesentlichen war man bei der alten, umständlichen und groben Herstellungsmethode geblieben und war nur im Anfange des 16. Jahrhunderts dazu übergegangen, das Sieben des Mahlprodukts nicht mehr von Menschenhand, sondern durch ein Beutelwerk am Mahlgange selbst vornehmen zu lassen. Das Beutelwerk bestand im wesentlichen aus einem Wollbeutel, der vom Mühlwerk beständig gedreht und geschüttelt wurde. Tobias Schmidten berichtet in seiner 1656 erschienenen Chronik der Stadt Zwickau: „Im Jahre 1502 Mittwoch vor Joh. Baptistas ist das Räderwerk der Beutel in Mühlen allhier in Zwickau erstlich aufgekommen und gebraucht worden [1]." Und in dem 1588 in Paris erschienenen Werke des Agostino Ramelli, in welchem die „diverse e artificiose machine" beschrieben sind, ist schon ein anderes Rüttelwerk erwähnt, das direkt über dem Läuferstein befindlich die Zuführung des Mahlgutes regelt. Die Vornahme der Beutelei direkt an dem Mahlgang blieb zukünftig die vorherrschende, ja beinahe die allein bekannte und erst in neuer Zeit ist man zu getrennten Sichtmaschinen gekommen. Aber auch die Erfinder dieser Apparate hatten schon längst einen Vorgänger, dessen Name zwar nicht bekannt ist, dessen Maschine aber der schon erwähnte Mailänder Hieronimus Cardanus, der 1501—1576 lebte, in seinem 1550 erschienenen Werke „De subtilitate" [2] beschrieben hat. Diese Mehlsichtmaschine stellte ein vom Mahlgange vollständig getrenntes Rüttelwerk dar, das durch eine Handkurbel betätigt wurde und drei Sorten sichtete: die Blume des Mehles, das grobe Mehl, die Kleie. Der ganze Apparat war dicht verschlossen im Gegensatz zum Mahlgangsbeutelwerk und dem Handsiebapparat, bei welchem die Armlöcher den Durchgang von Staubmehl mehr oder weniger erlaubten; es fand also kein Mehlverlust bei der neuen Maschine statt, die Arbeit war nicht mehr so gesundheitsschädlich und größere Sauberkeit war möglich. Der Hauptvorteil aber war, daß ein einziger Mann das Rad drehen, das Sichtgut aufschütten und die Endprodukte sammeln konnte, also die Arbeit von Dreien leistete. Es genügte ein einfacher Arbeiter, ein „gerulus", der weit billiger arbeitete als ein gelernter Sieber. Dazu kamen noch als weitere Vorteile die genauere Sichtung und die geringere Abnutzung des Leinensiebes. Der Erfinder erhielt vom Kaiser das Privilegium, daß keiner ohne seine Zustimmung den Apparat benutzen dürfe; es ist ihm offenbar gut ergangen, denn Cardanus sagt: „er zieht seinen Lebensunterhalt aus dieser Industrie und hat sich vor kurzem ein Haus gekauft."

Noch eine andere Erfindung sei hier erwähnt, die man

---

[1] Beckmann, Beitr. zur Geschichte der Erfind., Leipzig 1788.

[2] Vgl. Beck, Beitr. zur Geschichte der Maschinenbaukunde, S. 182.

auch allgemein für eine Errungenschaft des 19. Jahrhunderts gehalten hat, nämlich die erste Walzenmühle[1]. Der schon erwähnte Italiener Ramelli „ingeniero del christianissimo Re di Francia et di Pollonia“ hat eine regelrechte Walzenmühle in seinem erwähnten Werke 1588 beschrieben. Eine eiserne, konische, geriffelte Walze wird in einem ebenfalls eisernen, geriffelten Umhüllungskegel durch eine Handkurbel gedreht und zerreibt das Getreide; um den Abstand zwischen beiden Körpern je nach Wunsch verändern zu können, ist das hintere Zapfenlager verstellbar. Und auch der ebenfalls schon genannte Faustus Verantius hat bereits im Jahre 1617 eine transportable, von Menschenhand betätigte Walzenmühle dargestellt: eine geriffelte zylinderförmige Eisenwalze wird an einer Handkurbel in einem ebenfalls geriffelten eisernen Halbzylinder gedreht, der sich kastenförmig nach oben fortsetzt; ein Nachstellen der Walze findet nicht statt, der Zwischenraum zwischen ihr und dem Halbzylinder wird vielmehr durch das Eigengewicht der ersteren stets möglichst klein gehalten. Diese Handmühle ergab offenbar ein weniger gutes Mahlgut als die von Ramelli und die Anwendung beider wird eine nur untergeordnete gewesen sein.

So hatten sich um die Müllerei bisher besonders Italiener und Franzosen verdient gemacht; im Laufe der Jahrhunderte gewann sich darauf der deutsche Mühlenbau einen guten Namen, indem er schließlich die typische Form der „deutschen Mühle“ entwickelte, die bis zum Ende des 18. Jahrhunderts die allgemein herrschende blieb und in kleinen Mühlen bei dem Konservatismus der Besitzer noch heute zu finden ist. Ihre Konstruktion war folgende: das Getreide gelangt durch das „Rumpfzeug“ in das eigentliche Mahlwerk und wird hier zermahlen; das so erhaltene Produkt wird auf das Beutelwerk geleitet, das seinerseits die Trennung der Kleie vom Mehl bewirkt und mehrere Mehlsorten je nach ihrer Feinheit absiebt. Das Rumpfzeug besteht aus einem trichterförmigen Rumpf, der sogenannten „Gosse“ und aus einem darunter angebrachten offenen Kasten, dem „Rüttelschuh“, dessen Abstand von der Gosse durch einen geeigneten Mechanismus beliebig verstellbar ist. Durch Vergrößerung dieses Abstandes wird der Zulauf des Getreides nach den Mühlsteinen vermehrt, so daß jede gewünschte Zuströmung reguliert werden kann. Ein Rührnagel gibt dem Schuh dauernd eine rüttelnde Bewegung und bewirkt so das gleichmäßige Ausfließen des Getreides aus der Gosse. Die beiden horizontalen Mühlsteine bilden das „Mahl- oder Gehwerk“ und zwar ist der untere, der „Bodenstein“, unbeweglich, während der darüber angeordnete Oberstein rotiert und daher „Läufer“ heißt. Zwischen diesen

[1] Beck, a. a. O., S. 231 und 513.

Steinen geschieht die eigentliche Vermahlung. Zu diesem Zwecke sind in die beiden Mahlflächen Furchen, sogenannte „Schärfen" eingehauen und zwar so, daß die Schneidkanten des oberen Steines zu denen des unteren entgegengesetzt gerichtet sind, also eine Scherenwirkung hervorbringen und so die zwischen sie gebrachten Körner zerreiben. Diese Furchen unterstützen durch ihren Verlauf außerdem die Wirkung der Zentrifugalkraft, die das Mahlgut nach außen zu schleudern strebt; die somit gleichmäßiger gewordene Schleuderbewegung stößt das Mahlprodukt seitlich durch eine Öffnung, das „Mehlloch", nach außen zum Sortierapparat hin. Die Achse des Läufers, „Mühleisen" genannt, geht durch den Bodenstein hindurch und endigt unten in der „Pfanne", einem einfachen Lager, das später zwecks Abstandveränderung zwischen Läufer und Bodenstein heb- und senkbar angeordnet wurde; die dazu nötige Hebelvorrichtung heißt „Sichtwerk". Am unteren Ende des Mühleisens, dicht vor der Pfanne, ist ein Getriebe angebracht, das vom Kammrade der Hauptantriebswelle, also etwa von einem Wasserrade, seinen Antrieb erhält.

Nach der Vermahlung gelangt das Mahlprodukt in den Mehlbeutel, der aus Wollgaze oder einem Beuteltuch besteht und beständig gerüttelt wird. Dieses Rütteln wird durch das sogenannte „Gabelzeug" vermittelt. Eine Gabel ist an der sogenannten Sichtewelle befestigt und greift mit ihren beiden Zinken am Beutel an; die Sichtewelle besitzt einen kurzen Arm, der seinerseits durch einen auf dem Mühleisen befestigten „Dreischlag" bei jeder Umdrehung des Steines dreimal einen Stoß erhält und diesen auf den Beutel überträgt, ihn rüttelt. Durch diesen Dreischlag, der zwecks schnelleren Beutelns durch einen Vierschlag ersetzt werden kann, wird das alte vielbesungene Geklapper der Mühlen hervorgerufen. Später kommen auch Einrichtungen vor, die eine Verlängerung oder Verkürzung des genannten Hebelarmes bewirken und dadurch eine Veränderung im Rütteln ohne Stillstellen des Mahlganges ermöglichen. — Einer großen Beliebtheit haben sich später die englischen Beuteltücher erfreut, die zwar das Doppelte kosteten, aber die deutschen wesentlich an Feinheit und ferner an Lebensdauer um $^1/_3$ übertrafen. Im übrigen hatten auch jene von sächsischen und württembergischen Webereien sowie diejenigen der jüdischen Manufaktur von Berlin und Potsdam einen guten Ruf. — In dem geschilderten Beutel werden also die gröberen Teile zurückbehalten und gelangen nun in den „Sauberer", in dem sie — ebenfalls mittels Schütteln durch eine von der Sichtewelle abgeleiteten Bewegung — je nach ihrer Größe durch verschiedene Siebe fallen, also sortiert werden. Das über dieses Sichtwerk gegangene Mehl heißt: „gebeuteltes" Mehl im Gegensatz zu dem nur geschroteten und nicht gesichteten „Schrotmehl"; bei letzterem besteht also der ganze Mahlvorgang nur in grober Zerkleinerung des Getreides ohne nachfolgende Kleieabtrennung.

Das auf diesen deutschen Mühlen angewendete Mahlsystem war das der „Flachmüllerei", bei der man den Zwischenraum zwischen beiden Steinen sehr eng wählte, um das Mahlgut überhaupt nur einmal über den Gang schicken zu müssen. Die Steine greifen also das Getreide sofort scharf an und so ergibt sich bereits nach dem ersten Vermahlen ein fertiges, feines Mehl, aus dem nur noch im Beutelwerk die Kleie abzusondern ist. Aber dieser Flachmüllerei haftet der Nachteil an, daß die Schale des Getreidekornes nicht viel weniger pulverisiert wird, wie der Mehlkern; die feinen Schalenteile sind später nur zum kleinsten Teile aus dem Mehl zu entfernen, das daher oft dunkelfarbig wird. Später ging man häufig zu dem entgegengesetzten Mahlsystem, der „Hochmüllerei" über, die allerdings erst in der zweiten Hälfte des 19. Jahrhunderts ihre wirkliche Verbreitung durch Wiener Müller fand. Dieses Verfahren war im letzten Drittel des 18. Jahrhunderts seitens der Franzosen unter dem Namen „mouture économique" so laut gerühmt worden, daß man es in Deutschland vielfach als eine neue französische Erfindung ansah; es steht aber fest, daß es in Deutschland schon viel früher bekannt und bereits von den Römern vereinzelt angewandt worden war. Die Eigentümlichkeit des Hochmahlverfahrens, das besonders in der Weizenmüllerei wichtig geworden ist, besteht darin, daß der Zwischenraum zwischen beiden Steinen groß gewählt und dadurch erreicht wird, daß das Getreide nicht auf einmal eine Zerkleinerung zu feinem Mehl erfährt; auch wird die Schale nicht pulverisiert, sondern gleich anfangs in großen Stücken vom Mehlkern abgerissen. Das erste Mahlprodukt heißt „Hochschrot"; es hat sich dabei nur wenig Mehl gebildet, das von dem Gries und der Kleie abgesondert und wieder auf den Mahlgang gebracht und zum „zweiten Schrot" gemahlen wird. Dieser Prozeß wiederholt sich öfters unter jedesmaliger Absonderung der „Dunste", die die Zwischenprodukte zwischen Mehl und Gries, sowie der „Auflösungen", die jene zwischen Gries und Schrot darstellen. Das Verfahren wurde später vornehmlich in Österreich, besonders nach den Erfindungen des Ignaz Paur, angewandt und wird an anderer Stelle noch zu betrachten sein. Das feinste und weißeste Mehl wird jedenfalls bei diesem Verfahren zuletzt gewonnen.

In der Ausbildung der „deutschen Mühle" hatte die deutsche Intelligenz des Mittelalters zweifellos einen schönen Erfolg aufzuweisen und in vielen ausländischen Fachwerken wird die deutsche Mühlenbaukunst jener Zeiten nur mit großer Hochachtung genannt. Der früher erwähnte Erzbischof Faustus Verantius, der sich auch mit dem Abschneiden, Dreschen und

Waschen des Getreides eingehend beschäftigt hat, beschreibt im Jahre 1617 rühmend die in Deutschland üblichen Methoden zur Kleieabscheidung; danach war also der im Jahre 1502 erfundene Beutelkasten nach 115 Jahren in Italien noch unbekannt. Aus anderen damaligen Schriften ist ersichtlich, daß die deutschen Mühlen lange Zeit jede ausländische Bauart übertroffen haben. Aber das Zunftwesen, der Mahlzwang und andere noch zu betrachtende Wirtschaftsbedingungen schlossen ein ernstes Streben nach weiterer technischer Verbesserung aus; der deutsche Mühlenbau rastete und rostete; die Welt aber ging weiter vorwärts und so mußten sich denn die deutschen Müller bezüglich ihrer Mühlentechnik am Ausgange des 18. Jahrhunderts vom Auslande weit überflügelt sehen.

Schon im Jahre 1760 war durch Smeaton die erste englische Dampfmühle errichtet worden, deren Hauptwelle jedoch noch von einem Wasserrade getrieben wurde; die Dampfmaschine hatte das Wasser nur mittels Pumpen auf das hochgelegene Sammelreservoir zu heben, aus dem es auf das oberschlächtige Rad fiel. Diese Anordnung mag manchen Nichtfachmann heute eigenartig anmuten, doch ist zu berücksichtigen, daß es erst James Watt im Jahre 1781 gelungen ist, die hin- und hergehende Kolbenbewegung mittels Balancier, Pleuelstange und Kurbel in eine rotierende Bewegung überzuführen. Am Ende des Jahres 1782 wurde die erste derartige Maschine in der Kornmühle des Herrn Reynolds of Ketley seitens der Firma Boulton & Watt in Betrieb gesetzt und 1783 faßte Boulton den Plan, hauptsächlich zur Reklame für die neuen Maschinen in London eine große Dampfmühle zu bauen. Die Gebäude wurden von dem Architekten Wyatt entworfen, die Dampfmaschinen von Watt konstruiert, die Müllereimaschinen nach den Plänen des Schottländers John Rennie ausgeführt. 1786 erfolgte die Inbetriebsetzung und bald darauf arbeitete die ganze Anlage technisch zu voller Zufriedenheit; aber sie wurde dann am 3. März 1791 von übelwollenden und abergläubischen Leuten in Brand gesteckt und ganz zerstört. Boulton wie Watt erlitten erhebliche Verluste. Später ist die Mühle der „Albion-Mill-Company" wieder aufgebaut worden; sie hatte schon in ihren ersten Betriebsjahren vor dem Brande eine bedeutende Leistungssteigerung infolge des vom Wind und Wasser unabhängigen Dauerbetriebes aufgewiesen, und dieser offenkundige Erfolg zog bald die Errichtung weiterer Dampfmühlen in England nach sich. So hat sich dieses Land ein Hauptverdienst auch um die Müllerei erworben durch die Ausbildung dieser Antriebsmaschinen mit gesteigerter, gleichmäßiger Tourenzahl, die nunmehr den Dauerbetrieb ermöglicht hatten. Aber auch in der Vervollkommnung der eigentlichen Mühlentechnik hatten die Engländer, besonders der genannte John Rennie, Fortschritte gemacht.

In Amerika war 1785 eine große Mühle errichtet worden, die zwar nicht durch Dampf betrieben wurde, aber infolge der mühlentechnischen Einrichtungen sowie der technischen Verbesserungen zum Zwecke der Massenfabrikation ein Musterwerk darstellte. Amerika führte die gründliche Getreidereinigung ein, verwandte bessere, teilweise schon französische, später zu besprechende Mühlsteine und war auf Ersparung von Handarbeit bedacht, wie es ja in der Folge das führende Land in dem Ersatze menschlicher Arbeit durch Maschinen geblieben ist. Es bildete zu diesem Zwecke die Paternosterwerke aus und war auch auf sinnreiche Einrichtungen zum Horizontaltransport bedacht. Statt des früheren Einzelantriebes für jeden Mahlgang verwandte man später eine Hauptwelle für alle Mahlgänge und ging mehr und mehr zu Eisenkonstruktionen über.

Frankreich hingegen hat den Ruhm, zuerst den Turbinenbetrieb angewandt und dadurch erst die wirtschaftliche Ausnutzung der Wasserkräfte begründet zu haben. Zwar blickten die Franzosen in ihren Bestrebungen auf viele Vorgänger zurück; so hatte beispielsweise der mehrfach genannte Faustus Verantius sich eingehend mit der Verbesserung der Wasserräder beschäftigt und sogar schon 1617 den Gedanken der Ebbe- und Flutausnutzung gefunden, den man heute allgemein als eine Errungenschaft des 19. Jahrhunderts betrachtet. Er sagt darüber[1]: „Wer hat seither das Meer bezwingen können, daß es Mühlen treibe und zu anderen Bewegungen dienlich sei? Wir glauben, daß dies möglich ist, aber nicht allenthalben, sondern nur an engen Stellen des Meeres . . . Man sollte an dem Gestade einen Teich ausgraben, so hoch, wie das Meer zu wachsen pflegt, damit der Teich sich füllt, wenn das Meer steigt, und das Wasser, wenn das Meer wieder fällt, durch Brunnen oder Kanäle abläuft und die Mühlen treibt . . ." Und viele andere haben auf die Verbesserungen der Wasserräder gesonnen! Den Franzosen gelang aber die Herstellung der ersten brauchbaren Turbinen, die noch zu besprechen sein werden.

Die geschilderten Fortschritte und neuen Erfindungen bargen die Keime zu weiterer fruchtbarer Entwicklung in sich; und als man sich dann in Deutschland und besonders in Preußen mit dem Beginne des 19. Jahrhunderts zur Beseitigung der drückendsten Schranken im Interesse der Müllerei entschloß, da brach endlich auch in den deutschen Landen für dieses Gewerbe eine entwicklungsreiche, glücklichere Zeit heran. Der deutsche Müller sträubte sich zwar gegen

[1] Vgl. Beck, Beitr. zur Geschichte des Maschinenbaues, S. 518.

alle Neuerungen; aber den Forderungen dieser neuen Zeit gegenüber konnte er nicht ganz taub bleiben: er wurde mit ihr mitgerissen, wenn auch in den nächsten Jahrzehnten noch in langsamem Tempo und nach seinem bequemen Grundsatz:

„Eile mit Weile!“

Zweites Kapitel.

Die Mühlentechnik und die Mahlverfahren von 1800 bis 1900.

Zu Anfang des 19. Jahrhunderts befand sich die deutsche Weizenmüllerei noch auf einer sehr unentwickelten Stufe, besonders wenn man sie mit ihrem Stand in späteren Epochen vergleicht; das deutsche Volk nährte sich fast ausschließlich von Roggenbrot, dessen nur grobgeschrotetes Mehl keine entwickeltere Technik beanspruchte. Die Herstellung von Semmeln aus hochwertigen Weizenmehlen war unbekannt, weil diese Mehle eben noch nicht vorhanden waren. Allerdings hat man schon im zweiten Jahrzehnt dieses Jahrhunderts in Wien begonnen, mit Hefe, also auf sogenannte süße Gärung zu backen und hat sich zur Erzeugung der Wiener Kaisersemmeln des feinen Weizenmehles bedient, das aus der später zu besprechenden „Wiener Grieß- und Hochmüllerei“ gewonnen wurde; nach Deutschland sollte dieser Fortschritt aber erst viel später gelangen. Der deutsche Müller mahlte, nachdem er einige der früher besprochenen Verbesserungen an seinem Mahlgange angebracht hatte, in Seelenruhe weiter, wie seine Väter es getan hatten, und Fortschritte konnten sich nur langsam durchsetzen. Da griff eine bisher ganz unbekannte Situation in die friedliche Beschaulichkeit der deutschen Müllerei ein; die Jahre 1816 bis etwa 1824 brachten eine große Ernteergiebigkeit, und die früher für den Export in Betracht kommenden Länder, also England, Schweden und Spanien, hatten ihre Getreidezölle derartig geändert, daß ein namhafter Getreideexport dorthin von seiten Deutschlands nicht mehr möglich war. Die Folge war ein ganz außerordentliches Sinken der Getreidepreise. Man kam auf den Gedanken, der Landwirtschaft in der Weise zu helfen, daß man statt der bisherigen Getreideausfuhr eine solche aus fertigem Mehl ermöglichte, und man dachte zunächst die Amerikaner in Südamerika und ferner die westindischen Inseln mit dieser Konkurrenz zu erfreuen. In den königlichen Seehandlungsmühlen zu Danzig wurden auf Anordnung des Geheimen Oberfinanzrats Rother im Jahre 1822 Probevermahlungen vorgenommen und später Vergleiche mit den amerikanischen Produkten gezogen; man kam zu dem Urteil, daß einzelne, technisch gut eingerichtete Inlandsmühlen wohl in der Lage seien, ein Mehl herzustellen, das hinter jenem der Amerikaner nicht zurückzustehen brauche [1]. Besonderer Förderung erfreute sich damals die Müllerei seitens der preußischen Regierung, in erster Linie seitens des Geheimen Oberfinanzrats Wilhelm Beuth [2], der zu jener Zeit an der Spitze der staatlichen Gewerbefürsorge stand. Er hatte sich über die Fortschritte im englischen und französischen Gewerbewesen auf eigens unternommenen Studienreisen gründlich unterrichtet und sorgte nun mit allen Mitteln für das Gedeihen der preußischen, besonders der Berliner Industrie. Trotz der strengsten englischen Ausfuhrverbote schaffte er die neuesten Maschinen nach Berlin, prüfte sie hier eingehend, ließ, wenn sie als gut befunden wurden, einfach Modelle danach anfertigen, lieh diese den Fabrikanten zur Nachahmung und überließ die neuen Maschinen den Gewerbetreibenden oft kostenlos mit der einzigen Bedingung, daß eine tatsächliche Benutzung stattfinden müsse. Im Jahre 1820 gründete Beuth den ersten großen gewerblichen Verein zur Beförderung des Gewerbefleißes in Preußen. 1825 erklärte er in einem Aufsatze die Vorzüge der englisch-amerikanischen Mahlmethode nebst eingehenden Beschreibungen der bezüglichen Mühleneinrichtungen, und seiner Anregung verdanken auch die englischen Kornreinigungsmaschinen und englisches Siebwerk ihre Einführung in Deutschland. Diese Apparate bestanden in zylinderförmigen Holzgestellen, die zur Kornreinigung Mäntel aus Lochblech oder Eisendrahtgewebe hatten, zur Mehlsichtung dagegen mit Messingdrahtgewebe oder seidenem Beuteltuch bespannt waren. In der Zylinderachse rotierte eine Welle mit Flügeln und Bürsten, die das Gewebe säuberten und außerdem für gute Reinigung des Getreides sorgten.

Im Jahre 1825 wurde von Georg Volk in Wien das erste Paternosterwerk für Müllereizwecke eingeführt und im Anschluß daran begann man auch in Deutschland das Augenmerk auf die Transportvorrichtungen zu lenken. Zunächst natürlich auf die Paternosterwerke, die sich zum Vertikaltransport für jede Art von Gütern eignen. Entsprechende Transportbehälter sind durch endlose Seile, Ketten, Gurtbänder oder Riemen verbunden, die oben und am unteren Ende über Scheiben laufen; die Drehung einer dieser Scheiben erteilt dem ganzen System dann die Umlaufbewegung und die Transportgefäße bilden so eine endlose Kette, deren aufsteigender Teil belastet, deren absteigender Teil entlastet ist.

[1] Vgl. Mohr, Die Entwicklung des Großbetriebes in der Getreidemüllerei Deutschlands, Berlin 1899, S. 26.

[2] Vgl. Matschoß, Die Berliner Industrie einst und jetzt („Zeitschr. des Vereins Deutscher Ingenieure“, 1907, Nr. 19).

Hat das Gefäß den höchsten Punkt der oberen Scheibe überschritten, so entleert sich der Inhalt selbsttätig. Diese Vertikal-Transporteinrichtungen hat man erheblich verbessert, und heute sind sie zu einem wichtigen Bestandteil jeder modernen Mühleneinrichtung geworden. Auch für den Horizontaltransport sann man auf neue Apparate. Zunächst führte man die Transportschnecken ein, spiralförmig gebogene, auf einer horizontalen, sich drehenden Achse befestigte Bleche, die in einer halbrunden Rinne das Transportgut weiterschieben. Auch diese Transportschnecken stellen heute ein wichtiges Maschinenelement des Mühlenbaues dar. Zum Horizontaltransport von Getreide benutzte man später mit Vorliebe endlose, breite Gurtbänder, die ebenfalls, wie die Elevatoren, auf Scheiben rotieren und durch Unterstützungsrollen verstärkt werden. Das Getreide wird an einer beliebigen Stelle aufgeschüttet; an der Entladungsstelle läuft das Gurtband über eine Abwurfvorrichtung; die Körner ändern hier ihre Richtung und werden in einem Trichter aufgefangen. Die Abwurfvorrichtung ist natürlich verstellbar, und dadurch kann man das Getreide an jeder beliebigen Stelle zum Abspringen bringen. Diesen Bandtransporten ähneln die Schleiftransporte oder Schurren; bei ihnen ist das Gurtband (Leder- oder Gummi-Hanfriemen) mit kleinen Klötzen versehen; das Band hat einen bestimmten Abstand vom Fußboden und nimmt das auf diesen gebrachte Getreide infolge der Harkenwirkung der Klötze mit. Der Transport kann auf beiden Seiten gleichzeitig erfolgen und das Band dient dann nur unten als Schleif-, oben aber als einfacher Bandtransport.

Das wichtigste technische Ereignis aber war die Einführung der Dampfkraft in die deutsche Müllerei. Im Jahre 1800 war überhaupt erst die erste Dampfmaschine in Deutschland in Betrieb gekommen, also genau 40 Jahre später als in England. Diese erste Maschine diente zum Betriebe der Berliner Königlichen Porzellanmanufaktur; seit 12 Jahren war die Entwurfsausarbeitung für die neue Anlage bereits fertig dagelegen, und dieser Zeit hatte es bedurft, um den Widerspruch der Nachbarn zu brechen, die sich und ihren Häusern das „tötende Ungemach" fern zu halten suchten. Die genannte Maschine, deren Erbauer der Schotte John Baildon [1] war, blieb 15 Jahre lang die einzige; aber im Jahre 1816 gelang es einem jungen deutschen Mechaniker, Freund, eine Dampfmaschine für die Berliner Fabrikationsfirma Hensel & Schumann in Gang zu bringen. Diesen Mann, der sich Beuths besonderer Gunst erfreut hatte, ereilte schon 1819 der Tod; sein Bruder I. C. Freund trat an seine Stelle und erbaute die erste Berliner Dampfmühle für die Firma Krauske & Schumann,

[1] Vgl. Note 2 auf S. 20.

die 1822 in Betrieb kam. Im folgenden Jahre errichtete er eine weitere Dampfmühle in Magdeburg und 1825 folgte dort eine zweite, die von dem Engländer Fenton Murray nach dem typischen englisch-amerikanischen System erbaut wurde. In den verschiedensten Landesteilen entstanden nun größere Mühlen; nicht alle wurden mit Dampf betrieben, wie z. B. jene in Danzig und Königsberg i. Pr., aber sie wurden doch vorbildlich durch ihre verbesserten mühlentechnischen Einrichtungen. Die neuen Werke begannen in Beuths Sinne den Exporthandel zu pflegen; hierzu sahen sie sich geradezu gezwungen, weil die hohen Anlagekosten eine höhere Einnahme, also den ununterbrochenen Dauerbetrieb erforderten; wollten diese Mühlen sich darauf beschränken, nur den zeitweise höheren, dann wieder verminderten Bedarf ihres näheren Umkreises zu decken, so wäre eine Rentabilität von vornherein ausgeschlossen gewesen. Die preußische Regierung richtete immer mehr ihr Augenmerk auf die Mühlenindustrie; sie ließ sogar einige junge Müller auf dem Königlichen Gewerbeinstitut zu Berlin auch technisch ausbilden und entsandte sie 1827 mit der Aufgabe auf Reisen, „um in Europa und Amerika das aufzusuchen, was erforderlich ist, um das preußische Mehl vorzugsweise wohlfeil, haltbar und wegen seiner inneren Güte gesucht auf den Märkten des Auslandes zu machen." Hierin bekundet sich wiederum das rege Interesse der Regierung, den stark im Preise gesunkenen landwirtschaftlichen Produkten neue Ausführungsmöglichkeiten zu schaffen; und daraus sollte die Müllerei ebenfalls Nutzen ziehen.

Der preußischen Regierung folgte bald die bayerische, die 1828 demjenigen die Erteilung eines Preises von 3000 Gulden versprach, „von welchem binnen zwei Jahren im Königreiche eine Mahlmühle von mindestens drei Gängen nach dem Muster der in England und Nordamerika seit längerer Zeit mit bestem Erfolg ausgeführten Mühlen eingerichtet und in Gang gebracht ist." 1831 fand sich ein einziger Bewerber, der Mechaniker Speeth in Nürnberg ein, der die 3000 Gulden auch erhielt. Daraus kann man ersehen, wie überaus gering damals noch die Unternehmungslust oder auch -kraft war; noch schlechter gestaltete sich die Erfahrung, die die österreichische Regierung machte: auch sie schrieb im Jahre 1829 einen Preis, und zwar 200 Dukaten für die Erbauung einer Mühle nach amerikanischem System aus; derselbe gelangte überhaupt niemals zur Auszahlung. Diese Ergebnisse waren nicht ermutigend, und so entschloß sich die württembergische Regierung, von einer Preisaufgabe abzusehen und lieber selbst eine Mühle bauen zu lassen; diese wurde 1830—1831 bei Stuttgart errichtet; sie erhielt ihre Betriebskraft durch drei Wasserräder. 1834 folgte die erste badische Dampfmühle in Mannheim und im folgenden Jahre entstanden auch in Sachsen zwei Mühlen mit

Dampfbetrieb, nämlich in Leipzig. Im selben Jahre kaufte die Königlich Preußische Seehandlung die Ohlauer Mühle und beauftragte Ganzel, einen der beiden nach Amerika entsandten Gewerbeschüler, mit dem Umbau; die Mühle erhielt acht Mahlgänge und gußeiserne Räder; sie wies nach vollendetem Umbau eine Leistung von etwa 20 tons Getreidevermahlung in 24 Stunden auf. Diese für damalige Anschauungen außerordentliche Leistung war in erster Linie ermöglicht durch Verwendung französischer Mühlsteine aus Brest, die hauptsächlich durch Vermittelung der Amerikaner bekannt geworden waren und bald große Verbreitung gefunden hatten. Sie bestehen aus einzelnen, unregelmäßigen, künstlich bearbeiteten Stücken, etwa 30—35 an der Zahl, die mittels Zement zusammengesetzt und dann durch mehrere Eisenreifen fest umbunden sind. Ihr besonderer Vorzug liegt in ihrer geringen Abnutzung, also nur selten erforderlicher Nachschärfung, und in der Eigenschaft, ein hervorragend feines Dauermehl zu produzieren. Man bezog diese sogenannten „french burrs“ meistens aus La Ferté sous Jouarre im Seine- und Marnedepartement, aber auch aus Südfrankreich, z. B. aus der Dordogne. Nach dem Grundsatze der Franzosen: „telles meules, tels moulins“ wurden sie trotz der hohen Anschaffungskosten auch in Deutschland heimisch[1]. Im Jahre 1836 wurde die Danziger Stadtmühle nach amerikanischem System umgebaut, um künftig bei einer Pachtsumme von 4500 Reichstaler jährlich 4750 tons Mehl herzustellen[2]; der Umbau kostete die enorme Summe von 30 000 Reichstaler. Noch im gleichen Jahre entstand eine 24pferdige Dampfmühle in Münster; 1837 folgte eine weitere im Regierungsbezirk Marienwerder und in Berlin allein bestanden in dieser Zeit schon drei Dampfmühlen. Ebenfalls 1837 wurde die Aktienmühle bei Stettin erbaut, die bei 30 Pferdestärken Dampfkraft 4000—5000 Wispel, also etwa ebensoviel tons Getreide jährlich vermahlen sollte; und zwar waren neben den Steinen auch aus der Schweiz stammende Metallwalzen vorgesehen, über welche an späterer Stelle noch gesprochen wird. Die Stettiner Aktienmühle pflegte hauptsächlich die Tauschmüllerei, bei welcher der Mahlgast für sein Getreide das entsprechende Mehlquantum gleich mitnehmen konnte; auch diese Einrichtung wird noch näher beleuchtet werden. Im Jahre 1838 wurde je eine Dampfmühle bei Groß-Strehlitz und bei Ratibor ins Leben gerufen, 1839 eine solche bei Pischkowitz. Auch die Holländer Windmühlen wurden in dieser Zeit vervollkommnet und vergrößert, so daß ihnen nunmehr eine teilweise Dauer-

---

[1] Vgl. „Mühle“, 1881, S. 149 u. a. O.

[2] Mohr, Die Entwicklung des Großbetriebes in der Getreidemüllerei Deutschlands, S. 38.

fabrikation ebenfalls möglich wurde. Die Königliche Seehandlung aber wandte noch mehr als bisher dem Mühlengewerbe ihr Interesse zu, denn die Getreidepreise waren immer tiefer gefallen und Abhilfe durch bedeutend vermehrten Seeexport tat dringend not. Sie kaufte 1842 eine viergängige Potsdamer Windmühle und errichtete an deren Stelle eine achtgängige Dampfmühle von 48 Pferdestärken, die 1843 in Betrieb kam. Später erwarb sie noch weitere sieben Windmühlen mit zusammen zehn Gängen, die stillgelegt wurden. In das Jahr 1840 fällt die zehnjährige Pachtung der Beuthener und ins Jahr 1842 der Kauf der Bromberger Mühlenwerke, ebenfalls durch die Königliche Preußische Seehandlung.

Mit der geschilderten Ausbreitung der Dampfmaschinen war ihnen die Zukunft in der deutschen Müllerei gewonnen und jeder Müller, der nur irgend daran denken konnte, überlegte sich die Anschaffung; die Vorzüge waren eben zu eklatant, um ernstlich bestritten werden zu können. Der Hauptvorteil war der, daß man Dampfmühlen an jeder beliebigen Stelle ohne Rücksicht auf Windstärke oder Wasserkraft errichten konnte und daß ferner ein zuverlässiger Dauerbetrieb gesichert war. Dem Windmüller bleibt bei Windstille nichts anderes übrig, als einfach zu warten, bis der Wind wieder weht; und er wartet oft wochen-, ja monatelang und muß dann bald wieder einmal halten, weil vielleicht jetzt der Wind gar zu stark bläst. Der Wassermüller aber wird oft vom Hochwasser im Frühling, vom Wassermangel im Sommer, von Blättermassen im Herbst und Eisschollen im Winter überrascht und kann erst wieder mahlen, wenn die Hindernisse nach mehr oder weniger langem, zuweilen Monate anhaltenden Stillstand beseitigt sind; oft aber auch dann noch nicht, denn häufig hat er bei den harten Arbeiten in Wind und Kälte Schaden an seiner Gesundheit gelitten, und muß sich zunächst davon wieder erholen. Der Dampfmüller aber, selbst der kleinste, steht anders da: er braucht nur seinen Kessel zu heizen, um betriebsfähig, also jederzeit lieferungsbereit zu sein; seine Leistungsfähigkeit ist so bedeutend erhöht, daß die Heizkosten fast in den Hintergrund treten. Im Anfang des 19. Jahrhunderts kam der wichtige Umstand hinzu, daß man damals überhaupt noch nicht in der Lage war, die Wasserkräfte von Flüssen starken Gefälles oder großer Strömungen richtig auszunutzen; diese Tatsache tat das ihrige, um die Entstehung von Dampfmühlen noch mehr zu begünstigen. Die letzteren konnten infolge der erhöhten, stets gleichmäßigen Tourenzahl ihrer Maschinen und ferner infolge Verbesserung ihrer Mahlgänge, Sichtapparate und Transportvorrichtungen eine bedeutende Mehrleistung aufweisen und auch eine wertvolle Verbesserung im Ausbeuteverhältnis erzielen und so überflügelten sie die Wasser- oder gar Windmühlen immer mehr. Ihr Produkt war überdies ein haltbares, exportfähiges Dauerfabrikat geworden. Diese offenbar viel günstigere Position der Dampfmühlen veranlaßte nun aber die Besitzer älterer Werke ebenfalls auf die Verbesserung ihrer Antriebsmaschinen Bedacht zu nehmen, und die Bestrebungen dieser Wassermüller richteten sich vor allem auf die Gewinnung einer größeren Gleichmäßigkeit und Erhöhung der Tourenzahl bei ihren Motoren; ferner aber auch auf Verminderung der Verluste in den kraftraubenden Übertragungsmechanismen. Den Franzosen gebührt, wie früher erwähnt, der Ruhm, die Verbesserung der Wasserkraftmaschinen besonders gefördert zu haben. Schon 1827 war in Frankreich seitens der Société d'Encouragement die bedeutende Summe von 6000 Frank demjenigen in Aussicht gestellt worden, der die beste Konstruktion eines Wassermotors nachweisen könnte. Die erste Bewerbung blieb resultatlos, aber 1833 trat der Zivilingenieur Fourneyron mit einer radialen Reaktionsturbine innerer Beaufschlagung hervor und gewann den Preis; die Theorie seiner Turbine, die sich durch einen hohen Wirkungsgrad auszeichnete, wurde erst 1838 von Poncelet aufgestellt. Fourneyrons Konstruktion hatte die Studien und Experimente seines Lehrers Burdin, der auch zuerst die Bezeichnung „Turbine" 1824 gebraucht hatte, zur Unterlage; sein Verdienst ist es, die Bewegung und Wirkung des Wassers während des Durchströmens der Turbine ziemlich klar erkannt zu haben; auch war die Verbindung seines Leitrades, zu dem er Schaufelungen verwandte, mit dem Laufrade in guter Weise vollzogen, wobei allerdings das Laufrad einen großen Durchmesser erhielt und infolge seiner Lage im Unterwasser unzugänglich, also nur schwer demontierbar war. Im übrigen zeigten seine Maschinen, die er auch ins Ausland lieferte, eine ausgezeichnete konstruktive Durchbildung. Fourneyrons Erfolge haben zweifellos die Anregung zur Aufnahme des Turbinenbaues in Deutschland gegeben; aber seine Veröffentlichungen über die Schaufelung waren so zurückhaltend und vorsichtig abgefaßt, daß die deutschen Konstrukteure alle Experimente und Studien nochmals selbständig anstellen mußten. Fast unabhängig also von Fourneyrons Arbeiten wurden 1836 die ersten Versuche in Deutschland gemacht, um brauchbare Wassermotore zu erhalten. Die Firma Henschel & Sohn in Kassel brachte 1837 ein neues System auf den Markt, das allerdings die Wirkungsgrade der Fourneyron-Turbinen noch nicht ganz erreichte, aber doch sonst gute Erfolge hatte. Schon 1840 erhielt die genannte Firma den ersten größeren Auftrag auf Lieferung der Turbinen für eine Mühle in Holzminden. Bald darauf trat Jonval, damals Werkmeister in einer Mühlhausener Maschinenfabrik, mit einer neuen Konstruktion hervor, aus der sich später die

Henschel-Jonval-Turbine entwickelt hat. Jonval war von dem Plane ausgegangen, die ungünstige Lage des Fourneyronschen Laufrades bezüglich des Unterwasserspiegels zu vermeiden; er gab daher seiner achsialen Reaktionsturbine ein langes Saugrohr, rückte also das Laufrad um mehrere Meter aus dem Unterwasser heraus. Diese neue Konstruktion nannte er „Turbine à double effect", was ausdrücken sollte, daß die im Saugrohr stehende Wassersäule nicht etwa verloren ist, sondern eine Saugwirkung ergiebt, die sich zu der oberen Druckwirkung addiert, so daß die gesamte Gefällhöhe voll ausgenutzt wird. Etwa zu gleicher Zeit nahm die Mühlenbaufirma Nagel & Kämp in Hamburg den Turbinenbau auf; 1842 wurde von ihr die Bischofsmühle in Schwerin mit Turbinen ausgerüstet, und nunmehr machte auch der Turbinenbau gleich dem der Dampfmaschinen in Deutschland schnelle Fortschritte. Escher, Wyß & Ko. in Zürich, die bedeutende Lieferungen von Müllereimaschinen nach Deutschland ausführten, folgten 1844 mit einer abermals verbesserten Turbinenkonstruktion. Aber bei all diesen Maschinen bestand noch die Schattenseite, daß sie sich für große Gefälle und kleine Wassermengen gar nicht eigneten, weil dann die Tourenzahl zu bedeutend wurde, wie z. B. bei der von Fourneyron stammenden, damals weit berühmten Turbine im badischen St. Blasien, die bei 108 m Gefälle und 35 l sekundlicher Wassermenge etwa 2300 Umdrehungen machte. Hier brachte Zuppingers „Tangentialrad" Abhilfe, das auf den schon 1826 von Poncelet aufgestellten Theorien fußte. Im Jahre 1848 trat der sächsische Kunstmeister Schwamkrug mit seiner nach ihm benannten Radialturbine mit innerer Beaufschlagung an die Öffentlichkeit, der zum ersten Male die horizontale Wellenlage ermöglichte und damit gerade im Interesse der Mühlenindustrie einen großen Schritt vorwärts getan hat. Später — 1863 — sollte dann Girard folgen; er wählte zwar wiederum die vertikale Welle, ermöglichte aber für seine achsiale Strahlturbine infolge Verwendung eines vollständigen Leitrades, also gleichmäßiger Beaufschlagung des ganzen Laufrades, eine gute Regulierfähigkeit im Gegensatz zu der mangelhaften Regulierbarkeit der Jonvalturbine. Seine Regelung geschah durch einfaches Abdecken einiger Leitkanäle vermittels Klappen oder sogenannter Rollschützen, wodurch der Wirkungsgrad nicht verschlechtert wurde. Erst sehr spät, nämlich anfangs der 90er Jahre, haben die schon 1849 von dem Amerikaner Francis konstruierten und nach ihm benannten Turbinen ihren Einzug und damit ihren Siegeszug auch in Deutschland gehalten. Das Wasser tritt in diese Turbinen äußerer Beaufschlagung radial ein, ändert aber in den Schaufeln seine Richtung in die achsiale; das Saugrohr schließt sich ohne große Querschnittsänderungen an das Laufrad an; Wirbelbildungen werden also nach Möglichkeit vermieden; die Zugänglichkeit ist gut, die Demontage des Laufrades einfach, die Regulierung mittels Drehschaufeln ideal. So hat in neuester Zeit die Francisturbine die früheren Systeme nahezu verdrängt und ist besonders wegen ihrer tadellosen Regulierfähigkeit für die Mühlenbetriebe von größter Wichtigkeit geworden.

Wie bei den Dampfmaschinen, so seien auch hier die Vorzüge, die der Müllerei aus den Turbinen erwachsen sind, kurz behandelt. Vor allem sind Turbinen für jede Gefällhöhe und beliebig große Wassermengen geeignet, Wasserräder dagegen nur für kleine Gefälle und kleine Wassermengen; die ersteren sind also fähig, Wasserkräfte auszunutzen, deren Verwertung vorher unmöglich war. Dabei ist zu berücksichtigen, daß der Durchmesser der Turbinen mit steigendem Gefälle abnimmt, derjenige der Wasserräder aber in diesem Falle wächst. So ergeben sich bei den Wasserrädern, wenn es sich um die Nutzbarmachung großer Kräfte handelt, ganz ungeheuere Abmessungen, also auch enorm große Eigengewichte. Bei dem Vergleich [1] einer allerdings modernen Francisturbine mit einem oberschlächtigen Wasserrade ergibt sich bei 8 m Gefälle und 2 cbm sekundlicher Wassermenge, daß das Wasserrad 7 m im Durchmesser und 4,6 m Breite, die Turbine aber einen Laufraddurchmesser von 1,2 m, einen Leitraddurchmesser von 1,66 m und eine Laufradhöhe von 0,4 m erfordert. Noch ungünstiger sind die Tourenzahlen, die beim Wasserrade 6, bei der Turbine 124 betragen. Das Wasserrad ist überdies nicht direkt an die Mahlgänge oder die Haupttransmission anzuschließen, wie häufig die Turbine; es sind vielmehr große Zahnradübertragungen nötig, die ihrerseits einen bedeutenden Teil der vom Rade gelieferten Leistung aufbrauchen. Die Regulierung der Turbine ist vollkommen genau und meistens automatisch, die eines Wasserrades unvollkommen und schwerfällig. Schwankungen im Unterwasserspiegel sind bei Turbinen nicht so wesentlich, ja bei einigen Systemen nahezu einflußlos auf die Wirkungsweise; bei Wasserrädern ist dieser Einfluß sehr beträchtlich, besonders bei oberschlächtigen Rädern, die einen minimalen Wirkungsgrad ergeben, wenn ihre Schaufeln in das gestiegene Unterwasser eintauchen. Überhaupt kann der Wirkungsgrad der Wasserräder mit 65—76 % niemals den guter Turbinen, also mindestens 80 %, erreichen. Schließlich leiden, wie schon erwähnt, die Wasserräder bei Winterszeit unter starkem Eisansatz und müssen dann still liegen, während die Turbine selbst bei zugefrorenem Oberwasser infolge ihrer großen Durchströmgeschwindigkeit vom Eisansatz verschont bleibt. Auch sind die Anlagekosten einer Turbinenanlage gegenüber jenen eines

[1] Vgl. Quantz, Turbinen, Berlin 1905, S. 101.

Wasserradantriebes gleicher Leistung infolge der mächtigen Gewichte des Rades meistens geringer, besonders wenn man die Ersparung der Übertragung zum Zwecke der Tourenerhöhung in Rechnung zieht. Diese Anlagekosten belaufen sich pro Pferdestärke auf 175—900 Mk., und zwar sind die kleinen Werte nur für sehr große Anlagen mit sehr großem Gefälle gültig. Hierin ist noch nicht der Kaufpreis für das Wasserrecht enthalten, das sich ja meistens in Privathänden befindet und daher Gegenstand der Spekulation ist. Im schlimmsten Falle erreichen die Anlagekosten die Summe, welche für eine gleichwertige Dampfmaschine zu rechnen ist. Ein Nachteil der Turbinen ist aber die schwierige Durchführung etwaiger Reparaturen; doch trat dieser Nachteil mit der Verbesserung der Technik immer mehr in den Hintergrund. So war es also natürlich, daß die Turbinen nächst den Dampfmaschinen in den Vordergrund traten, daß sie die Wasserräder in den größeren Anlagen ganz verdrängten und sie eigentlich nur für ganz kleine Wasserkräfte bestehen ließen.

Des Zusammenhanges wegen ist die Betrachtung der Turbinen gleich bis auf die heutige Zeit geführt worden; wie aber sah es mit der eigentlichen Mühlentechnik am Anfang der 40er Jahre aus? Hier lagen die Dinge weniger günstig! Wohl waren, wie früher angeführt, englische Reinigungs- und Siebapparate auch in Deutschland teilweise zur Anwendung gelangt, wohl hatte man einzelne mühlentechnische Verbesserungen, besonders an den Mahlgängen getroffen, war man zur Verwendung französischer Mühlsteine übergegangen, hatte man auch vereinzelt die Vermahlung auf Walzen versucht und sonstige Vervollkommnungen eingeführt, war man in der Ausbildung des Fabriksystems weitergekommen. Mit der Zeit hatte man auch Wert auf die größere Verwendung des Eisens im Mühlenbau gelegt, und zwar einmal aus dem Grunde, weil die immerhin verbesserte Technik dieses Material mehr als bisher für ihre Konstruktionen verlangte, anderseits aber besonders, weil erstklassiges Langholz immer teuerer geworden war. Hatte doch schon der selige Mathias Beyern in seinem „Theatrum Machinarum Molarium“ 1736 auf Ersatzmittel gesonnen, „alldieweilen bei jetzigen Zeiten von Tag zu Tage ein stärkerer Holzmangel als ehedem sich ereignet und man nicht aller Orten solche lange Wellen, wie bei dergleichen (Schiffmühlen) erfordert werden, haben kann . . .“ Und diese Kalamität hatte sich seitdem verschärft! — Aber die genannten Fortschritte hatten sich noch keine richtige Verbreitung verschaffen können und ganz allgemein muß gesagt werden, daß der Fortschritt ein langsamer gewesen war, daß eben nur die besten Werke sich alle Neuerungen zu eigen gemacht hatten, während die Mehrzahl der deutschen Müller beim alten verblieben war und weitermahlte wie seit Jahr und Tag. So berichtet denn auch der Leiter der im Besitz der Königlichen Seehandlung befindlichen Werke im Jahre 1844, daß selbst die besseren inländischen Mühlen gegenüber dem Auslande, besonders gegenüber Österreich, Frankreich, Belgien und England, so weit im Rückstande seien, wie die deutschen Mühlen der 20er Jahre gegen die damals übernommene amerikanische Müllerei.

Um die Mitte des Jahrhunderts hatten die Arbeiten Liebigs über Agrikulturchemie begonnen, einen mächtigen Einfluß auf die deutsche Landwirtschaft zu gewinnen; bei Müllern und Bäckern jedoch veranlaßten sie eine weitgehende Überschätzung des Kleienahrungswertes für den Menschen; aber diese Arbeiten haben doch den Anlaß gegeben, daß die Wissensshaft der Brotbereitung zukünftig mehr Beachtnng schenkte. Liebigs neue Backmethode bestand in der Verwendung von 1 kg Natriumbikarbonat und 4,25 kg Salzsäure von 1,063 spezifischem Gewicht auf 100 kg Schwarzmehl. Auch Graham stellte neue Theorien auf, und das nach ihm benannte „Grahambrot" findet sich noch heute vor, während die übrigen, stark kleiehaltigen Brote nur eine kurze Lebensdauer hatten. Unbestritten ist auch Liebigs Verdienst auf dem Gebiete der Getreidelagerung; er hat zuerst auf eine zweckdienliche Magazinierung desselben hingewiesen und Vorschläge gemacht, die in der Folge äußerst fruchtbar gewirkt haben.

Das sechste Jahrzehnt kennzeichnet sich durch starke Erweiterung des Mehlabsatzes und infolge dessen durch Gründung neuerer größerer Aktienmühlen. 1856 trat die Wittener Dampfmühle ins Leben, deren Mehle, Griese und Nudeln sich bald großer Verbreitung erfreuen sollten. Die Kölnische Dampfmühle folgte mit der Aufgabe, 33 000 Zentner Weizen zu feinem Mehl und 3700 Zentner Roggen zu Mehl und Schrot zu vermahlen. Es entstanden Dampfmühlen in Unna, in Minden und 1875 die zweite große Anlage in Stettin, die Stettiner Dampfmühlen-Aktiengesellschaft, die bei einer Dampfkraft von schon 170 Pferdestärken und 22 Mahlgängen täglich 75 Wispel Roggen und 100 Wispel Weizen vermahlen sollte, wozu noch eine Reismühle mit einer täglichen Vermahlung von 400 Zentnern trat[1]. Gleichzeitig wurde die Berliner Brotfabrik erbaut; sie sollte hauptsächlich für die ärmeren Leute ein billiges und doch gutes Brot erzeugen und ihre ersten 100 Aktien sollen sich im Besitze Friedrich Wilhelms IV. befunden haben. Auch in den größeren Bäckereien ist für jene Zeit ein Umschwung zu verzeichnen; man ging endlich zu Knetmaschinen über, deren Einrichtung schon vor mehr als 250 Jahren die Köpfe beschäftigt hatte. Eine Teigknetmaschine mit Kniehebelwirkung ist nämlich schon in Jo. Bap-

[1] Vgl. Mohr, Note 2 S. 23.

tistae Benedicti „Speculationum Mathematicum et Phisicarum liber“, das 1585 in Turin erschienen ist, beschrieben. Und eine zweite findet sich in dem 1629 in Rom erschienenen Werke „Le Machine“ von Giovanni Branca[1]. Dieser läßt eine vertikale Kurbelwelle mit Schwungrad durch einen horizontalen Schwengel mit Schubstange von Menschenhand umdrehen. Von der Kurbel wird mittels einer zweiten Schubstange ein Gleitstück in Gleitlinealen hin- und hergeschoben, und von diesem wird ein Winkelhebel betätigt, dessen freier Schenkel den auf einem Tische hin- und hergewendeten Teig bearbeitet. — Nunmehr wurde die Bohlandsche Teigknetmaschine[2] immer bekannter, die G. Tr. Bienert schon in den 50er Jahren in seiner Dresdener Bäckerei eingeführt hatte. Das Teigkneten durch Menschenhände war schon lange unangenehm empfunden worden, weil es eine sehr anstrengende Arbeit war; die neuen Maschinen arbeiteten bei größerer Sauberkeit schneller und gleichmäßiger als ein Bäckergeselle, der sich nur auf das Gefühl seiner Hand verlassen muß und daher bald zu weiche, bald zu harte, bald zu kalte und dann wieder zu warme Teige liefert. Das kam bei den Knetmaschinen, bei denen die Wärme durch Thermometer festgestellt wurde, nicht vor, und so fanden sie denn bald eine ausgedehnte Verwendung. Bienert hatte zur gleichen Zeit in Paris den drehbaren Backofen des Bäckers Roland kennen gelernt und sich zur Einführung entschlossen. Derselbe hatte Steinkohlenfeuerung, die man vom Backraum ganz trennen konnte. Auch diese Neuerung verbreitete sich dann in Deutschland und 1865 wurde eine Maschine zur Teilung des Brotteiges erfunden. Infolge dieser Verbesserungen hob sich die Qualität der Backware, die Fein- und Zwiebackbäckerei und die Konditorei faßte festen Fuß, die Herstellung der Nudeln und Makkaroni kam auch in Deutschland in Blüte, Kakes- und Biskuitfabriken entstanden. Für ihre Zwecke waren nur erstklassige feine Mehle zu verwenden, und diese Forderung verfehlte nicht ihre spätere Wirkung auf die Müllerei; zunächst aber begnügte man sich damit, die Mehlqualität durch bessere Getreidereinigung zu heben.

Seit längerer Zeit schon waren Bemühungen zu beobachten, um brauchbare Apparate zum Ausscheiden der im Getreide vorkommenden Sämereien, besonders der Raden und Wicken, zu schaffen. Denn eine Abscheidung dieses Unkrauts hatte sich auf den gebräuchlichen langen Sieben unmöglich gezeigt, weil diese Unkrautkörner die Größe des Getreidekorns oft erreichen, also durch die klein gehaltenen Siebmaschen nicht hindurchfallen. Diesem Mangel half der so-

---

[1] Vgl. Beck, Beiträge zur Geschichte des Maschinenbaues, S. 539.
[2] Bienert, Erinnerungen aus meinem Leben, S. 59.

genannte Trieur ab, der 1844 von Vachou in Lyon erfunden, verbessert und 1867 auf der Pariser Weltausstellung gezeigt war; 1868 erschien er zum erstenmal in Deutschland auf der landwirtschaftlichen Ausstellung in Köln. Der Apparat bestand aus einem rotierenden Zinkblechzylinder, dessen innere Mantelfläche zahlreiche halbkugelförmige Vertiefungen aufwies, in die sich die Unkrautkörner hineinschmiegen. Die längeren Getreidekörner ragen teilweise aus den Löchern heraus; sie werden durch ein Blech abgestreift und gelangen infolge der geneigten Zylinderlage zu der tiefer gelegenen Stirnseite und nach außen. Die vom Blech nicht berührten Raden usw. werden von der Trommel eine Strecke weit mitgenommen, fallen dann durch eigenes Gewicht herab in eine Rinne und werden mittels einer Schnecke nach außen befördert. Diese Trieure verbreiteten sich jetzt schnell; sie wurden weiter vervollkommnet und haben sich in den verschiedensten Ausführungen bis heute zu halten vermocht. Ihre jetzige Leistung beträgt 200—250 kg Getreide stündlich bei 1 qm Arbeitsfläche. — Die gleiche große Aufmerksamkeit verwandte man nunmehr auch auf das Reinigen des Getreides von Staub, Stroh, Spreu und ähnlichen Stoffen. Die früher bekannten Windreuter, bei denen ein Luftstrom auf das durch einen Spalt fallende Getreide blies und die genannten leichten Teile ziemlich ausschied, genügten nicht mehr; noch weniger der allgemein verbreitete Gebrauch, das Getreide mit Schaufeln hochzuwerfen und durch hinzugeführten natürlichen Wind die Spreu usw. fortblasen zu lassen. Diese Methoden wurden ersetzt durch die Aspiratoren oder Tarare. Die Maschine bringt das zugeführte Getreide mit einem starken, durch einen Ventilator erzeugten Luftstrom in Berührung; dieser reißt alle leichteren Teile, also minderwertige Körner, Stroh, Stengel usw., mit sich fort und scheidet sie an geeigneter Stelle aus. Der Staub aber wird gleich mit dem Wind abgesaugt und von diesem in einer eigenen Staubkammer abgesetzt. Die Tarare sind später natürlich erheblich verbessert und auch mit den Trieuren kombiniert worden, so daß die gesamte Vorreinigung in einer Maschine geschehen kann. Hatte man früher das Getreide fast ungesäubert, höchstens oberflächlich gespitzt auf den Mahlgang geschickt, so trugen jetzt die Bemühungen einer besseren Getreidereinigung gute Früchte, die sich in ungleich besserer Mehlqualität und heller Farbe ausdrückten. Ferner begann man, die Getreideaufschüttung automatisch zu betätigen, konstruierte wirksame Mehlkühlapparate, wandte das Augenmerk auf Verbesserung der Seidengaze, besonders jener zum Überziehen der Reinigungszylinder und war auch auf die bessere Vorbereitung des Mahlgutes bedacht, indem man dasselbe durch sogenannte Quetschwalzen gehen ließ. Und endlich ging man auch in Deutschland an die Lösung des großen

Problems, die in Anschaffung, Betrieb und Reparatur sehr teueren Steinmahlgänge durch Walzen zu ersetzen, also die Walzenmüllerei auszubilden. Mit dieser großen Frage hatten sich bereits im Anfange des Jahrhunderts kluge und praktische Köpfe befaßt: schon 1821/22 hatte Helfenberg in Rorschach, 1822 Bollingen in Wien, 1823 Collier in Paris Versuche in dieser Hinsicht gemacht, die negativ verlaufen waren. Bald darauf hatte der Russe von Müller in Warschau, Triest und später in Frauenfeld in der Schweiz halbwegs brauchbare Walzenstühle geschaffen, die aber noch große Schwächen hatten. Der Ingenieur Sulzberger vervollkommnete die Müllersche Konstruktion und gründete 1834 eine Aktiengesellschaft zur Fabrikation eiserner Walzen in Frauenfeld. Im Jahre 1836 entstand eine Walzenmühle in Ödenburg, die aber bald wieder das Zeitliche gesegnet hat. Mainz besaß schon 1837 eine Walzenmühle, Stettin, München und Leipzig folgten. 1839 bis 1842 wurde die Pester Walzenmühle gebaut, die ein bahnbrechendes Vorbild für Ungarns Mühlenindustrie geworden ist. Auf Grund dieser Erfolge hielt man das Verschwinden der Steinmahlgänge für unausbleiblich, aber besonders in Deutschland war der Zeitpunkt hierfür doch noch nicht gekommen. Mit den früher geschilderten französischen Steinen erhielten die deutschen Müller ein für damalige Ansprüche vorzügliches Mehl; am Fortschritt, der ihnen ja oft förmlich aufgezwungen werden mußte, lag ihnen persönlich nur wenig, und so war es für sie das Bequemste, sich in ihrer Allgemeinheit gegenüber der Walzenmüllerei doch noch ablehnend zu verhalten. Es kam als Hinderungsgrund hinzu, daß die oft noch recht primitiven Wassermühlen den Bedingungen der Walzenvermahlung, die einen genauen Gang beanspruchte, nicht entsprachen; die Walzenmüllerei blieb also noch beschränkt und ihre wirklich allgemeine Einführung hat erst viel später eingesetzt.

Es war gesagt, daß die Verwendung feiner Mehle in Deutschland stark gestiegen war. Das Inland konnte mit seinem noch allgemein verbreiteten Flachmahlverfahren die hohen Ansprüche an Qualität nicht befriedigen, und so wurden diese feinen Mehle aus Ungarn und Österreich, besonders aus Budapest und Wien bezogen, wo man seit Einführung der Hochmüllerei die vorzüglichsten Mehle fabrizierte; sie waren 1862 auf der Londoner Weltausstellung als die besten der Welt bezeichnet worden, und von dieser Zeit an war der Aufschwung in der ungarischen Mühlenindustrie ein mächtiger gewesen. In Deutschland aber hatte man sich bis zum Anfang der 60er Jahre mit aller Energie gegen die Einführung der Hochmüllerei gesträubt; nur in Süddeutschland und teilweise in Sachsen, wie z. B. in der Bienertschen Hofmühle in Dresden-Plauen, hatte man das österreichische Verfahren akzeptiert, feine Mehle hergestellt und diese zum großen Teil nach Norddeutschland, besonders nach Berlin, verkauft. Aber nunmehr drang mit den Mehlen der Österreicher doch auch deren Mahlmethode mehr und mehr nach Deutschland hinauf; es entbrannte ein heftiger Kampf für und wider die Hochmüllerei, von der man behauptete, daß sie sich für die deutschen milden Weizensorten absolut nicht eigne. Schließlich kombinierte man die beiden Systeme der Hochmüllerei und Flachmüllerei zur sogenannten Halbhochmüllerei, die aber mehr zu dem österreichischen Verfahren hinüberneigte. Diese Hochmüllerei, das rein technisch vollendetste Mahlsystem, war schon ganz im Anfange des Jahrhunderts von Ignaz Paur, einem Wiener Müller in Loebersdorf, erfunden worden und hatte in seinem Vaterlande unter dem Namen: „Wiener Grieß- und Hochmüllerei“ eine schnelle Verbreitung gefunden. Es war in jener Zeit in Österreich üblich, die größeren Teile des Schrotes auf Sieben in einzelnen Kästen zu sortieren, oft sogar die Kleieteile mit einer kleinen Schaufel von Menschenhand abzuschöpfen und auf diese mühsame Art den Grieß aus dem Schrot zu gewinnen. Dieser Grieß fand reißenden Absatz; man trachtete also mehr davon zu erhalten und schrotete deshalb sogar gröber; zu diesem Zweck vergrößerte man den Zwischenraum zwischen den Steinen, stellte also den Läuferstein höher. Dadurch zerbrach man das Getreidekorn anfangs nur wenig, gewann zuerst den Grieß und nachher erst durch allmähliches Engerstellen der Steine die Mehle. Später unterschied man bei dieser Hochmüllerei zwei Arten: die satz- oder postenweise und die kontinuierliche Vermahlung. Bei ersterer erfolgen die einzelnen Mahlstufen nacheinander, d. h. ein bestimmtes Getreidequantum wird auf denselben Steinen oder Walzen geschrotet, auf denen nach der Sichtung der Grieße und Auflösungen aufgelöst wird, dann die Dünste vermahlen werden und schließlich abgemahlen wird. Bei der kontinuierlichen Vermahlung dagegen werden alle diese Operationen gleichzeitig ausgeführt; es müssen daher für jede Schrotsorte eigene Mahlgänge vorhanden sein. Am Ende der 60er Jahre hat sich also — gezwungen durch diese Erfolge der Österreicher — das Kompromiß „Halbhoch-Müllerei“ in Deutschland zu entwickeln begonnen. Bei ihr wird das Getreide nicht wie bei der Flachmüllerei auf einmal niedergemahlen; andererseits wird aber auch nicht so oft geschrotet wie bei der Hochmüllerei.

Die Nachfrage nach den österreichischen Mehlen stieg rapid und bald wurde es unmöglich, den großen Bedarf an Grießen durch Schütteln auf Handsieben zu gewinnen. Dieses Sieben hatte ein Mann besorgt, der die über den Mehlbeutel hinweggehenden Grieße in seinem Handsiebe auffing und durch Schütteln die groben Kleieteile von dem Grieße schied. Die so grob gereinigten Grieße wurden wiederum gesiebt und zwar am offenen Fenster, damit der Luftstrom auch die feinen Kleieteile wegblasen konnte. Diese Methode genügte also nicht mehr und Paur ordnete nun ein selbstbewegliches Sieb über dem Beutelkasten an und konstruierte 1810 seine berühmte Grießputz- oder Sichtmaschine, die unter Benutzung eines starken künstlichen Luftstromes die Kleieteilchen von den durch einen Spalt fallenden Grießen trennte und sie gleichzeitig nach ihrem spezifischen Gewicht sortierte. In der Folge sind zahlreiche neue Grießputzmaschinen auf dem Markt erschienen; aber sie alle beruhen mehr oder weniger auf dem Paurschen Prinzip. Zwar war es vielleicht in der Natur der harten Weizensorten, besonders des steinharten ungarischen Weizens begründet, daß die Hochmüllerei wie die erste Sichtmaschine in Österreich entstand: aber das kann Paurs Verdienst keineswegs schmälern.

Eine wichtige Erfindung wurde in den 60er Jahren von einem Altonaer Bäcker Huene gemacht, von Nagel und Kämp in Hamburg verbessert und dann in die Praxis eingeführt. Es war die Zentrifugalsichtmaschine, der das Prinzip zugrunde liegt, die bei schneller Sichtzylinder-Rotation aufgehobene Schwere des Beutelgutes durch die Zentrifugalkraft zu ersetzen; das Beutelgut wird also mittels eines schnell rotierenden Flügelwerkes an die Sichtmantelfläche eines feststehenden Beutelzylinders geschleudert und zwar wird das Sichtgut vor dem Eintreffen am Sieb gleichsam in einen feinen Schleier aufgelöst, was die Verstopfungsmöglichkeit der Siebmaschen verringert, die Arbeitsleistung also erhöht. Also bessere Kleieabsonderung, d. h. reineres Mehl, besonders bei weichem, mildem Weizen; gleichzeitige Verwendbarkeit zum Sortieren des Mahlgutes; ferner die Möglichkeit, leicht und schnell das Abspannen alter und das Aufziehen neuer Gaze vornehmen zu können; schließlich ein geringer Raumbedarf, nämlich nur ein Viertel der alten Sichtzylinder, zeichnen die Zentrifugalsichtmaschine aus. Besonders aber machte sie die bedeutende Mehrleistung gegenüber den alten Sichtzylindern wertvoll, und bereits in der Gestalt, die die Maschine 1872 hatte, brachte sie eine jährliche Ersparnis von mindestens 76 Talern [1]. Ihre Nachteile, bestehend in höherem Preise, erforderlicher besserer Wartung, größerem Gazeverbrauch, höherem Kraftbedarf, traten hinter den großen Vorzügen zurück und so erfreute sich die Maschine bald, und in verbesserter Gestalt bis auf den heutigen Tag, einer großen Verbreitung. Dieser Erfolg war ihr nicht prophezeit worden, denn die vom Verbande deutscher Müller zu ihrer Prüfung ernannte Kommission hatte sich 1868

[1] Vgl. Stenographischer Bericht der Generalversammlung des Verbandes deutscher Müller 1872, S. 28.

dahin ausgesprochen, daß die Maschine nicht viel wert sei und höchstens dort Verwendung finden könne, wo es aus Raummangel nicht möglich sei, die Sichtzylinder lang genug zu bauen, wo man also durch Schleudern den Mangel an Beutelfläche ersetzen müsse[1]. Die Folgezeit hat das Gegenteil bewiesen, denn sowohl der kleine Windmüller wie der große Mehlfabrikant besitzt heute mindestens eine Zentrifugalsichtmaschine, es sei denn, daß er sie durch den modernen Plansichter ersetzt hätte.

Im selben Jahre wurde von einer anderen Kommission über die Golaysche Steinschärfmaschine ein günstigeres Urteil gefällt; sie schärfte mittels rotierender schwarzer Diamanten die härtesten Mühlsteine besser, als es je ein Schärfer mit seiner Picke gekonnt hätte. Doch gelang es nicht, die Maschine einzuführen, einmal wegen der Vorliebe der Müller für einen tiefen „Sprengschlag" im Stein, ferner aber wegen der nicht immer einwandfreien Qualität der Diamanten. Und das vollständige Ende dieser sinnreichen und technisch auch wertvollen Maschine war gekommen, als man später zum Walzenstuhlbetrieb überging; eine verbesserte Abart, die Millotsche Diamant-Schärfmaschine, findet sich aber noch heute in Mühlen, die noch zum Ausmahlen der Dünste ein paar Steine verwenden.

Ebenfalls in das Jahr 1868 fällt auch der Kommissionsbericht über die Puhlmannsche Reinigungsmaschine, die das Getreide mit starker Kraft durch Schläger gegen einen eisernen Mantel schleudern läßt. Dieser Mantel besitzt Eindrücke, die von außen nach innen laufen und ihrerseits Querschnitte tragen, an denen die Körner sich reiben. Der entstehende Staub entweicht durch die Einschnitte; das Korn wird nur wenig angegriffen, es gehen also nur wenig Mehlteile verloren.

Es sei hier auch eine Mahlgangskonstruktion erwähnt, die sich zwar auf die Dauer nicht zu erhalten vermochte, die aber zu jahrelangem Streite und hitzigen Auseinandersetzungen führte und das Interesse der deutschen Müller außergewöhnlich stark in Anspruch nahm: der Arndtsche Mahlgang[2]. Der früher schon erwähnte A. M. Arndt war mit der Forderung aufgetreten: „nicht der Oberstein darf rotieren, sondern muß schwebend stillstehen; dagegen muß der Unterstein rotieren!" Er konstruierte nach diesem Prinzip seine „neudeutsche Mahlmühle", die gleichfalls 1868 auf der Generalversammlung des Verbandes deutscher Müller von einer Kommission begutachtet wurde, welche mit 4 gegen 1 Stimme diesen Mahlgang als einen Fortschritt bezeichnete. Arndt wollte mit seinem System,

[1] Stenographischer Bericht der Generalversammlung des Verbandes deutscher Müller 1868.

[2] Vgl. „Mühle", 1868, Nr. 4, 7, 14, 16, 20, 21, 23, 32, 44 u. a. O.

das übrigens schon 1827 in einem Fachwerke beschrieben sein soll, eine günstigere Bewegung und Wendung des Mahlgutes erreichen und bei gleicher Kraft eine enorm gesteigerte Leistung erzielen. Es bildeten sich verschiedene Konstruktionsformen aus, ja, es wurde der Vorschlag laut, beide Steine gegeneinander rotieren zu lassen; in der Fachpresse wogte der Kampf weiter, und 1868 schrieb Arndt: „Die Zukunft ist unser!“ Aber er wie die Kommission behielten nicht Recht, denn bald verlöschte das Lebenslicht seiner Erfindung: sie fiel lautloser Vergessenheit anheim. Erwähnenswert ist, daß die betreffende, zum Teil wissenschaftliche Kommission „durch Handanlegen“ ein Kühlermahlen festgestellt hatte; ein Thermometer war nämlich nicht zur Stelle gewesen! — Gleichfalls noch im Jahre 1868 wurde auch der erste deutsche Staubfänger für Mahlgänge erwähnt; er stammte von der Firma Jaacks & Behrns und hat den Grund zu allen späteren Staubfängern und Filtern gelegt[1]. Im Jahre 1869 fand zu Leipzig die erste deutsche Ausstellung für Müllereiwesen statt, die von dem wenige Jahre früher ins Leben getretenen „Verband deutscher Müller“ organisiert und finanziert war. Von ihr gingen starke Anregungen sowohl für das Inland wie für das Ausland aus; sie hat außerordentlich befruchtend gewirkt und ist zu einem Markstein in der Entwickelung der deutschen Mühlentechnik geworden. Im gleichen Jahre tauchte zum ersten Male eine Kunstputzmaschine[2] in Deutschland auf, und zwar jene von Cabanes in der Neuschönefelder Dampfmühle, die heute noch in verbesserter Form für die Reinigung feiner Tafelgrieße Verwendung findet. Sie war gekennzeichnet durch Verwendung von saugendem statt des blasenden Windes, der an vielen Stellen zugleich eintrat; es fand sowohl Teilung nach dem spezifischen Gewicht wie auch eine Siebsortierung statt.

Ein weiterer Schritt in der Ausbildung der Massenfabrikation war die Einführung des Carrschen Desintegrators in Deutschland im Anfang der siebziger Jahre. Die Maschine war 1872 erfunden worden und hatte schon vielfach in die Kohlen-, Erz-, Ton- und Rübenzuckerindustrie Eingang gefunden; in der Müllerei sollte sie den Mahlgang ersetzen und selbständig feines, zur Bäckerei unmittelbar geeignetes Schrot herstellen. Zu diesem Zwecke rotieren zwei große, vertikale, gußeiserne Scheiben, die regelmäßig eingegossene, viereckige Vertiefungen mit vorstehenden Kanten besitzen oder aber mit Stahlbolzen in ringförmigen Reihen zahlreich besetzt sind, gegeneinander mit großer Tourenzahl. Das zwischen die Scheiben gebrachte Getreide wird von den

---

[1] Geschichte des Verbandes deutscher Müller, Berlin 1892, S. 20.
[2] Ebenda, S. 23.

Kanten oder Bolzen mit großer Schleuderkraft hin- und hergeworfen und zu feinem Schrot zertrümmert. Der Erfinder behauptete, mit einer Maschine von 1,8 m Scheibendurchmesser bei 400 minutlichen Umdrehungen die Leistung von 25 Mahlgängen zu ersetzen, wozu es freilich der enormen Kraft von 140 Pferdestärken bedurfte; Kick[1] dagegen führte an, daß in Österreich ein Mahlgang mit 7 Pferdestärken Kraftbedarf in 24 Stunden 450 Zollzentner schrote; nehme man die Zerkleinerung im Desintegrator als doppelt so fein an, so entspreche die Leistung der Maschine dem Vermahlungsquantum von 5 Gängen. Tatsächlich ist aber eine den von Carr angegebenen Zahlen recht nahekommende Leistung seinerzeit in Schottland beobachtet worden[2]. Der Desintegrator eignet sich für Getreidesorten, bei denen auf die Schonung der Kornschale Wert gelegt wird, also besonders für Hartweizen nicht; er ist aber dort am Platze, wo die Nachteile der zertrümmernden Wirkung und der etwa 30° betragenden Mahlgutserhitzung zurücktreten müssen hinter den Vorteilen, die in Schnelligkeit der Arbeit, also stark gesteigertem Leistungsquantum bestehen. Später sind die Desintegratoren natürlich vervollkommnet worden. Dem im Innern der Maschine bei der hohen Tourenzahl entstehenden Luftwiderstand begegnete man durch Anwendung eines Ventilators, der im Innern einen fast luftleeren Raum schafft, gleichzeitig die Temperatur hinabdrückt und die Feuchtigkeit heraussaugt. Die gar zu rapid erfolgende Zertrümmerung des Mahlgutes minderte man einigermaßen durch geeignete Formgebung für die Schlagstifte, die man dann überhaupt stärker wirken ließ als die Schleuderkraft. Die Umdrehungszahl wurde niedriger, die Rotation der einen Scheibe langsamer als die der zweiten; zuweilen führte man auch eine Scheibe ganz feststehend aus. Immerhin betrugen die minutlichen Umdrehungen der schneller rotierenden Scheibe auch bei dieser verbesserten Maschine, die man Dismembrator oder Enthülser nannte, noch 2000 und mehr. Die Verbreitung des Dismembrators ist eine große geworden, da man ihn bei der Hochmüllerei auch zur Vermahlung der reinen Dunste, ferner zum Abmahlen mehlhaltiger Schalen und endlich zum Auflockern reiner Grieße, sowie bei weichen Weizensorten auch zum Lockern des vorgequetschten Getreides verwendet.

In den 60er Jahren waren in Deutschland häufig verheerende Mühlenbrände vorgekommen, die sogar unter Explosionserscheinungen vor sich gegangen waren; eine große Beunruhigung war in Müllerkreisen entstanden. Verständ-

---

[1] Kick, Die Mehlfabrikation, Wien 1894.

[2] Stenographischer Bericht der Generalversammlung des Verbandes deutscher Müller 1872, S. 26.

liche, aber auch die unwahrscheinlichsten Erklärungen waren laut geworden, und 1871 hatte der Verband deutscher Müller in Verbindung mit dem Verein für Gewerbefleiß und dem preußischen Handelsminister ein Preisausschreiben von 1500 Mk. zur Aufklärung der tieferen Gründe dieser Brände erlassen. Professor Weber vom Königlichen Gewerbeinstitut in Berlin errang diesen Preis; er behauptete, daß sich Mehl in dünnverstaubtem Zustande bei Berührung mit einem Funken entzünde, sobald ein gewisses Gemisch von Mehl und Luft vorhanden sei. Infolge davon wurden die früher erwähnten Staubfilter verbessert und große Achtsamkeit griff Platz.

Um die Mitte der 70er Jahre ging von Hannover eine ungeheuere Reklame für ein neues Mahlverfahren von Buchholz aus, der schon 15 Jahre früher eine Schälmaschine überlaut angepriesen hatte. Beide Erfindungen sind technisch nicht erwähnenswert und bald wieder vergessen worden; wirtschaftlich haben sie bei denjenigen Mühlen, die sich damit befaßten, zu bedeutenden Vermögensverlusten geführt, und die Folge war ein übertriebenes Mißtrauen gegen Schälmaschinen. Dieses Mißtrauen fand sogar auf einer Müllerversammlung 1875 seinen Ausdruck in den Worten: „Wer Schälmaschinen erfinden will, riskiert seinen Verstand oder sein Vermögen!“ Trotzdem trat in denselben Jahren der Mühlenbesitzer Till in Bruck an der Mur mit einer neuen Schälmaschine hervor, die das Getreidekorn vor seiner Vermahlung ganz von der Schale befreien und den glücklichen Müllern Riesenersparnisse verschaffen sollte. Auch diese Methode führte zu keinem Erfolg und ist heute längst vergessen; sie wird hier erwähnt, weil sich an sie wie an die beiden zuletzt erwähnten Buchholzschen Erfindungen Meinungskämpfe und Preßfehden knüpften, die jahrelang die ganze Müllerwelt aufs lebhafteste gespannt gehalten haben.

Eine ganz neue Ära brach für die deutsche Müllerei an, als man auch in Deutschland von der Mitte der 70er Jahre an allgemein zur Walzenvermahlung überging. Die zahlreichen früheren Bemühungen zur Schaffung brauchbarer Walzenmahlmaschinen im zweiten Quartal des Jahrhunderts sind bereits betrachtet worden; der wahre Erfolg konnte aber erst eintreten, als der Schweizer Friedrich Wegmann, ein Mühlenbesitzer in Neapel, seine Verbesserungen anbrachte. Wegmann ersetzte die in Österreich üblichen Eisenwalzen durch solche aus Porzellan und gab nur einer derselben einen Antrieb, während die zweite nur infolge der Reibung mitgeschleppt wurde. Das Wegmannsche Mahlverfahren ging — gleich jenem der früheren Walzenmüller — hauptsächlich darauf aus, das Getreide nicht mehr, wie auf den Steinmahlgängen, zu zerreißen, sondern die Schrote und Grieße nur zu quetschen, und so die Kleieteile möglichst unverletzt und in möglichst großen Stücken im Mahlgute zu erhalten; sie wurden dann durch Beutelei und Putzerei abgesondert. Diese Porzellanwalzenstühle kosteten nur den vierten Teil des Preises jener alten Stühle, deren beide Walzen je einen eigenen Antrieb erfordert hatten; sie lieferten ein besonders weißes, schönes Mehl und vereinfachten die Putzerei in hohem Grade; bei einem ungleich geringeren Kraftbedarf war ihre Leistung gegenüber den alten Stühlen enorm gesteigert. Die Wegmannschen Walzenstühle wurden zuerst von der Maschinenbau-Aktiengesellschaft Ganz & Ko. in Budapest hergestellt, deren Leiter, Andreas Mechwart, sie in der Folgezeit die wertvollsten Verbesserungen verdankten. Mechwart wandte den für die Herstellung von Eisenbahnrädern damals weitberühmten Ganzschen Spezialhartguß anstatt des Porzellans an, gebrauchte diese glatten Hartgußwalzen aber zunächst nur zur Auflösung der Grieße; 1875 kam er auf den Gedanken, den Walzen eine schräge, dreiecksförmige Riffelung zu geben und so auch mit den Eisenwalzen ein gutes Schroten zu ermöglichen. Dabei wird es ihm nicht bekannt gewesen sein, daß schon Agostius Ramelli 300 Jahre früher und kurz nach diesem Faustus Verantius bei den an früherer Stelle beschriebenen Walzenmühlen die Riffelung angewandt hatten. 1879 kamen die vorzüglichen Mechwartschen Riffelwalzenstühle für Roggen auf den Markt, die ein richtig gewähltes Differentialverhältnis für die Drehung der Walzen und der bei der Flachmüllerei besonders wichtige Umstand auszeichnete, nicht Schneide auf Schneide der Riffelung, sondern Rücken auf Rücken stoßen zu lassen und dadurch die Kleie möglichst unverletzt und gleichzeitig möglichst viel Mehl bei einer Passage zu erhalten. Die Überlegenheit der neuen Walzenstühle in der Vermahlung war ganz offenbar und bald erwies sich auch ihr Vorsprung über die alten Mahlgänge im sonstigen Betriebe. Die Walzen lassen sich, wenn sie nach langer Betriebsdauer einmal nachgeriffelt werden müssen, in kürzester Zeit auswechseln, während das häufig erforderliche Nachschärfen der Steine eine langwierige, teuere Arbeit ist, bei deren ganzer Dauer der Gang stillstehen muß. Ferner ist der Kraftbedarf des Walzenstuhles geringer, denn das Mahlgut passiert ja nicht mehr, wie beim Steingange, konstant, sondern jedes Korn wird von einem Walzenpaar überhaupt nur einmal ergriffen. Schließlich ist die Mehlausbeute bedeutend gesteigert, da das Schroten wie das Vermahlen weniger Schrote und Dunste, aber umso mehr und umso schärfere Grieße, besonders beim Hochmahlverfahren, liefert. An Weizenmehl Nr. 1—5 gewinnt man auf Steinen 35 %, auf Walzen 43 %; an Weizenmehl Nr. 6—9 auf Steinen 40 %, auf Walzen 32 % und schließlich an Kleie, Futtermehl und Verlust auf beiden

Maschinen den gleichen Satz, nämlich 25 % [1]. Der Übergang zur Walzenmüllerei wurde bald ein vollständiger, und heute werden in besseren deutschen Mühlen Steinmahlgänge nur noch vereinzelt und höchstens als Ausmahlmaschinen angetroffen. — Wie bei jedem Übergang zu neuen Methoden gab es natürlich in der ersten Zeit auch noch viele Gegner der Walzenmüllerei; es wurde daher versucht, die Mahlgänge zu verbessern und zu verbilligen, also einen Ersatz für die teueren französischen Mühlsteine zu finden. So wurden 1878 die Lampsonschen künstlichen Mühlsteine, eine Zusammensetzung aus Zement und zerkleinertem Quarz, bekannt; gleichzeitig die Glassteine von Meißner; einige Jahre darauf dann die porösen Porzellansteine von Grießmann. Von den Lampsonschen und Grießmannschen Steinen wurde behauptet, daß sie eine beim Mahlen sich immer selbsttätig wiederherstellende Schärfe besäßen, das Schärfen von Menschenhand sich also erübrige; die Meißnerschen Steine rühmten sich großer Glashärte und feinen Schnittes, also besserer Vermahlungsfähigkeit als bei den teueren französischen Steinen [2]. Der Zweck wurde bei keiner dieser Erfindungen erreicht und alle drei sind, nachdem sie das Interesse der Müller und der Fachpresse stark gefesselt hatten, lautlos in die Versenkung getaucht.

Inzwischen, nämlich 1876, wurde das Pekarsche Mehlprüfungsverfahren bekannt und fand bald große Beliebtheit, die es wegen seiner Einfachheit und Sicherheit noch heute besitzt. Die Methode ist folgende: eine Mehlprobe wird auf ein schwarzes Holzbrettchen gelegt, unter Druck glatt gestrichen, so daß sie nur einige Millimeter hoch bleibt, und dann zu einem Rechteck beschnitten; dicht daneben kommt eine zweite Probe, neben diese eine dritte usw. Diese Mehlproben werden mit einem geeigneten Messer nochmals an ihrer Oberfläche glatt gestrichen und zeigen nun beim Vergleich ihre Unterschiede an Feinheit, Farbe und Reinheit; die Unterschiede werden noch deutlicher, wenn man die ganze Platte in Wasser taucht und die Proben wieder trocknen läßt. Die verschiedenen Farbtöne dieser Proben von hellgrau bis dunkelbraun, mehr oder weniger häufige von zermahlenen Wicken stammende schwarze Punkte sowie andere dunkle Flecken ermöglichen die sehr genaue Qualitätsbeurteilung; das Mehl ist umso wertvoller je reiner und weißer die Grundfarbe ausfällt und je weniger Punkte und Flecken vorhanden sind.

Mit dem Entstehen größerer Betriebe und vorzüglich durch die Einführung der Walzenstühle war die Müllerei immer mehr verfeinert worden und verlangte nunmehr eine

---

[1] Vgl. Luegers Lexikon der gesamten Technik.
[2] Geschichte des Verbandes deutscher Müller, 1892, S. 95.

bessere Ausbildung ihrer Angestellten, besonders der Obermüller. Nach langen Bemühungen des Verbandes deutscher Müller wurde endlich 1881 die erste deutsche Müllerschule als besondere Abteilung der technischen Staatslehranstalten zu Chemnitz eröffnet und unter die gemeinsame Aufsicht der sächsischen Regierung und des genannten Verbandes gestellt.

Eine der letzten grundlegenden Erfindungen auf dem Gebiete der Mühlentechnik ist der Haggenmachersche Plansichter, eine Maschine, die das Prinzip des horizontal hin- und hergeschüttelten Handsiebes nachahmt. Ein die Siebe tragender Rahmen ist an der Decke mittels Stangen, die sich in beweglichen Gelenken drehen, oder mittels geschälter Rohrstäbe aufgehängt; er erhält durch eine Kurbel eine kreisförmige Rüttelbewegung in horizontaler Ebene, in der also jedes Sichtteilchen Kreisbogen beschreibt. Dadurch wird die vorzüglichste Sichtung und Sortierung herbeigeführt, denn die leichten Teile gelangen an die Oberfläche, dringen also nicht so leicht durch die Siebmaschen zum Mehle hin. Die Sichtwirkung ist zarter, denn das Sichtgut wird nicht — wie bei den Schleudermühlen — mit Gewalt durch die Maschen gepreßt, beschreibt vielmehr in seinen schwereren Teilen einen langen spiralförmigen Weg; das so gesichtete Mehl wird schwerer und besitzt eine größere Backfähigkeit. Durch die Anordnung beliebig vieler verschiedenmaschiger Siebe über einander in derselben Maschine vereinfacht sich die Sichtung; eine Maschine vereinigt in sich Vorsichter, Sichtmaschine und noch verschiedene Sortierapparate. Wird aber der Plansichter noch in mehrere untereinander abhängige Abteilungen zerlegt, so ersetzt er die gleiche Anzahl Sichtpassagen mit allen dazu gehörigen Maschinen. Die Vorteile des Plansichters vor den Rundsichtern sind also erstens reinere Sichtwirkung und Sortierung, ferner höhere quantitative Leistung, billigere Anlage- und Betriebskosten sowie besonders große Raumersparnis. So kann man z. B. in einer automatischen Weizenmühle von 250—300 Sack täglicher Vermahlung mit 16—18 Mahlpassagen die erforderlichen 30—40 Rundsichter durch vier Plansichter ersetzen, die eine eminente Raumersparnis ergeben und nur etwa 1/10 an Betriebskraft erfordern [1]. Alle diese Vorzüge riefen seinerzeit ein wahres Fieber unter den Müllern nach Anschaffung des Plansichters hervor, noch ehe seine Konstruktion genügend vervollkommnet war. Mißerfolge waren dabei unausbleiblich und die Stimmung schlug in ihr Gegenteil um: man suchte die Plansichter schleunigst wieder zu entfernen. Aber die Mühlenbauanstalten vervollkommneten später diese empfindliche Maschine; ihre Verwendung wurde

[1] Kettenbach, Der Müller und der Mühlenbauer, Leipzig 1907, Bd. II S. 59.

allgemein, und heute bezeichnet man den Plansichter nicht nur als beste bestehende Sichtmaschine, sondern überhaupt als den Sichter der Zukunft.

In den letzten Jahren hatte man wiederholt Beimengungen minderwertiger Bestandteile zum Mehl wahrgenommen, und die Klagen hierüber häuften sich noch. Daher erließ der Verband deutscher Müller 1882 ein Preisausschreiben für die Auffindung eines Verfahrens, durch das diese organischen und unorganischen Beimengungen im Weizen- wie Roggenmehl leicht nachzuweisen wären. Professor Wittmarck in Berlin gewann den Preis; er stellte fest, daß sich die qualitative Bestimmung mit Hilfe des Mikroskops und verschiedener Chemikalien leicht ausführen läßt und gab hierfür verschiedene Methoden an, z. B. diejenige, welche das zu untersuchende Mehl mit einer Pottaschelösung in innige Berührung bringt. Die mineralischen Teile sinken dann auf den Boden und lassen sich also ermitteln, die Pottaschelösung steht darüber, das reine Mehl schwimmt an der Oberfläche. Dagegen ist die quantitative Bestimmung schwer durchführbar und die konkrete Frage nach der Prozentzahl der fremden organischen Beimengungen hat die Wissenschaft noch nicht lösen können. — Aber auch im Rohstoff kamen häufige Fälschungen vor. Vielleicht die unangenehmste Verunreinigung des Weizens ist der Zusatz von Fett; um dem Korn ein größeres Gewicht und ein besseres Aussehen zu geben, war dieses ein gutes Mittel für betrügerische Lieferanten, die die Holzschaufeln vor dem Bewegen des Weizens mit Öl oder auch Butter bestreichen ließen. Die Kosten des Fettzusatzes waren offenbar gering gegenüber dem Mehrgewinn an dem so aufgeputzten Weizen; etwa $^3/_4$ Kilogramm Rüböl brachten bereits den gewünschten Erfolg. Diese Beimengung war deshalb so außerordentlich unangenehm, weil sich die Steinfurchen zusetzten und ebenso die Walzen verschmiert wurden. Der durch solche Störungen hervorgerufene Schaden war natürlich beträchtlich, noch höher aber der direkte Kapitalverlust der betrogenen Müller. Durch den feinen, kaum wahrnehmbaren Fettüberzug gleiten die einzelnen Körper besser, legen sich im Meßgefäß enger zusammen, verursachen also eine scheinbare Zunahme des spezifischen Gewichtes. So hat der Weizen also scheinbar einen höheren Wert, der seitens des betrügerischen Verkäufers um 20—24 Mark pro 1 Tonne gesteigert wurde, während an Unkosten nur der relativ mäßige Arbeitslohn und 30—50 Pf. an Kosten für Rüböl erwuchsen. So behandelter Weizen erhielt außerdem ein viel besseres Aussehen und zeigte sich besser im Griff, so daß man sich gegen die Täuschung kaum zu wehren wußte; das war umso unangenehmer, als geölter Weizen nur ein geringwertiges Mehl lieferte und sich schlecht verbacken ließ. Im Jahre 1878 wurden aber

Mittel bekannt, um geölten Weizen erkennen und zurückweisen zu können[1].

Die beiden letzten Jahrzehnte des 19. Jahrhunderts sind durch das eifrige Bestreben gekennzeichnet, die modernen Errungenschaften immer mehr auszunützen, also einerseits die Mehlqualität, andererseits die Ausbeuten zu steigern. Modernisierung der Mühlen war das Leitwort, dem leider nur ein Teil der Müller zu folgen vermochte; denn die Anschaffung der zahlreichen besprochenen Müllereimaschinen und Transportanlagen und die Ausführung der noch zu besprechenden Speicherbauten erforderte Kapitalien, deren Höhe im Vergleich mit den früher erforderlichen Kosten enorm genannt werden muß. Man strebte nach guter Verzinsung und diese ergab sich nur bei weitgehender Ausnutzung aller Einrichtungen; daher sah man sich auch oft zur Vergrößerung bestehender Anlagen, sowie zur Einrichtung automatischer Vermahlung einfach gezwungen. Die Vorbedingung für diese Entwicklung, nämlich das Bestehen von technisch hochentwickelten und durchaus leistungsfähigen Mühlenbauanstalten, war in Deutschland gegeben. Unter der Devise „Ersparung menschlicher Arbeitskräfte" wurde in technisch hochstehenden und gut fundierten Mühlen der Transport von Getreide und Mehl und Abfallprodukten, also vom Anliefern des ersteren bis zum Versand des Fertigfabrikates nun automatisch gestaltet unter Vermeidung jeder nicht unumgänglich nötigen Zwischenmanipulation. Der Betrieb wuchs sich zu einem absolut gleichmäßigen aus, Schwankungen wurden ausgeschlossen; die Mehlqualität gewann; das Ausbeuteverhältnis wurde gesteigert. Hand in Hand mit dieser technischen Revolutionierung ging eine total neue, übersichtliche Anordnung der Arbeitsräume mit der Sorge für Licht, Luft, Trockenheit, Sauberkeit, mit der Verminderung der Gefahren für die Beschäftigten, mit Verbesserung des Gütegrades und der Haltbarkeit der Mühlenprodukte. Die Mühlen-Großindustrie ist geboren; über ihre wirtschaftlichen Wirkungen wird später zu sprechen sein; vom Standpunkt der reinen Technik aus ist sie freudig zu begrüßen.

Drittes Kapitel.

Die Müllerei in ihrer heutigen Form.

Bisher ist von der geschichtlichen Entwicklung der Mühlentechnik die Rede gewesen; im folgenden sei kurz die Getreidelagerung erwähnt, um dann die eigentliche Vermahlung

[1] Vgl. Stenographischer Bericht der Generalversammlung des Verbandes deutscher Müller 1878.

und das sogenannte Mahlschema zu behandeln. Hierbei werden nur Großmühlen und technisch auf der Höhe stehende Mittelmühlen berücksichtigt; in das Getriebe der zwar noch zahlreichen, aber technisch nicht sehr entwickelten Kleinmühlen dürften die früheren Ausführungen genügenden Einblick gewährt haben. Von der Getreideannahme, die durch Menschenhand, Elevatoren, Band- und Schleiftransporteure, Schnecken und schließlich durch pneumatisches Ansaugen geschehen kann, werde abgesehen.

Nach der Anlieferung des Getreides verlangt dessen Lagerung und Konservierung die erste große und wichtige Fürsorge. Das Getreidekorn ist kein lebloser Körper; es besitzt ja noch die Keimfähigkeit und diese äußert sich, sobald eine Anfeuchtung oder Erwärmung eintritt; sie wird konserviert und begünstigt durch den natürlichen Wassergehalt, der etwa 10 bis 20 % des Kornes beträgt, und ferner durch die natürliche Eigenschaft des Getreides, den Wassergehalt der Luft anzuziehen. Aus der Luft entnimmt das Korn auch unausgesetzt Sauerstoff und scheidet dafür Kohlensäure ab; es findet ein Verbrennungsprozeß statt: das Getreidekorn wird kleiner. Ein großer Feind ist die Gährung, die das Getreide vollständig entwertet; gefürchtet sind ferner die „Rost“- und „Brand“-Krankheiten und als äußere Feinde die Kornkäfer, Weizenschaben, Maiskäfer, Motten und anderes Ungeziefer, besonders auch Mäuse. Die Kornkäfer sind vor allem schädlich; die Weibchen legen ihre Eier in das Korn und dieses wird vollständig hohl gefressen; die Larven der Kornmotten dagegen überspinnen das Korn und fressen es an. Gegen diese Feinde ist Reinlichkeit in der Lagerung, also reichliche Lüftung und Bewegung des Getreides das beste Mittel; der letzteren Forderung muß also ein guter Lagerraum ebenso entsprechen wie der früheren Bedingung der Trockenheit. Zunächst haben die Müller ihr Getreide in einem beliebigen Raume, meistens in der Mühle selbst, in Säcken gelagert; größere Werke bewirken diese Lagerung aber in Speichern auf sogenannten Schüttböden oder in Silos. Die Schüttbodenspeicher baut man sechs und mehr Etagen hoch mit starken Fußböden; jede Etage wird durch Bretterwände in verschiedene Kammern geteilt und möglichst viele Fenster oder Klappen sorgen für beständige Zuführung von frischer Luft. Das Getreide wird zunächst in einer Vorreinigungsmaschine von Erde und allem losen Schmutz, dann in einem Aspirateur von losem Staube, danach eventuell auf einem Magnetapparat von Nägeln und sonstigen Eisenteilen befreit und schließlich automatisch gewogen. Hierauf gelangt es auf die früher besprochenen Trieure, wird hier von Raden, Wicken und kleinen Körnern gereinigt, wird dann durch Elevatoren auf den obersten Speicherboden gehoben und hier mit Hilfe von

Schnecken oder Bandtransporteuren in einer Höhe von 1,5 bis 1,8 m ausgebreitet. Der Fußboden zeigt zwischen je zwei Balkenreihen eine oder mehrere Reihen etwa 3 cm breiter und 50 cm langer Aussparungen, die von unten durch geeignete Brettchen verschlossen werden; letztere sind ihrerseits an langen Stangen befestigt und diese Stangen können verschoben werden. Bei geöffneten Spaltöffnungen rutscht das Getreide nach unten auf den nächsten Boden; unter den Spalten ist oft ein Winkeleisen oder ein entsprechendes Holz dachförmig angeordnet und bewirkt ein Auseinanderspritzen des Getreidestromes, so daß die Körner reichlich von Luft umspült unten anlangen. Außer diesen Verbindungswegen gehen vertikale Fallrohre durch das ganze Gebäude; sie besitzen in jeder Etage Abzweigrohre und Verschlußschieber, so daß auch der Transport in ein beliebig niedrigeres Stockwerk unter Übergehung eines oder mehrerer Böden ermöglicht ist. Diese Bodenspeicher erfüllen alle Forderungen, die an eine gute Getreidelagerung zu stellen sind, in vollkommener Weise für jede Getreidegattung. Die Silospeicher besitzen ein ganz entgegengesetztes Prinzip. Sie bestehen aus zahlreichen Einzelschachten von meistens rechteckigem, aber auch rundem und sechseckigem Querschnitt, sie reichen durch das ganze Gebäude, messen also in der Höhe bis zu 20 m. Die Schächte werden von oben mittels Elevatoren in ihrer ganzen Höhe mit Getreide gefüllt; ihre Sohle ist meistens als Trichter ausgebildet, durch dessen Schieber dasselbe abfließen kann. Für Silos mit größerem Querschnitt sind mehrere Abflußöffnungen vorhanden, damit nicht die über dem einzigen Ablauf stehende Getreidesäule zuerst abfließt, während das an den Wandungen befindliche Getreide ruhig liegen bleibt und dann zu lange lagert. Beim Siloprinzip ist also auf eine gute Lüftung und Trocknung des in großer Höhe dicht übereinander gelagerten Getreides Verzicht geleistet. Silos sind daher nur anwendbar für trockenes, hartes Getreide, haben aber bei diesem die großen Vorteile der Einfachheit, Übersichtlichkeit und Billigkeit; sie stammen aus Amerika und ihre Verbreitung in Deutschland begann erst in den 80er Jahren des 19. Jahrhunderts. Heute haben die größeren Mühlen meistens beide Speichersyteme: Bodenspeicher für das weiche deutsche, Silos für das harte ausländische Getreide.

Vor dem Eintritt in den Speicher war das Getreidekorn also von fremden Beimengungen wie Steinen, Erde, Mäusekot, Halmen, Nägeln u. dergl. befreit worden; es hatte aber dabei seinen Keim nicht verloren und konnte daher noch längere Zeit gelagert werden. Sogleich nach dem Verlassen des Speichers beginnt nun die eigentliche Reinigung, bei der das Korn die holzige Oberhaut, einzelne Schalenteile, das Bärtchen und vor allem den Keim verliert; nunmehr ist es ein lebloser

Körper und nicht mehr lagerungsfähig; es muß bald vermahlen werden. Diese eigentliche Reinigung kann eine trockene sein, indem das Getreide in Scheuer- und Schlägermaschinen von den genannten Teilen befreit und dann in Bürstenmaschinen noch besonders blank gereinigt wird. Harter oder blauspitziger oder gar brandiger Weizen ist aber sehr oft mit Beimengungen behaftet, die auf trockenem Wege nicht ganz entfernt werden können; er wird daher in geeigneten Apparaten gewaschen, in Trockenapparaten oder einfach an der Luft wieder getrocknet und auf Bürstenmaschinen geputzt. Nunmehr erfolgt die Mischung der verschiedenen Weizensorten nach Maß oder Gewicht, dann eine gemeinsame Schälung, Spitzung, Bürstung und Polierung. Hierauf lagert das gemischte Getreide etwa einen Tag lang in einem geeigneten Behälter, damit sich die verschiedenen Wärme- und Feuchtigkeitsgrade der einzelnen Körner ausgleichen, und danach ist es vermahlungsfähig geworden. — Die besprochene Getreidereinigung ist eine der wichtigsten Aufgaben der Müllerei. Ist die Reinigungsanlage, die „Kopperei“ mangelhaft, so sind die resultierenden schädlichen Folgen bei der späteren Vermahlung nicht wieder auszugleichen, und die Herstellung eines wirklich erstklassischen Mehles ist dann unmöglich. Ebenfalls sehr wichtig ist die erwähnte Getreidemischung nach Farbe und Klebergehalt, die mittels einer automatischen Wage oder durch Mischmaschinen erfolgen kann. Es war früher gesagt, daß Menge und Beschaffenheit des Klebergehaltes einen entscheidenden Einfluß auf die Mehlfarbe und die Backfähigkeit ausübt; auf die richtige Getreidemischung muß also der größte Wert gelegt werden. Es möge hier auch das Verfahren erwähnt sein, noch vor der Vermahlung das besonders trockene Getreide, meistens nur harten Weizen, zuweilen aber auch russischen Roggen anzufeuchten, weil ohne diese Manipulation die Kleie so fein vermahlen würde, daß man sie selbst mit den besten Sieb- und Putzmaschinen nicht vom Mehl trennen könnte. Man bringt das Getreide in eine Transportschnecke und läßt am Eintritt Wasser in Höhe von etwa 2 % des Getreidegewichtes dazulaufen; die Schnecke mischt beides und befördert das nunmehr feuchte Getreide in einen Behälter, in dem es einen halben Tag lang verbleibt, damit die feuchteren Körner noch an die trocknoren Wassergehalt abgeben, die Feuchtigkeit also eine gleichmäßigere wird.

Der eigentliche Vermahlungsprozeß des Weizens beginnt mit der ersten Schrotpassage, bei welcher das Korn nicht stark angegriffen, sondern nur möglichst in seinem Einschnitt gespalten werden soll, um den in diesem Spalt befindlichen Staub bloßzulegen und seine spätere Entfernung durch eine Sichtmaschine zu ermöglichen; die Walzen erhalten also einen großen Abstand. Schon bei diesem ersten Schroten bilden sich aber bereits einige Mehle und Grieße, die später den billigen Produkten zugesetzt werden. Beim zweiten Schroten soll der durch die erste Passage schon gelockerte Kern aus der Kornschale gelöst und im übrigen sollen nur Grieße gezogen werden. Der Zwischenraum zwischen den Walzen wird also verkleinert; sie erhalten eine grobe Riffelung mit scharfen Kanten und bewirken nunmehr eine Zerschneidung der einzelnen Körner; letztere dürfen sich gegenseitig nicht berühren und dieser Umstand bedingt eine Verlängerung der Walzen. Nach dieser zweiten Schrotung tritt der Plansichter in Tätigkeit, der auf seinen ersten Sieben alle Teile, die feiner sind als Schrot, abscheidet; das Produkt gelangt dann auf den nächsten Schrotgang. Auf den weiteren Sieben des Plansichters werden die groben und hiernach die feinen Grieße und schließlich Dunste und Mehle abgesondert und sortiert. Diese Plansichtertätigkeit erfolgt nach jeder weiteren Schrotung mit immer feiner geriffelten Walzen. Die feinsten und deshalb nach Möglichkeit reichlich gezogenen Produkte ergibt die zweite und dritte Schrotung; bei der vierten ist Qualität und daher erstrebte Ausbeute schon geringer; die fünfte, sechste und eventuell siebente und achte Schrotung erfolgt auf glatten oder fein geriffelten Walzen, eigentlich nur zur Gewinnung des in den Schalen noch zurückgebliebenen Mehles. Vielfach geschieht dieses letzte Ausmahlen noch auf alten, für andere Zwecke nicht mehr verwendbaren Steinmahlgängen. Die zuletzt gewonnenen Mehle erfordern eine Sichtung auf ganz feinen Bespannungen, da sie mit fein vermahlenen Schalenteilchen stark durchsetzt sind. Nach der Schrotung erfolgt die Sortierung der Grieße und Dunste nach ihrer Korngröße und sodann ihre Überführung auf die Putzmaschinen, die die Absonderung der Kleieteile betätigen. Nunmehr treten sofort die Ausmahlwalzenstühle in Tätigkeit; oder aber das gröbere Mahlgut wird vorher noch auf Auflöswalzen aufgelöst, auf Plansichtern erneut gesichtet und sortiert; die gröberen Produkte machen den letzten Prozeß nochmals durch, die Dunste werden eventuell nochmals auf einer Dunstputzmaschine gereinigt und gelangen nun endlich gleichfalls auf Ausmahlwalzen. Die im Mahlgut eventuell noch vorhandenen Keimteile würden im fertigen Gebäck als gelbe Punkte auffallen und einen bitteren Geschmack erzeugen; ihre frühzeitige Entfernung ist aber auch deshalb erforderlich, weil sie die Ausmahlwalzen mit einem öligen Überzug bedecken und so der Ausmahlung der Dunste hinderlich sein würden. Deshalb werden alle Keimteile auf den sogenannten Keimwalzenstuhl geführt, hier flach gequetscht und dann durch eine Sichtmaschine ganz abgesondert.

Die Roggenmüllerei stellt sich wesentlich einfacher dar. Die Schrotung beginnt hier erst, nachdem das Korn auf

Quetschwalzen flach gedrückt und dadurch sein Spalt geöffnet und der Kern gelockert ist; die Absonderung des Spaltstaubes findet darauf in dem sogenannten Blaumehlzylinder statt. Nach jeder Mahlpassage wird das gewonnene Mehl einfach abgeführt, während die Schrot-, Grieß- und Dunstprodukte ungetrennt zur nächsten Schrotung gelangen; nur die Ausmahlung findet für Grießkleie und gewöhnliche Kleie gesondert statt. Zur Ausmahlung der gewöhnlichen Roggenkleie bedient man sich fast stets noch der Steinmahlgänge; Walzen sind hierfür selten in Verwendung. Die Roggenmehl-Fabrikation beschränkt sich auf wenige Sorten, doch ist eine feinere Sichterei geboten als beim Weizenmehl. Infolge des geringen Roggenmehlgewichtes eignet sich hier aber der Plansichter weniger; die Zentrifugalsichtmaschine ist infolge ihrer Schleuderwirkung hier mehr am Platze. Die Roggenmüllerei ist also die weit einfachere, besonders weil die Gewinnung feinster Mehle nicht verlangt wird; in der Regel ist das Flachmahlverfahren in Anwendung und schon bei der ersten Schrotung sucht man etwa 30 % Mehl zu ziehen. Auch das Halbhochmahlsystem ist verbreitet, besonders zur Erzeugung feinerer Roggenmehle; dagegen ist die ausgesprochene Hochmüllerei bei der Roggenvermahlung überhaupt nicht zu finden. Bei der Steinflachmüllerei findet nach beendigtem Mahlprozeß oft noch eine künstliche Kühlung der heiß von den Steinen kommenden Mehle statt, die entweder durch Schaufeln von Hand oder in moderneren Betrieben durch automatisches Schaufeln in einem Bottich, einem sogenannten „hopperboy“, geschieht. Danach werden die gewonnenen Sorten von Roggenmehlen meistens ohne Vermischung abgesackt und sind nun verkaufs- und verbrauchsbereit. Bei der Hoch- wie bei der Halbhochmüllerei wird aber eine große Zahl von Mehlsorten erzeugt, die teilweise untereinander gemischt werden müssen. Das geschah früher und in kleinen, rückständigen Mühlen noch heute durch Zusammenschaufeln von Menschenhand, was für den Arbeiter mit starker Gesundheitsschädigung, für die Mühle mit unangenehmster Verstaubung verbunden ist, ohne daß dabei der Zweck, die innige Mischung, vollständig erreicht wird. Heute wird dieses Mischen in der Regel von automatischen Mehlmischmaschinen besorgt, von denen gut eingerichtete Mühlen in der Regel je eine für jede Verkaufsmehlsorte besitzen. Außerdem bewirkt man bestimmte Zusätze von besonderen Mehlen oder Kleien durch sogenannte Beimischer, die auf dem gleichen Prinzip beruhen, wie der Rüttelschuh beim Mahlgang.

Nach Herstellung des gewünschten Mischungsverhältnisses wird das nunmehr gebrauchsfertige Weizenmehl ebenso wie auch das fertige Roggenmehl von Arbeitern oder auch durch eine automatische Sackpackmaschine aus einem Sackrohr in Jutesäcke gefüllt und genau auf meistens 100 kg abgewogen; der Sack, der vorher eventuell auf einer automatischen Sackreinigungsmaschine gesäubert worden war, wird nun fest zugebunden, mit der Marketafel versehen und plombiert und darauf in den Mehlspeicher befördert, um hier vor dem Versand an die Konsumenten noch kurze Zeit zu lagern, zu „reifen“. Dieser Speicher erfordert besonders gute Trockenheit, Lüftung und helles Licht, und die Säcke werden so aufgestapelt, daß sie allseitig von der Luft umspült werden können. Zum Hinuntertransport dienen die sogenannten „Rutschen“, schiefe Ebenen in Sackbreite; zum Horizontaltransport vom Ausgange des Speichers bis zu einer entfernteren Verladestelle sind häufig Sacktransportbänder in Anwendung, die den Getreidetransportgurten gleichen und nur zur besseren Unterstützung mehr Walzen besitzen als jene.

Hiermit ist die Schilderung der Mühlentechnik und des Mühlenbetriebes bis auf den heutigen Tag durchgeführt; die Betrachtung konnte nur eine kursorische und wenig eingehende sein, da sonst das Heranziehen rein technischer Einzelheiten, sowie technischer, also für den Nichtfachmann unverständlicher Zeichnungen unerläßlich gewesen wäre.

ZWEITER TEIL.

Viertes Kapitel.

Die wirtschaftliche Entwicklung des deutschen Mühlengewerbes bis zum Ende des 18. Jahrhunderts.

Eine eingehende Untersuchung dieser langen Entwicklungszeit läßt sich nicht in den Rahmen der vorliegenden Studie einfügen, die besonders dem 19. Jahrhundert gewidmet ist; solche Untersuchung erfordert vielmehr — wollte sie nicht eine mehr oder minder kritiklose Zusammenstellung zahlreicher alter Wirtschaftsbestimmungen darstellen — eine von der hier zu betrachtenden Epoche getrennte Behandlung. Es soll daher nur versucht werden, durch Anführung weniger, aber typischer Beispiele aus verschiedenen Jahrhunderten die wirtschaftliche Entwicklung lediglich flüchtig zu beleuchten.

Ursprünglich wird jeder Bewohner deutscher Lande sein eigener Bäcker, Maurer, Stellmacher und Zimmermann gewesen sein; aber zum Kornmahlen war eine größere maschinelle Anlage nötig, meistens wohl eine oberschlächtige Wassermühle, die oft sogar besondere Staudämme und damit einen Eingriff in die gemeinsamen Wasserrechte der Dorfnachbarn erforderte. Die Herstellungskosten waren im allgemeinen zu bedeutend für den Einzelnen, und deshalb wurden die Mühlen meistens auf Gemeindekosten errichtet. Fand sich aber eine Mühle in Privatbesitz, so galt sie doch als halböffentliche Anlage; die Bewohner des näheren Umkreises sahen sich infolge der Unmöglichkeit eines weiteren Getreide- und Mehltransportes zur ausschließlichen Benutzung der nächsten Mühle in monopolartiger Weise gezwungen, und der Einzelne konnte diese wirtschaftliche Beschränkung nicht umgehen [1]. Im 7. Jahrhundert aber befanden sich schon mehrere Mühlen in der Hand einzelner reicher Personen, und im 9. und 10. Jahrhundert sind die ersten grundherrlichen Bannmühlen entstanden, aber die Regel blieb noch im frühen Mittelalter, daß Mühlenbauten auf gemeinsame Kosten seitens der Markgenossenschaften, seltener

[1] Lamprecht, Das Wirtschaftsleben im Mittelalter, 1885/86, I 1 S. 16.

durch reiche Privatleute erfolgten. Im eigentlichen Mittelalter treten dann die markgenössischen oder Gemeindemühlen zurück, wenn auch nach wie vor das Mühlenrecht bis in seine Einzelheiten öffentlicher Regelung unterworfen blieb; private Mühlen werden immer zahlreicher und schon in der Höhe des Mittelalters sind sie fast allein in der Überlieferung nachzuweisen. Als rechtliche Grundlage zur Errichtung von Privatmühlen war nur der Besitz der beiden Ufer eines Flusses nötig; Voraussetzung war aber eine Anlageweise, die niemandem Schaden brachte. Ferner war aber auch der eigentliche Wassereigentümer mühlenberechtigt, da der Wasserbesitz das Recht zum Betreten des Ufers und dieses wieder das Recht des Mühlenbetriebes bedingte[1]. Auch aus Wildbann, Vogtei und Allmende-Obereigentum wurden Mühlenrechte hergeleitet, und sie alle wurden meistens auf bestimmte Mühlengrundstücke bezogen, denen die Mühlengerechtigkeit dann inhärent war; die allgemeinen Ansprüche des Wasserherrn wurden aber dadurch nicht berührt. — Die Müller selbst genossen zu allen Zeiten einen besonderen Rechtsschutz; die Volksrechte der fränkischen Zeit und die Rechtsbücher des Mittelalters enthielten besonders schwere Strafen für alle auf den Mühlenwegen begangenen Diebstähle und Raubanfälle, und besonders die Landfriedensordnungen zählten die Mühlen zu den befriedeten, gegen jede Gewalttat geschützten Sachen[2]. Vom 12. Jahrhundert an entstand ein Mühlenregal des Reiches an allen schiff- und floßbaren Strömen, das den Landesherren und Städten in Form von Privilegien verliehen wurde und ihnen das ausschließliche Recht zum Bau und Betrieb von Mühlen zugestand; diese aber überließen die „Mühlengerechtigkeit“ den Müllern zu einem festgesetzten Mühlzins. Die meisten Mühlen besaßen ein Bann- oder Zwangsrecht, den „Mahlzwang“, der einerseits das alleinige Recht des Mahlens in einer bestimmten Mark, wie es schon die grundherrlichen Bannmühlen des 9. und 10. Jahrhunderts genossen hatten, ferner aber dem jeweiligen Besitzer das Forderungsrecht gab, daß alle Bewohner eines bestimmten Distriktes ihr Getreide nur von dem berechtigten Müller mahlen ließen. Anderseits legte dieses Bann- oder Zwangsrecht, das stets auf einen besonderen Rechtstitel, z. B. auf Vertrag, Privileg oder Verjährung begründet sein mußte, dem berechtigten Müller die Pflicht auf, das Getreide der pflichtigen Mahlgäste genau in der Reihenfolge der geschehenen Anmeldung und stets vor dem Korn etwaiger fremder Mahlgäste zu mahlen; Ausnahmen waren nur unter Zustimmung der Zurückstehenden gestattet[3].

[1] Ebenda, S. 584/85.

[2] „Mühlenrecht“, im Handwörterbuch der Staatswissenschaften, 2. Aufl. Jena 1900.

[3] Ebenda.

Das Regal wurde nach Erfindung und Einbürgerung der Windmühlen ohne Änderung auch für diese gültig. Die berechtigten Müller müssen ihre Rechte im Laufe der Zeit übermäßig ausgenutzt haben, denn Klagen über Benachteiligungen der Mahlgäste und sonstige Übergriffe wurden allerwärts lauter und lauter. So haben fast überall die Territorialgewalten schon früh begonnen durch Mühlenordnungen und seit dem 15. Jahrhundert durch allgemeine Land- und Polizeiordnungen die Rechtsverhältnisse im Mühlengewerbe polizei- und privatrechtlich bis ins Detail zu ordnen und so einen besonderen Schutz für ihre Untertanen zu schaffen. So hat der Rat von Freiburg in seiner ersten, aus eigener Machtvollkommenheit von ihm ganz allein im Jahre 1347 erlassenen Mühlenordnung die Müller völlig zu Beauftragten der Stadt gemacht und sie in strenge Abhängigkeit gebracht. Diese Mühlenordnung verpflichtete die Müller, vor und nach dem Mahlen auszumessen, sie stellte das Verlustmaximum beim Vermahlen fest und verbot die unredliche Mischung verschiedener Sorten. Der Rat behielt sich die alleinige Aufsicht und die Bestimmung von Strafen vor; aus seiner Mitte bestimmte er Pfänder, die schwere Vergehen der Müller vor ihn zur Entscheidung zu bringen hatten. Aber die endgültige Freiburgische Mühlenordnung von 1498 ging noch viel weiter: die Müller und ihr Gesinde sollten halbjährlich vereidigt werden; geschäftliche Betätigung des Müllers wird verboten, er darf nur so viel Getreide ankaufen, wie er wirklich braucht; der Korn- und Mehlverkauf wird ihm untersagt, er darf in seinem Hause keinen Backofen — nicht einmal für eigenen Bedarf — haben, und darf auch, um der Versuchung der Getreideunterschlagung zu entgehen, keine Hühner, Enten oder Gänse halten; schließlich darf er weder Mehl noch Geld an die Bäcker verleihen und eingehendste Wägebestimmungen treten für ihn in Kraft. Die Müller haben die Vereidigung als ehrenrührig bezeichnet und sich mit aller Kraft dagegen gesträubt; es hat ihnen nichts genützt, vielmehr haben fast alle anderen Mühlenordnungen jener und der folgenden Zeiten diese Vereidigung aufgenommen. Die Betriebsbeaufsichtigung durch den Rat erschien den Freiburger Müllern ebenfalls als eine unerträgliche Maßregel; um ihr zu entgehen, wollten sie sich lieber zu einer Mehlschau durch fremde Meister aus den Städten Basel, Kolmar, Schlettstadt und Straßburg bereit erklären, denen sie offenbar mehr Wohlwollen und Rücksichtnahme zugetraut haben [1]. Die vom Rate der Stadt Konstanz 1436 für Rebleute und Müller gegebenen Ordnungen suchten

[1] Vgl. Gothein, Wirtschaftsgeschichte des Schwarzwaldes, 1892, S. 495/96.

die letzteren sogar zu einfachen Tagelöhnern herabzudrücken [1], und die Landesordnungen schufen auch eine scharfe Beaufsichtigung für die Bäcker, die sie auf den Standpunkt obrigkeitlich beglaubigter Ämter zurückbrachten, den ja die Müller überhaupt niemals verlassen hatten [2]. So findet sich seit dem 14. Jahrhundert überall die Tendenz, dem Müller jede andere Einnahme als den ihm obrigkeitlich zugebilligten Mahllohn zu versagen, ihm also nur die Lohnmüllerei zu gestatten und ihn im übrigen zum Beamten zu stempeln. Der Bürger stand eben mit den Müllern und Bäckern in einem regelrechten Vertragsverhältnis; wollte er mahlen oder backen lassen, so begab er sich zum Kornschreiber, der im Rathause gleichzeitig die Buchführung für den Ungelter, den Eintreiber indirekter Verbrauchsabgaben, versah. Dieser Kornschreiber führte je ein Buch für Müller und Bäcker, in welchem denselben die Kunden zugeteilt wurden; er stellte dem Bürger das „Mahlzeichen“ [3], die Quittung über richtige Ungeltzahlung, aus, und nur auf dieses Mahlzeichen hin durfte der Handwerker arbeiten. Bezüglich des Ungeltes war also die beste Kontrolle vorhanden; die Mehlqualität wurde durch die Bäcker kontrolliert. Die letzteren waren verpflichtet, jedes zum Verbacken in ihr Haus getragene Mehl zu besehen und es bei schlechter Beschaffenheit den Rats-Mehlbeschauern zu bringen, die dann die Bestrafung des Müllers und ein nochmaliges Durchmahlen veranlassen sollten. Zur Überwachung der Bäcker wiederum bestand sowohl eine Brotbeschaubehörde, die von Rat und Gemeinde gebildet war, wie auch eine solche aus der Mitte der Bäcker selbst; aber die letztere war von mehr untergeordneter Bedeutung und stellte nur ein vereidigtes Sachverständigenkollegium dar. Die Rats-Brotbeschauer mußtens mindesten dreimal wöchentlich, und zwar bei Tag und Nacht, den Bäckern Brote abfordern und sie auf Qualität, Größe und Gewicht prüfen; „wenn sie das Brot besehen, bedunkt sie dann Not oder gut, so mögen sie nach den geschworenen Schauern vom Bäckerhandwerk schicken und dieselben bei ihren Eiden fragen, was strafbar sei. Bedunkt sie aber nit Not, nach den Geschworenen zu schicken, so mögen die es unterwegen lassen und nicht desterminder fürfaren.“ Es hing also lediglich von dem Ermessen der Brotbeschauer ab, ob sie die Bäcker hören wollten; sie vereinigten in sich weitgehende Befugnisse und besaßen sogar Strafgewalt für alle gewerblichen Vergehen.

In den größeren Städten befanden sich die Mühlen meist dicht hintereinander außerhalb der Stadtmauern, aber trotz ihres Wohnens vor den Toren galten die Müller doch häufig

---

[1] Ebenda, S. 357.
[2] Ebenda, S. 38.
[3] Ebenda, S. 510.

als Vollbürger, so z. B. in Villingen. Hier unterschied man auch außer dem Besitz nach Land-, Markt-, Lehenrecht noch jenen nach Mühlenrecht. Denn zu den Mühlen gehörten meistens weite Wiesenflächen, die gleichzeitig mit dem Mühlgraben Vorrichtungen zur Bewässerung erhielten. Die Wiesenbesitzer konnten dann über ihr Eigentum nur insoweit verfügen, als sie nicht mit dem „Mühlenrecht" des Müllers in Konflikt kamen, das diesem erlaubte, so viel von der Allmende einzufangen, als er zu verbessern vermochte[1]. Auch in Freiburg mußten sich die auf Wasserkraft angewiesen Gewerbetreibenden außerhalb der Stadt und teilweise auf Allmende niederlassen, weil aus der Dreisam ein Befestigungsgraben um die Stadt herumgeführt war. In Straßburg waren die Mühlen im 13. Jahrhundert dem Burggrafen unterstellt, der als praefectus urbi für Instandhaltung der Wälle und des Wassergrabennetzes zu sorgen hatte, durch welche die Stadt hervorragend befestigt war. Ihm lag die Einsetzung der Meister in ihre Ämter, sowie das Gewerbegericht ob, und nur mit seiner und der Bürger Genehmigung durften neue Mühlen angelegt werden[2].

War also die Tätigkeit der Meister durch zahlreiche obrigkeitliche Vorschriften und Zunftverfassungen geregelt, so finden sich andererseits schon früh Bestrebungen der Müllergesellen nach fester Organisierung. Als Beispiel sei die 1425 in Freiburg ins Leben getretene Bruderschaft der dortigen Müllergesellen erwähnt. Sie hatte die Satzungen der Bäcker-Bruderschaft als Grundlage und beobachtete streng alle gesetzlichen Vorschriften, da ja das Handwerk bis ins kleinste unter obrigkeitlicher Kontrolle stand. Der Zwangbeitritt für die Mühlknappen wurde besonders seitens der Meister „gegönnt"; den Gesellen ist nach erfolgtem Strafspruch der Bruderschaft noch Berufung an die Zunft gewährt. Die Mühlknappen versprechen, keine Satzungen wider die Meister zu machen, sondern deren Rechte zu achten und an einem Werktage kein Bruderschaftsgebot stattfinden zu lassen. Diese Ordnung ist fast 200 Jahre in Geltung gewesen und dann mit nur geringen Änderungen von neuem in Kraft getreten. So bestand also in Freiburg eine feste Gesellenorganisation, die der Rat selbst bei Eigenmächtigkeiten frei gewähren ließ; wollten sich aber die Bruderschaften mehrerer Städte verbinden, um sich beispielsweise eine Gerichtsbarkeit über die Meister anzumaßen, so schritt er sofort ein: er duldete nur eine lokale Bruderschaft, die er kontrollieren und stets aufheben konnte[3].

---

[1] Ebenda, S. 88.
[2] Ebenda, S. 312.
[3] Ebenda, S. 494.

Neben der Müllerzunft und der Bruderschaft findet sich vielfach auch die „Runsgenossenschaft“, eine Vereinigung der vielen kleinen Gewerbetreibenden, die zum Betrieb von Walkmühlen, Schmiedehämmern, Öltratten, Schleifen die einfache Kraft des fließenden Wassers an den Ufern des Gewerbekanales ausnützten, ohne besonderer Deiche und Wehranlagen zu bedürfen. Sie bilden auf Grund ihres gemeinsamen Besitzes eine Runsgenossenschaft und an deren Spitze steht die Müllerzunft, die ihrerseits alle Ausnützer der Wasserkraft besteuert und die gemeinsam auszuführenden Bachräumungen, Deichausbesserungen u. dergl. leitet. Die nie endenden Streitigkeiten, für deren Entstehen besonders die kleinen Gewerbetreibenden eifrig sorgten, konnten von der Runsgenossenschaft nicht entschieden werden; jeder Zwist wurde gleich dem Rat unterbreitet. Eine solche Genossenschaft bildete sich beispielsweise in Freiburg im Jahre 1478. Die Freiburger Grafen hatten den Wasserlauf der Dreisam einem Kloster geschenkt und dieses hatte die Mühlen als Lehen ausgetan; die Lehenmüller vereinigten sich zu einem Verbande in zwei Abteilungen, deren jede unter einem Runsmeister stand; sie legten in genauer Ordnung die Wasserausteilung, die Sommerbesichtigung bei abgestelltem Wasser, die Deichbauarbeiten und die Bestimmung des dazu von jedem anzuwendenden Geschirres, die Meisterwahl, die Versammlungen und die Rechnungsführung fest. Nach dem Muster dieser Vereinigungen sind im 16. Jahrhundert die Runsgenossenschaften der Wiesenbesitzer gestiftet worden [1].

Die Mühlenordnungen haben an Umfang immer mehr zugenommen. Im 17. Jahrhundert umfassen sie bereits Bestimmungen über Mühlenbau, Stauhöhe, Mahllohn, sowie technische Vorschriften, die einen die Interessen der Mahlgäste fördernden Mühlenbetrieb, also qualitativ und quantitativ ausreichende Vermahlung gewährleisten sollten. Sie enthalten Vorschriften bezüglich der Mühlvisitationen durch Lokalpolizei und Sachverständige und ferner über die Gerichtsbarkeit der Müller. In einigen Ländern erfolgte sie durch ein besonders eingesetztes Richteramt; die häufigen Wasserrechtsstreitigkeiten wurden meistens durch den Schiedsspruch von Sachverständigen, sogenannten Wassergrafen oder Wassermeistern, geschlichtet. Es sei hier noch eine Mühlenordnung aus dem 16. Jahrhundert erwähnt, nämlich jene, die der Kurfürst August von Sachsen für 17 Mühlen an der schwarzen Elster im Jahre 1561 erließ. Die Mühlen, für die sie bestimmt waren, gehörten ihm oder seinen Städten oder waren ihm wenigstens lehens- und zinsbar. Die Ordnung richtete sich hauptsächlich gegen das Aufstauen der Wasserläufe, denn eine

[1] Ebenda.

Unzahl von Klagen über dadurch entstandene Mißstände war laut geworden. Das Wasser war den Bauern in ihre Keller und Wohnräume getrieben, viele Häuser hatten geräumt werden müssen, das Bier war verdorben, Felder, Wiesen, Gärten, Triften und die Fischerei hatten Schaden genommen, und sogar in das Schloß Schweinitz war das Wasser gedrungen. So gab der Kurfürst jetzt für jede einzelne Mühle genaueste Vorschriften über die Höhe der Mühldämme und Grundbäume, über Wehre, Zäune, Schützen in den wüsten Gerinnen usw. Danach finden sich Vorschriften für die Mahlgangszahl, die zwischen 2 und 6 Gängen schwankt; im Durchschnitt kommen auf jede Mühle 4 Gänge, wozu meistens noch eine Schneidemühle oder eine Ölmühle oder ein Walkrad und in einem Falle ein Hammerwerk für Kupfer tritt. Die Veränderung der vorgeschriebenen Mahlgangszahl nach unten oder oben wird streng untersagt, die Kontrolle hierüber sowie über die Stauverhältnisse durch geschworene Müller geregelt und die Strafen bestimmt. Außerdem soll bezüglich der Grundbäume und Wehre „jederzeit durchs Jahr der Ober-Müller uf den Under-Müller und der Under-Müller uf den Ober-Müller gutte Achtunge geben, daß solches also erhalten. Würde aber befunden, daß ein Müller dem anderen hierinnen Vorschub thun würde, so sollen dieselben Übertreter die obberurte Straff zwiefach verfallen sein“, also zwei gute Schock an das Amt entrichten. Damit war das Prinzip der gegenseitigen Überwachung, das dann viele Schikanen veranlaßte, in die Müllerei eingeführt. Ferner sollen die Höhenpfähle eine kupferne Kopfplatte mit Jahreszahl und Kurschwert erhalten und wer sie versehrt, hat zehn Gulden Strafe zu zahlen. Um bei etwaigem Verschlammen den Ort der Pfähle sofort auffinden zu können, sollen um jeden Pfahl 3—4 Weiden gepflanzt werden, eine Sitte, die sich dann allgemein eingebürgert hat. Ferner wird aber den Müllern eingeschärft, die Interessen der Mahlgäste zu wahren; sie sollen fleißiger sein und „die Bestallung der Mühlen, so viel menschlichen und möglichen, selbst thun, und sich uf das Gesinde, weil es jetzo so nachlässigk, nicht verlassen“. Die Müllerin-Witwe zu Schweinitz „soll sich mit einem geübten Müller gefaßt machen, und daran seyn, daß er sich des Mühlwergks also annehme, damit des Amts und ihr selbst Nutz erfolge, und die Mühle in fernere Verwüstung nicht gerathe.“ Der Rat von Liebenwerda soll sich gleichfalls „mit einem erfahrenen und tüchtigen Müller jederzeit gefaßt machen und demselben einbinden, die Mühlgäste nicht zu übernehmen, noch die übel anzufahren . . .“, vielmehr sollen die Müller „einem jedern, arm oder reich, treulich und vleissigk mahlen, und ihnen das ihre zu rath halten, und, der Forderung halber, keinen Unterscheidt halten, sondern wie jeder Mahlgast kommen wirdt und den ersten vor den anderen und letzten fordern." Sie sollen sich zur Vermeidung von Betrügereien kupferne Metzen mit anhängenden Streichmessern anfertigen, und sie dem Stadtmaß jedes Ortes gleich machen lassen; andererseits sollen sie aber berechtigt sein, das ihnen gebrachte Getreide vor der Vermahlung selbst nachzumessen, weil die Mahlgäste mehr Scheffel Korn in die Säcke steckten, als sie angaben. Stellte sich ein solcher Betrug seitens des Mahlgastes heraus, so trat eine Verwarnung durch den Amtsbefehlshaber ein; im Wiederholungsfalle fiel von dem Übermaße 1/3 an den Müller, 2/3 an den kurfürstlichen Abt. Die Müller werden verpflichtet, Wagen mit richtigen Gewichten zu beschaffen und den Mahlgästen zu gestatten, ihr Getreide und später Mehl und Kleie „gewogen oder gemessen zu nehmen", ihnen also beide Arten der Quantitätsbestimmung freizustellen; die Mahlgäste dürfen überdies während des Mahlens in der Mühle selbst anwesend sein. Der Müller ist gehalten, aufzuachten, daß durch das Zugvieh der Mahlgäste den Nachbarn an ihren Wiesen und Feldern kein Schaden geschieht, da er denselben persönlich zu tragen hätte. Er darf keine Schweine, Gänse, Enten, Kapaune, Hühner, Böcke oder Ziegen in den Mühlen halten, damit „den Armen das ihre nicht ufgefrezt wird"; ferner soll er das Mühlengebäude, besonders Dach und Giebel gehörig dicht machen, damit den Mahlgästen ihr Gut nicht verweht. Die letztere Bestimmung gibt ein Bild von den heillosen Zuständen, die damals geherrscht haben müssen. Und schließlich folgt die Bestimmung, daß der Zwischenraum zwischen den Mühlsteinen nicht zur Übervorteilung des Mahlgastes vergrößert werden dürfe „Der letztere soll für jedern gestrichen Scheffel Korn einen gehaufften Scheffel Mehl", an Kleie aber „noch einen Hertzbergischen Scheffel zum wenigsten viertelhalb Metzen bekommen"; das ist nur verständlich, wenn man bedenkt, daß das lockere, fertige Mehl einen größeren Raum einnimmt, als das Getreide, aus dem es hergestellt wurde. Zum Schluß werden noch drei geschworene Müller bestimmt, die jährlich zwischen Johannis und Bartholomäi die Elster befahren, alle Mühlen besichtigen und etwaige Mißstände zur Anzeige bringen sollen. Die Müller müssen den drei Geschworenen Kost und Trank reichen und jedem für seine Mühe und Versäumnis 7 Groschen pro Tag entrichten; ebenso sind sie verpflichtet, den Amtsbefehlshabern anläßlich der Grundbaum-Feststellung Kost zu reichen und für Fütterung ihrer Pferde zu sorgen.

Diese Mühlenordnung von 1561 hat sich bewährt und 1568 hat derselbe Kurfürst August eine zweite Mühlenordnung für die an der Saale, Luppe, Elster und Pleiße liegenden Mühlen erlassen, die sich von jener für die schwarze Elster allerdings durch noch größere Schärfe und härtere Strafen unterschied. Ihre wichtigste Bestimmung war die, daß ein

Müller, der den Fachbaum eigenmächtig erhöhte, neben einer Geldstrafe von 300 Gulden aus dem Handwerk verwiesen werden solle. Begäbe es sich aber, daß ein Fachbaum mit der Zeit von selbst niedersinkt, so darf er nur im Beisein des Abtes wieder gerichtet werden. Merkt ein Müller, daß sein Oberwasser- oder Unterwasser-Nachbar sich gegen die Vorschriften vergeht, so ist er bei seinem Eide zur sofortigen Anzeige verpflichtet; es soll also immer der eine den anderen Müller überwachen. Dann folgen Vorschriften über Wehröffnung bei längerem Stillstand, ebenso über das Ziehen der Schützen bei Hochwasser und Gewitter; ferner die Bestimmungen, daß nach jedesmaligem Schärfen der Mühlsteine erst Steinmehl über die Gänge geschickt werden soll, und daß der Müller seinen Berufsgenossen keine Mahlgäste abspenstig machen darf; von dem Mahlgetreide derselben darf er keinesfalls mehr als das Gebräuchliche, also von jedem Scheffel 2 Metzen, als Mahllohn zurückbehalten bei einer Strafe von 10 Gulden für jeden Übertretungsfall. Die geschworenen Müller sollen nicht, wie bei der Elstermühlenordnung vorgesehen, nur einmal, sondern zweimal jährlich, nämlich im Sommer und Winter jede Mühle untersuchen, „damit das Unrechte abgeschafft, und die mutwilligere Verbrechere anderen zum Abscheu, zu verwirkter einverleubter Pön und Straffen, im Ernste gebührlichen, und unnachlässigk angehalten werden mögen“. Jeder Müller hat fortan zu Michaelis einen Gulden an das vorgesetzte Amt zu zahlen, „davon die geschworenen Müller ihrer Mühe, Arbeit und Notdürfftiger Aufwendung und Zehrung der Jährlichen zweyen Besichtigung halben, gebührlichen besoldet und ergötzet werden sollen“.

Im Jahre 1563 folgt dann eine Verordnung, die auch die auf der Elbe entstandenen Schiffmühlen zinspflichtig machte. Im Laufe der Jahre gab Kurfürst August noch viele Nachträge zu seinen Mühlenordnungen von 1561 und 1568, Kurfürst Christian II. verbesserte sie im Jahre 1607 und Johann Georg II. erneuerte sie 1613 mit verschiedenen Vervollständigungen, insbesondere teilte er bestimmten Mühlen einen genau bezeichneten Mahlgastkreis zu. Im Jahre 1653 gab er eine ähnliche Ordnung für die Mühlen an der Unstrut und 1661 eine solche für diejenigen an der Weißeritz und Elbe. Beide enthalten im wesentlichen die schon betrachteten Vorschriften, die letztere stellt den Mahlgästen sogar frei, ihr Getreide selbst zu mahlen, wozu ihnen der Müller die Gänge scharf zu machen und anzurichten hat. Sie gibt auch Vorschriften für die Kleidung der Müller: „nachdem auch die Müller und Mühlknechte sich bishero in ihrem Stande ziemlich erhoben, und nicht allein ihre alte Tracht in Kleidungen geändert, sondern auch die Schurtzfelle, so ihnen täglich zu tragen gebühren, meistenteils abgeschaffet. Als sollen Müller und Mühlknechte von dato an sich ihrer alten Art in Kleidungen gebrauchen, und täglich Schurtzfelle tragen, würde aber einer hierwider handeln, so soll der Mühlenmeister jedesmal fünff, der Mühlenknecht aber einen Thaler zur Strafe verfallen seyn". Kurfürst Johann Georg III. sah sich infolge der schlechten Finanzlage seines Landes, die zum großen Teil durch die Entfaltung äußeren Glanzes seitens des Herrscherhauses herbeigeführt war, zur Einführung neuer Abgaben gezwungen und wählte die Form des „Mühlgroschen". Sein Ausschreiben vom 20. März 1682 besagt, daß bis zum Ende des Jahres jeder Scheffel Getreide mit einem Groschen versteuert werden solle, und daß auf dem Lande die Müller die Steuer einzutreiben haben. Sie haben jedem Mahlgast vor der Vermahlung den Mühlgroschen abzufordern und in eine verschlossene Kupferbüchse zu werfen, die vom Gerichtsherrn oder Amtsvorsteher in ihrer Mühle fest angeschlossen ist; die richtige Besorgung sollen sie eidlich versichern. In den Städten aber ist ein des Rechnens und Schreibens kundiger Beamter gegen gehörige Kaution anzustellen, an den jeder Mahlgast seinen Mühlgroschen entrichtet; nur gegen seine Quittung darf dann der Müller mahlen. Ein Nachtrag bestimmt, daß auch das Metzgetreide dieser Abgabe unterworfen sein soll, was die Müller offenbar als sehr lästige Steuer empfunden haben [1]. Den Meistern waren die Hände in jeder Hinsicht gebunden; Betrug der Mahlgäste und Überschreitungen der Bestimmungen waren trotzdem an der Tagesordnung, aber sie fanden meistens schnell ihre Sühne, da die erwähnten Müllerordnungen zur Bestrafung ja eine ausreichende Handhabe boten. — Anders war es mit den Müllergesellen. Alle Verordnungen bezüglich ihres Betragens waren nutzlos geblieben und unleidliche Zustände hatten sich in dieser Hinsicht besonders im Kurfürstentum Sachsen entwickelt. Zwar waren die wandernden Müllerburschen in der Gesellenstube, der alten „Feise", gern gesehene Gäste; sie waren ja fast die einzigen Überbringer von Nachrichten, besonders auch von technischen Neuerungen, so weit damals von solchen die Rede sein konnte, sie halfen bei der Arbeit, erhielten hierfür Kost und Beherbergung und zogen dann ruhig weiter. Aber minderwertige Elemente nützten die Gutmütigkeit der Meister übermäßig aus, schlossen auch wohl mit der Frau Meisterin zu enge Freundschaft und nisteten sich in einer Mühle für längere Zeit, besonders im Winter, behaglich ein; andere wieder machten die Straßen unsicher, trugen sogenannte Mühl-

[1] Vgl. Anhang zu „Theatrum Machinarum Molarium" von Matthias Beyern und Konsorten, Leipzig 1735, und ferner „Königlich Preußisches erneuertes und geschärftes Mühlenreglement im Fürstentum Halberstadt wie auch der Grafschaft Hohnstein und Herrschaft Derenburg". De Dato Berlin, den 18. Juli 1751. (Delius Witwe, Halberstadt.)

äxte und Säbel, bildeten schließlich nur noch ein Wegelagerergesindel und erschienen alle paar Tage bei demselben Meister, dem sie unter Drohung und sogar Mißhandlung Kost, Quartier und Geld abtrotzten. Verlangte dieser dafür eine Arbeit, so wurden sie einfach grob; meistens verstanden sie überhaupt nichts vom Handwerk, vielmehr stand fest, „daß auch viele Bettler, Diebe und anderes liederliches Gesindel, unter diesem Vorwand, als ob sie Mühlbursche wären, im Lande herum zu vagieren pflegen.“ Schließlich erließ Kurfürst Friedrich August, König von Polen, im Jahre 1724 ein „Mandat wider die unruhigen Mühlknappen, auch deren Unfug und Plackereyen“. Fortan durfte kein Bursche in Kost und Herberge aufgenommen werden, der sich nicht durch ein Zeugnis seines Lehrmeisters und die entsprechende obrigkeitliche Bescheinigung ausweisen konnte. Der Müller wird zur sofortigen Anzeige bei Strafe verpflichtet und der falsche Geselle wird das erste Mal mit 14 Tagen Gefängnis, später mit Festungsbau bestraft. Kann der Meister aber über den Burschen nicht Herr werden, und entflieht letzterer, so soll er steckbrieflich verfolgt und dann umso härter bestraft werden. Ferner darf kein Meister mehr als zwei Wanderburschen gleichzeitig aufnehmen und beherbergen und nicht mehr als zwei Gesellen dürfen fortan ihre Wanderung auf den Straßen gemeinsam machen; selbst wenn festgestellt ist, daß sich deren mehrere „nicht mit Vorsatz zusammen rottieret“ haben, sollen sie doch mit mindestens 8tägiger Gefängnisstrafe belegt werden. „Es haben sich aber die wandernden Knappen allerseits bei ihrer Wanderschaft des Morgens, Mittags und Abends mit Brot und Butter oder Käse, und des Müllers selbst eigenem Getränke, so gut er es hat, nebst nur einem einzigen Nachtlager, jedesmal begnügen zu lassen, und darauf, daferne ihnen der Müller keine Arbeit geben kann, noch will, sich wieder unweigerlich auf den Weg zu machen.“ Dem Wanderburschen Geld zu geben, wird schlechterdings verboten; schließlich wird bestimmt, daß sich jeder Geselle des Tragens „der Mühläxte, Säbel, Degen oder anderen schädlichen Gewehrs“ zu enthalten hat, daß er innerhalb eines Vierteljahres nur einmal bei demselben Meister vorsprechen darf, daß er demselben auf Verlangen 24 Stunden zu helfen hat, möge diese Arbeit im Zurichten der Mühle, Mahlen oder anderer Mühlenhilfe bestehen. Preußen erließ im Jahre 1785 ein ähnliches Mühlenreglement für Litauen und 1786 ein solches für Ostpreußen. — Die angeführten Ordnungen sind typische Beispiele für die in jenen Jahrhunderten auch anderwärts allgemein üblichen Mühlenvorschriften; Unterschiede bestehen nur in der Ausführlichkeit und in der Höhe der Strafen, die teilweise äußerst scharf waren. Gegen betrügerische Meister ist sogar die Tortur angewandt worden, so bei einem Müller in Plauen im Jahre 1615.

Dieser hatte vier Löcher in den Mühlbaum gemacht, und eine Bretterumkleidung angebracht, so daß er das veruntreute Mehl unbemerkt fortschaffen konnte. Er leugnete, wurde auf Geheiß des Rates gefoltert und gestand dann, in den 4 Jahren seiner Pachtzeit den Mahlgästen rund 362 Gulden an Mehl und Getreide veruntreut zu haben. Man machte mit ihm kurzen Prozeß und verurteilte ihn zum Tode mit dem Strange.

Schließlieh sei noch eine speziell in Preußen beobachtete Beschränkung der Müller erwähnt, „das Mühlsteinregal", ein staatliches Monopol mit dem Recht, allein Mühlsteine fabrizieren und verkaufen zu dürfen. Ein ähnliches Mühlsteinregal war schon um die Mitte des 17. Jahrhunderts in Geltung, es erstreckte sich aber damals nicht auf Steine, die zum Selbstgebrauch vom Ausland bezogen wurden; im Jahre 1689 wurde diese letztere Vergünstigung aufgehoben und behielt nur für den Adel Gültigkeit. Das Mühlsteinregal wurde im Laufe der Jahre dann in weiteren Landesteilen gültig. Besondere Faktoreien, die der Bergwerks- und Hüttenkasse unterstellt waren, erledigten den Mühlsteinhandel, für den zum Zwecke der Weizenmüllerei meistens schlesische, für Roggenvermahlung mansfeldische Steine zur Verfügung standen. In den verschiedenen Städten bestanden sehr fühlbare Preisdifferenzen; es kostete beispielsweise in Königsberg ein langer Windmühlenstein 48 T., ein langer ganzer Wasserstein 42 T. 17½ Gr., während man in Magdeburg für die gleichen Steine nur 21 T., resp. 18 T. 8 Gr., also nur die Hälfte bis ein Drittel zahlte. Die dazwischen liegenden Städte hatten von Osten nach Westen hin abnehmende Preise, die zwischen denen von Königsberg und Magdeburg lagen; wurden Steine verlangt, die nicht ganz normal waren, so war ein monatelanges Vorausbestellen und eine Pfandhinterlegung von einem Drittel des Preises nötig zur Sicherheit, daß der bestellte Stein wirklich und pünktlich abgeholt wurde; schließlich verteuerten sich die Steine noch um die hohen Transport- und Faktorkosten [1].

Im allgemeinen war aber die Müllerei ein einträgliches Gewerbe und selbst wenn man von unehrlichem Gewinn absieht, war der Verdienst der Meister in den betrachteten Jahrhunderten ein recht guter. Am Ausgang des 18. Jahrhunderts betrug er beispielsweise jährlich 1100 bis 1200 fl., also einen Tagesverdienst von mehr als 3 fl., während Hammerschmiede, Steinhauer und Zimmerleute sich damals nur auf etwa 1 fl. täglich gestanden haben [2]. Der Mahllohn betrug den 16. Teil, an anderen Orten den 13., in der Pfalz teilweise sogar den 12. Teil des Mahlgetreides; er war also unabhängig vom je-

[1] Vgl. Mohr, Die Entwicklung des Großbetriebes in der Getreidemüllerei Deutschlands, S. 7 und 8.

[2] Fromm, Das Mühlengewerbe in Baden und in der Rheinpfalz, Karlsruhe 1907, S. 5.

weiligen Getreidepreise. Der einzelne Müller mahlte, wie es seine Väter und Großväter getan hatten und hütete sich nur, mit der Qualität unter jene Grenze zu gelangen, die als strafbar galt. Er hatte kein Interesse daran, die Güte des Mehles zu verbessern, denn das konnte seine Einkünfte bei dem festgesetzten Mahllohn ja nicht vermehren. Eine feste Kundschaft war ihm infolge des bestehenden Mahlzwanges überdies jederzeit sicher; also führte er ein beschauliches, gut versorgtes Dasein und kümmerte sich nicht um irgend welche Fortschritte. Bei diesem Mahlsystem empfanden natürlich die Mahlgäste bitter die vielen Nachteile, die ihnen aus der Nachlässigkeit der Müller und ihren Betrügereien erwuchsen; die Klagen mehrten sich und die Forderung nach Aufhebung des Mahlzwanges wurde seitens der Mühlpflichtigen immer vernehmlicher gestellt. So hob denn die preußische Regierung in dem Edikt für die Provinz Litauen vom 14. Dezember 1785 den Mahlzwang auf dem Lande auf und hielt ihn nur in den Städten aufrecht[1].

Fünftes Kapitel.

Die wirtschaftliche Entwicklung des deutschen Mühlengewerbes im 19. Jahrhundert.

A) Von 1800 bis etwa 1830.

In den ersten Jahren des neuen Jahrhunderts änderten sich die Verhältnisse in der deutschen Müllerei in keiner Weise, blieben vielmehr genau so, wie sie bereits für das Ende des 18. Jahrhunderts geschildert wurden. Zwar war, wie erwähnt, der Mahlzwang schon vereinzelt aufgehoben worden und auch das Allgemeine Landrecht für Preußen vertrat den prinzipiellen Standpunkt der Mahlfreiheit, indem es in seinem II. Teil Titel 15, 233 bestimmte, daß jeder Grundbesitzer auf seinem Gebiet Wind- und Wassermühlen anlegen könne, falls dem nicht besondere Gesetze oder Verfassungen entgegenständen; aber die letztere Einschränkung traf eben allgemein zu, denn die Provinzialgesetze hatten vor diesen Bestimmungen ihre Gültigkeit, und so blieb vorläufig der Mahlzwang in Preußen wie auch in den übrigen Ländern ausnahmslos in Geltung. Fortschritte in technischer Hinsicht wurden infolge dessen kaum gemacht, da sie ja den Meistern wesentliche Vorteile nicht bringen konnten; der Verkehr zwischen Mahlgästen und Müllern wickelte sich nach wie vor in der alleinigen Form der Lohnmüllerei ab, wie sie im vorigen Kapitel eingehend besprochen wurde. Aber mit dem Jahre

[1] Vgl. Mohr, Die Entwicklung des Großbetriebes in der Getreidemüllerei Deutschlands, S. 9.

1808 setzte — zunächst in Preußen — eine Reihe von Reformen ein, die zwar noch nicht durchgreifend waren, die aber doch außerordentlich befruchtend auf die gesamte deutsche Müllerei gewirkt haben. Das Edikt vom 23. Januar 1808[1] brachte die gänzliche Aufhebung des früher geschilderten staatlichen Mühlsteinmonopols für Ost- und Westpreußen zum Zwecke „der Beförderung der Mehl- und Graupenfabrikation"; nur für ausländische, nach Preußen importierte Steine wurde eine Akzise von 9 Pfennigen pro 1 Taler Steinwert beibehalten. Außer der Zubereitung von Mühlsteinen aus Feldsteinen wurde auch einem jeden, der sich damit abgeben wollte, der freie Handel mit in- und ausländischen Steinen ohne weitere Beschränkung durch dieses Edikt zugestanden. Am 20. März 1809 trat diese Freiheit auch für die Kurmark, Neumark und Pommern in Kraft. Aber auch der schon im Allgemeinen Landrecht als lästig bezeichnete Mahlzwang sollte in Preußen nicht mehr von langer Dauer sein: das früher erwähnte Mühlenreglement für Litauen vom Jahre 1785 und jenes für Ostpreußen von 1786 wurde durch das Edikt vom 29. März 1808 aufgehoben mit der Absicht, „den Verkehr mit den ersten Lebensbedürfnissen zu erleichtern." Das gleiche Edikt hob die entgegenstehenden Bestimmungen des Allgemeinen Landrechts auf[2]; dieselben behandeln den Mahlzwang, waren also nunmehr hinfällig geworden. Man war bei dieser Aufhebung des Mahlzwanges von der Tatsache ausgegangen, daß derselbe offenbar einen scharfen Druck auf das Volk, vor allem auf die niederen Schichten ausübte und daß „das Mühlenregal eine heilsame Vermehrung der Mühlen verhindere;" auch waren die Einnahmen der Finanzverwaltung aus diesem Regal nur unbedeutende. So gab es also in den genannten Provinzen vom 1. Dezember 1808 an keinen Mahlzwang mehr; auf eigenem Gebiete durfte jedermann fortan Windmühlen, an Privatgewässern auch Wassermühlen erbauen, und nur für Wassermühlen an öffentlichen Gewässern behielten die Bestimmungen des Allgemeinen Landrechts ihre Gültigkeit. Aber jeder Müller mußte fortan für jeden neu angelegten Mahlgang eine Mühlengewerbesteuer bezahlen, die in ihrer Höhe in den verschiedenen Provinzen differierte. Die bisherigen Regalmühlenpächter wurden durch Erlassen des Mühlzinses teilweise schadlos gehalten; die Staatsverwaltung selbst aber suchte sich durch eine Abgabe der bisher Mahlpflichtigen zum Entgelt für die gewährte Freiheit zu entschädigen, und zwar erhob sie diese Abgabe durch Erhöhung

---

[1] Mylius, Corpus constitutionum Marchicarum, 1808, Nr. 25, 71.

[2] Teil I Titel 23 S. 25—29; Teil II Titel 15 S. 236, 237, 240, 242; ebenso den Zusatz 230 des Provinziallandrechts für Ostpreußen und Litauen.

der Mehlakzise in den Städten, durch Erhöhung der Grundsteuer in den Königlichen Erbpachtmühlen; die Privatmühlen erhielten eine direkte Barentschädigung, und zwar entschied über die Höhe derselben ein privater Vertrag oder die richterliche Entscheidung. In Zukunft waren für den Müller bei Neuanlagen, Vermehrung der Mahlgänge oder bei bedeutenderen Veränderungen, sowie zur Wiederinbetriebsetzung betriebstoter Mühlen nur noch die landespolizeilichen Bestimmungen maßgebend; eine Anzeige bei der betreffenden Behörde war erforderlich und bei Neuerrichtung von Wassermühlen war sogar öffentliche Bekanntmachung vorgeschrieben. Es wurden von der Behörde aber nur die polizeilichen Momente geprüft, während die etwa verletzten privaten Rechte von den angeblich Geschädigten zu verfolgen waren, wozu eine Frist von 6 Wochen gewährt war.

Die Pflicht des Mahlgastes, dem Müller eine bestimmte Metze als Mahllohn zu geben, fiel, und nunmehr war die Mahlvergütung der freien Vereinbarung überlassen. Um aber der Übervorteilung seitens der Müller vorzubeugen, wurde für die Zeit vom 1. Dezember 1808 bis 1. Dezember 1814 eine obere Grenze festgesetzt; der Mahllohn sollte betragen: für das Mahlen und Beuteln des Weizens 10 Gr. pro Scheffel oder 3,30 Mk. pro 100 kg, und für die gleiche Arbeitsleistung bei der Roggenmüllerei 6 Gr. pro Scheffel oder etwa 2 Mk. pro 100 kg. Es war in Aussicht genommen, diese Lohnbestimmungen schon vor dem 1. Dezember 1814 aufzuheben, wenn inzwischen hinreichende Konkurrenz unter den Müllern entstanden sein würde. Von 1 Scheffel Weizen = 83 Pfund sollte folgende Ausbeute gezogen werden:

47 Pfund	feines Mehl	= 12 Metzen	=	56,6 %
23 -	mittleres -	= 7 -	=	28 %
10 -	Kleie	= 4 -	=	12 %
80 Pfund		= 1 Scheffel 7 Metzen	=	96,6 %.

3 Pfund oder 4 % wurden für Verlust gerechnet. Von einem Scheffel Roggen à 80 Pfd. sollte gezogen werden:

32 Pfund	feines Mehl	= 9½ Metzen	=	40 %
36 -	mittleres -	= 10 -	=	45 %
8 -	Kleie	= 3 -	=	10 %
76 Pfund		= 1 Scheffel 6½ Metzen	=	95 %.

An Verlust wurden also bei Roggenmehl 4 Pfd. = 5 % zugestanden. Ein Scheffel Roggen schließlich sollte an nur geschrotetem, ungebeuteltem Brotmehl 78 Pfd. in gestrichenem Maße ergeben. Bis zum 1. Dezember 1808 mußte in jeder Mühle eine Getreidewage angeschafft werden, sodaß der Mahlgast das gemessene Mahlgut auch nachwiegen konnte. Das besprochene Edikt besaß nur Gültigkeit für Ostpreußen und Litauen mit Ermeland und dem Landratskreise Marienwerder. Die getroffenen Änderungen hatten sich aber gut bewährt, und so bestätigte ein neues Edikt vom 28. Oktober 1810 die Mühlengerechtigkeit und den Mahlzwang für das ganze preußische Gebiet; eine am gleichen Datum erlassene Mühlenordnung legte die Beziehungen zwischen Müller und Mahlgästen, sowie deren Rechte und Pflichten fest. Von dem Edikt vom 29. März 1808, das übrigens in den Landesteilen, für die es erlassen war, seine Gültigkeit behielt, wichen die Bestimmungen von 1810 nur in beschränktem Maße ab; die wichtigste Änderung war die Abschaffung der Entschädigung für die Gewährung der Mahlfreiheit mit der Begründung, daß die Einkünfte der berechtigten Müller nicht geschmälert, sondern durch Steigen des Mahlquantums infolge verminderter Anwendung der alten Handmühlen vergrößert wurden. Schon vor dem Erlaß der letztgenannten Verordnungen war das wichtige Edikt vom 29. März 1809 erschienen, das es „den durch Aufhebung des Mühlenregals und Mahlzwanges entstehenden Verhältnissen angemessen" erachtete, „nunmehr auch die Beschränkungen abzustellen, welche die Zunftverfassung der Müller der Mehlfabrikation entgegensetzt[1]." Vom Tage des Ediktes an gelten alle Müllerzünfte für Ostpreußen, Litauen mit Ermeland und Marienwerder für aufgehoben. Wer überhaupt Grundstücke erwerben darf, kann auch Mühlen aller Art besitzen und mit unzünftigen Arbeitern bewirtschaften; eine gesetzliche Lehrzeit, das Ein- und Ausschreiben der Lehrlinge findet nicht mehr statt; die Zeugnisse der Lehrherren vertreten die Stelle der Lehrbriefe, deren Richtigkeit von der Ortsbehörde attestiert sein muß. Die Annahme von Arbeitsgehilfen beruht fortan auf freier Übereinkunft, und kein Mühlenbesitzer ist mehr verpflichtet, wandernden Gesellen Herberge, Kost oder sonst ein Geschenk zu geben[2]. In diese Zeit fällt auch die Entstehung der später scharf umkämpften Mahl- und Schlachtsteuer. Bisher war in den preußischen Städten die schon erwähnte Generalakzise in Geltung gewesen, und aus dieser heraus entwickelte sich nun die neue Steuerform, die durch das Edikt vom 28. Oktober 1810 eingeführt wurde und für den Scheffel Weizen $^1/_2$ Taler, für den Scheffel jedes anderen Getreides $^5/_{48}$ Taler betrug. Sie wurde vor dem Vermahlen in der Mühle erhoben und ihr Eingang streng überwacht; dagegen fielen die an den Stadttoren erhobenen Schüttegelder mit dem umständlichen Umschütterscheinverfahren zukünftig fort.

---

[1] Mylius, Corpus constitutionum Marchicarum, 1808, Nr. 29; vgl. auch Mohr, Die Entwickelung des Großbetriebes in der Getreidemüllerei Deutschlands, S. 12.

[2] Mylius, Corpus constitutionum Marchicarum, 1809, Nr. 76.

Die angegebenen Daten bezeichnen wichtige Marksteine in der Geschichte der Müllerei; denn nunmehr waren die lähmendsten Beschränkungen gefallen, die Müller hatten Ellbogenfreiheit erlangt und die Betriebstechnik begann sich zu heben. Die anfangs zwar zaghaften, dann aber immer schneller erfolgenden Fortschritte in der Mühlentechnik sind bereits in einem früheren Kapitel betrachtet worden; sie gaben jedem Müller, der sich dem Zuge der Zeit gegenüber nicht taub stellte, reichlich Gelegenheit, die Qualität seiner Erzeugnisse zu heben; und diese Verbesserung des Gütegrades wurde für das gute Gedeihen der Mühle jetzt wichtig, denn nach Aufhebung des Mahlzwanges hatten die Mahlgäste „einen feineren Magen" bekommen und ihre Ansprüche wesentlich erhöht. So war es dem Tüchtigen nach Erlangung wirtschaftlicher Freiheit in Verbindung mit der durch die große Volksvermehrung noch mehr gesteigerten Nachfrage nicht nur möglich, seine verbesserten Fabrikate ohne Schwierigkeit zu guten Preisen abzusetzen, sondern er sah sich sogar geradezu gedrängt zur Betriebserweiterung. Unter diesen Umständen ließ die von der preußischen Regierung als heilsam bezeichnete und ersehnte Vermehrung der Mühlen nicht lange auf sich warten; in frischem Wetteifer entstanden Windmühlen, besonders Bockwindmühlen, sowie neue Wassermühlen; und die ersten Dampfmühlen, deren Entstehungsgeschichte sich in einem früheren Kapitel findet, tauchten jetzt auf und legten den Grund zu der ferneren großzügigen Entwicklung der Mühlentechnik und zu einem kaufmännischen Betriebe der Müllerei. Ohne großes Geräusch hatte sich auch bezüglich des Verhältnisses, in dem Müller und Mahlgast zueinander standen, das Blatt gewendet: der letztere wurde nicht mehr von einem zunftstolzen Meister empfangen, bei dem er im Mahlzwang stand und von dem er sich oft sogar „übel anfahren" lassen mußte; der Müller war vielmehr auf die Zufriedenheit seines Abnehmers angewiesen und an einem höflicheren Verkehr war ihm nunmehr sehr gelegen.

Ein eigentlicher Getreide- und Mehlhandel war zu jener Zeit noch nicht vorhanden; einerseits waren die wirtschaftlichen Beziehungen hierzu noch zu einfache und der Transport zu schwierig, anderseits war ein solcher Handel durch gesetzliche Bestimmungen erschwert und teilweise — wenigstens den Müllern — einfach verboten gewesen, und schließlich hatten hier die Zollschranken der vielen Kleinstaaten und Städte oft unüberwindliche Hindernisse aufgetürmt. Diese Sachlage wurde einigermaßen geändert durch das preußische Zollgesetz vom 26. Mai 1818, das die Grundlage für die spätere deutsche Zollpolitik bilden sollte; es verlegte die Zollpflichtigkeit an die Landesgrenze, wobei es jedoch noch zwischen den westlichen und östlichen Provinzen einen Unterschied machte. Binnenzölle kamen in Fortfall, Ein- und Ausfuhrverbote wurden aufgehoben; nur die Finanzzölle und außerdem eine geringe Abgabe auf Getreide und Fabrikate wurden beibehalten; Ausfuhrzölle blieben nur für wichtigere Rohstoffe, und zwar zum Schutz inländischer Gewerbe in Geltung. Und bei der Durchfuhr schließlich wurde nur der allgemeine Eingangs-, sowie der betreffende Ausfuhrzoll erhoben. Endlich schloß Preußen mit Dänemark, Großbritannien, Mecklenburg-Schwerin, Skandinavien, Brasilien und den Vereinigten Staaten Nordamerikas Handelsverträge ab. Nunmehr war auch bezüglich der Ausfuhr von Mühlenfabrikaten ein Schritt vorwärts getan, der für das Mühlengewerbe einen starken Ansporn bilden mußte.

Aber bald schon drohte die Vermehrung der Mühlen zu stark zu werden; und so machte das Gesetz vom 23. Oktober 1826 für die durch das Edikt vom 28. Oktober 1810 betroffenen Landesteile die Konzessionserteilung für den Bau neuer oder die wesentliche Vergrößerung bestehender Mühlen von der Frage abhängig, ob die vorhandenen Mühlen zur Bedarfsdeckung wirklich unzureichend waren. Wurde dieser Mangel nicht polizeilich festgestellt, so war das Konzessionsgesuch abzuweisen. Damit war plötzlich in den betroffenen Landesteilen ein starkes Hemmnis gegen die freie und vielfach auch gegen die gesunde Weiterentwickelung eingetreten; es ist ja noch heutigen Tages oft recht schwer, einer Behörde die Notwendigkeit bestimmter Industrieanlagen nachzuweisen; in jenen Zeiten vollends mag die Entscheidung sehr häufig von der Willkür der zuständigen Beamten abhängig gewesen sein und gar mancher tüchtige Baulustige mag seinen Plan begraben haben, ohne die Konzessionserlangung überhaupt zu versuchen. Die Entscheidung über die Konzessionsgesuche nach der Bedürfnisfrage behielt bis zum Jahre 1845 Geltung. In Zahlen ausgedrückt ergeben sich folgende Veränderungen: nach der Statistik für Ostpreußen, Westpreußen, Pommern und Brandenburg vom Jahre 1798 gab es in diesen Ländern 4909 Wind- und Wassermühlen; je ein Müller sorgte für den Bedarf von 665 Einwohnern. Und die Vergleichung der Statistiken vom Jahre 1811 und 1819[1] für Ostpreußen, Westpreußen, Pommern, Schlesien und Brandenburg zeigt, daß in diesen 8 Jahren die Zahl der Mühlenbetriebe eine Zunahme von 2171 = 20 % erfahren hat, nämlich von 10085 auf 12206 gestiegen ist. Danach kommen im Jahre 1811 auf 10000 Einwohner 28,41, im Jahre 1819 aber nur 28,06 Mahlgänge, woraus zu folgern ist, daß die Produktion eine intensivere geworden war. Die einzelnen Mühlen haben sich in dem genannten Zeitraum — wenn auch nur unwesentlich —

[1] Vgl. zu diesen Angaben Mohr, Die Entwicklung des Großbetriebes in der Getreidemüllerei Deutschlands, S. 24.

vergrößert, denn 1811 besaß eine Mühle im Durchschnitt 1,322, im Jahre 1819 aber 1,325 Mahlgänge; ihre Gesamtzahlen sind 13 332 und 16 178. Nunmehr kam schon auf 476 Einwohner ein Müller gegenüber dem Verhältnis 665:1 im Jahre 1789; dieser Vergleich zeigt, daß einerseits der Mehlkonsum pro Kopf der Bevölkerung gestiegen war; andererseits sind aber die gerade in Preußen zur Zeit des Mahlzwanges reichlich in Anwendung gewesenen Handmühlen nach der im Mühlengewerbe eingetretenen Reform mehr und mehr abgeschafft worden. In den acht alten preußischen Provinzen waren im Jahre 1816 nach Schmoller[1] 23 962 Mühlen vorhanden; ihre Zahl wuchs bis zum Jahre 1819 um 1547 auf 25 509 Betriebe.

Das folgende Jahr brachte für die preußischen Mühlen wiederum eine grundlegende Änderung in der Besteuerung; das Gesetz vom 30. Mai 1820 hob die am 2. November 1810 eingeführte Gewerbesteuer auf und ordnete eine neue in den Sätzen erhöhte Mahlsteuer an, die von allen Getreidearten, Körnern und Hülsenfrüchten, welche zu Mehl, Schrot, Graupen, Grütze und Grieß auf einer Mühle verarbeitet werden, nach dem Gewicht zu erheben ist und zwar vor dem Eingang in die Mühle. Eine Ausnahme besteht bei der Anmeldung, daß das aus dem Getreide zu fertigende Mahlprodukt nicht im Mühlenorte verzehrt, sondern in Mengen von mehr als 1 Zentner à 50 Pfund zum Versand gelangen soll. Für diesen Fall tritt Erlaß der Steuer ein, zu dessen Bescheinigung „Mahlfreischeine" dienen[2]. Zweitens wurde die Steuer von allen eingeführten Mühlenfabrikaten, zu denen das Gesetz außer den schon genannten Fruchtarten auch noch Brot, Backwerk, Nudeln, Stärke und Puder rechnet, erhoben und zwar ebenfalls nach dem Gewicht. Die Ankunft dieser Artikel mußte unverzüglich beim Steueramt gemeldet und die Steuer vor Verwendung der Waren erlegt werden. Konnte aber nachgewiesen werden, daß diese Artikel in Mengen unter 1 Zentner = 50 Pfund eingingen, und daß sie aus einem gleichfalls mahlsteuerpflichtigen Ort, wo die Steuer für sie schon erlegt war, stammten, so trat Steuererlaß ein; doch mußte ihr Ursprungsort durch sogenannte Versendungsscheine nachgewiesen werden. Ebenso durften kleine Quantitäten von weniger als $^{1}/_{16}$ Zentner, also etwa 3 Pfund steuerfrei in die Ortschaften eingeführt werden. Schließlich sei die dritte Erhebungsart kurz erwähnt, obwohl sie die ungebräuchlichste gewesen ist. Die Steuerbehörde konnte mit Gewerbetreibenden der äußeren

[1] Schmoller, Geschichte der deutschen Kleingewerbe im 19. Jahrhundert, Halle 1870.

[2] Gesetz vom 30. Mai 1820 § 6 und Kabinettsordre vom 24. Oktober 1832.

Stadtbezirke auf deren Antrag Abfindungsverträge auf Grund einer Fixation eingehen, sofern die Voraussetzungen zutrafen, daß die örtliche Lage einerseits den Gewerbetreibenden die Einrichtung der Steuer im gewöhnlichen Wege stark erschwerte und andererseits den Aufsichtsbeamten die Kontrolle schwierig gestaltete und daß schließlich aus der Erhebung der Steuer im gewöhnlichen Wege ein höherer Betrag, als der vom Antragsteller angegebene nicht zu erwarten war. Diese dritte Erhebungsart hat sich keiner großen Beliebtheit erfreut; sie war eigentlich nur in einigen Städten Westpreußens und Schlesiens in Anwendung, sowie ferner in den Städten Fraustadt und Rawicz in Posen, wo sämtliche Müller fixierte Beträge von mehr als 100 Taler jährlich entrichtet haben [1]. Das Gesetz vom 30. Mai 1820 unterschied für alle mahlsteuerpflichtigen Getreidearten eigentlich nur zwei verschiedene Steuerklassen, nämlich eine für Weizen mit dem Steuersatz von 20 Sgr. pro Ztr. und eine zweite für Roggen, Gerste, Buchweizen und alle übrigen Getreidearten und Hülsenfrüchte, für welche 5 Sgr. pro Ztr. zu zahlen waren. Dieselben Sätze waren für die Besteuerung der fertigen Produkte maßgebend, so daß von „Kraftmehl, Puder, Graupen, Grütze und Grieß das Doppelte, von Mehl das Ein- und Eindrittelfache, von Schrot und Backwerk aller Art das Einfache des Satzes bezahlt wird, welchen das Getreide, woraus diese Erzeugnisse bereitet werden, steuert". Ließ aber jemand eine Mischung von Weizen und minderwertigen Getreidearten mahlen, so hatte er einfach den höchsten Satz, also den des Weizens für sein Gemisch als Steuer zu erlegen [2]. Die Gewerbesteuer der Wassermühlen richtete sich einerseits nach der Zahl der Mahlgänge und ferner nach den Betriebsverhältnissen. So war für einen Gang, für den das Betriebswasser zu normalem Betrieb während des ganzen Jahres reichte, monatlich 1 T., für einen solchen, der einen normalen Betrieb ohne Störung nur von Michaelis bis Johannis aufwies, monatlich 1/2 T. zu zahlen und für einen Gang schließlich, der nur vom November bis zum Mai arbeiten konnte, eine jährliche Steuer von 2 T. Holländer Windmühlen hatten ohne Rücksicht auf die Mahlgangszahl monatlich 1 T., Bockwindmühlen aber nur 10 Sgr. zu erlegen. Ganz frei waren Mühlen der Gutsherren. Die Mahlsteuer wurde trotz ihrer großen Belästigungen nicht ungern aufgenommen; später aber wurde sie als schwerer, oft direkt lähmender Druck empfunden und scharf bekämpft; sie wird daher in ihrer weiteren Entwicklung und besonders in ihren Ergebnissen später noch zu betrachten sein.

---

[1] Vgl. Reinick, Mahl- und Schlachtsteuer von 1838—1861 („Zeitschr. des Königl. Statistischen Bureaus", Jahrg. 1861, S. 267 ff. und Jahrg. 1864, S. 160—167).

[2] Vgl. ebenda, S. 217—224.

Es sind bereits die eigenartigen Ernteverhältnisse erwähnt, die im Anfang der 20er Jahre den Gedanken eines bedeutenden Exportes deutscher, besonders aber preußischer Mehle aufkommen ließen; damals waren es vornehmlich die Geh. Oberfinanzräte Rother und Beuth gewesen, die dem Mühlengewerbe ihr besonderes Augenmerk zugewandt hatten. Diesen beiden Männern war es auch zu danken, daß die preußische Regierung für Mehle, die aus den Seehäfen exportiert wurden, einige Rückvergütungen der bereits gezahlten Steuern zugestand und dadurch die Lust zur Ausführung von Mehlprodukten wesentlich hob. Die Anregung hatte das erfreuliche Ergebnis, daß sich allein die preußische Ausfuhr von Mühlenerzeugnissen von 46 647 Ztr. im Jahre 1827 auf 141 040 Ztr. im Jahre 1831 hob. Mag diese letztere Zahl auch noch gering erscheinen, so stellt sie doch den ersten größeren Erfolg in der Exportfähigkeit Preußens dar; ihre wesentliche Bedeutung aber lag in der fruchtbaren Anregung und Ermutigung, die von ihr ausgehen mußte. Die Änderung in den Gewerbegesetzen, die Gewährung weitgehender wirtschaftlicher Freiheit hatten die erwarteten Erfolge reichlich gezeitigt; Lohn und Tauschmüllerei bestanden natürlich zunächst ruhig weiter, aber es hatte sich doch in der besprochenen Zeitspanne ein deutlich bemerkbarer Übergang der größeren Werke zur Handelsmüllerei hin vollzogen, die besonders von den jetzt entstehenden Dampfmühlen eifrig kultiviert wurde. Man muß sich darüber klar werden, welchen Fortschritt diese jüngste Entwicklung in technischer Hinsicht dargestellt hat. Die Lohnmüllerei ist eine reine Postenmüllerei, d. h. jedes Mahlquantum des einzelnen Mahlgastes muß in einzelnen Posten abgemahlen werden; diese Arbeitsweise teilt jede Mühle mindestens in so viele Unterabteilungen, wie Mahlgänge vorhanden sind; daraus resultiert eine technisch und wirtschaftlich unvorteilhafte Betriebszerstückelung, unnötige Erhöhung der menschlichen Arbeitskräfte, unvollständige Ausnutzung der Betriebsmaschinen, resp. der Arbeitskraft. Als nächsten Ausweg ergriffen die fortschrittlich gesinnten Müller die Form der Tauschmüllerei. Der Mahlgast brachte sein Getreide zur Mühle, wartete aber nicht mehr selbst auf das Vermahlen, sondern konnte das Mahlprodukt, Mehl, Schrot und Kleie, das nach Maßgabe der Menge und Qualität des eingebrachten Getreides zwischen ihm und dem Müller festgesetzt wurde, sofort mitnehmen. Es wurde üblich für 2 Ztr. = 100 Pfd. Weizen 60 Pfd. Feinmehl, 10 Pfd. Mittelmehl, 5 Pfd. Schwarzmehl und 20 Pfd. Kleie im Tauschhandel zu rechnen; 5 Pfd. wurden als Verlust abgesetzt. Beim Roggen betrug die Ausbeute meistens 40 Pfd. Feinmehl, 20 Pfd. Mittelmehl, 10 Pfd. Schwarzmehl und 25 Pfd. Kleie; für Verluste kamen ebenfalls 5 Pfd. in Abzug. Der Mahllohn betrug durchschnittlich

8 Pfd. pro 1 Ztr. Getreide, der Mahlgast hatte also 108 Pfd. Weizen oder Roggen zur Mühle zu bringen, wenn er die angeführten Mehlquantitäten umtauschen wollte. Dieses Tauschsystem stellte natürlich einen bedeutenden Fortschritt gegen die alte Metzenmüllerei dar und zwar für den Mahlgast insofern, als er nicht mehr tage- und selbst wochenlang auf die Vermahlung seines Getreides warten und häufig vergebliche Wege zur Mühle machen mußte und ferner, weil er Betrügereien seitens der Müller weniger ausgesetzt war als früher; für den Müller war der Vorteil aber noch größer, denn er konnte nunmehr ohne Unterbrechungen einen gewissen Vorrat mahlen, konnte also seine Mühle weit besser ausnutzen, sparte bedeutend an Bedienungsmannschaft und hatte überdies die große Annehmlichkeit, daß die Mahlgäste nicht mehr die oft sehr ausgedehnte Wartezeit in seiner Mühle verbrachten und daß ihre Zugtiere und womöglich auch sie selbst, nicht mehr von seinem Futter und seiner Nahrung während dieser Tage und Wochen lebten. Außerdem ist die Tauschmüllerei wichtig als diejenige Betriebsform, die einen etwas kaufmännischeren Geschäftston im Mühlengewerbe einführte und die spätere Entwicklung direkt vorbereitete. Als Vorläufer der letzteren ist sie zu betrachten und zu werten; es lag in ihrer Natur begründet, daß sie als endgültige Betriebsform nicht genügen konnte; sie war in ihrer Handhabung für größere Betriebe immerhin noch zu umständlich und ermöglichte auch noch nicht die Ausnutzung der Getreidepreisschwankungen; ging der Preis nach unten, so war ebenso wie bei der Lohnmüllerei ein oft recht fühlbarer Verlust am Mahllohn die Folge. Es war also naturnotwendig, daß bei dem deutlich bemerkbaren Aufschwung im Mühlengewerbe und bei der Entwicklung zum fabrikmäßigen Betrieb noch eine neue, allen Anforderungen Rechnung tragende Geschäftsform gefunden werden mußte: die Handelsmüllerei. Sie erst genügte den immer zahlreicher werdenden größeren Werken, besonders den neu entstandenen Dampfmühlen, indem sie einen Dauerbetrieb mit rationellster Maschinenausnutzung ermöglichte und dem Müller, der nunmehr in der Hauptsache Kaufmann werden mußte, die Ausnutzung der jeweiligen Marktlage gestattete. Denn von Marktlage konnte nunmehr allmählich die Rede sein, da der Handelsmüller durch die kaufmännische, weiterblickende Geschäftsform und durch das Fallen der verschiedenen Zoll- und Transporthindernisse in die Lage versetzt war, sein Getreide überall im Binnenlande oder sogar schon im Auslande aufzukaufen und seine Produkte dort abzusetzen, wo gerade Bedarf sich zeigte, nachdem er sich mit anderen Worten auf ein eng umgrenztes, stets gleichbleibendes Einkaufs- und Absatzgebiet nicht mehr angewiesen sah. Es wäre nicht richtig, anzunehmen, daß die Handelsmüllerei bereits in jenen Jahren

allgemein eingeführt wäre oder auch nur den größeren Teil der Produktion an sich gerissen hätte. Aber wenn sie auch allgemein erst viel später durchdrang, so ist ihr Grund doch jedenfalls schon in den ersten 30 Jahren des 19. Jahrhunderts, besonders aber in dessen drittem Jahrzehnt, gelegt worden. Es scheint also berechtigt, etwa mit dem Jahre 1830 einen Abschnitt in der Geschichte der deutschen Müllerei als beendigt anzusehen, wie dies auch Mohr in seinem erwähnten Werke getan hat.

B) Von 1830 bis etwa 1875.

Im vorigen Abschnitt konnte die deutlich bemerkbare Entstehung einer Handelsmüllerei konstatiert werden, doch ist zu bedenken, daß diese Geschäftsform mit ihrem modernen und zweckentsprechenderen Geschäftsbetriebe noch keineswegs fertig und kräftig dastand, sondern daß sie eben in ihren ersten Entwicklungsstadien angelangt war. Demgemäß war sie vielmehr als später von der örtlichen Lage und von den Transportverhältnissen abhängig. Ein bedeutenderer Getreidehandel bestand immer noch nicht und dem Müller war ein Mehlhandel mit dem von ihm hergestellten Mehlprodukt meistens verboten gewesen; von etwa günstigen Marktverhältnissen hatte er nicht profitieren, sondern höchstens bei sinkenden Preisen größeren Verlust erleiden können. Und wenn auch ein stärkerer Mehlexport nach überseeischen Ländern begonnen hatte, so wurde dieser doch in der Hauptsache von preußischen Mühlen, besonders von solchen in der Nähe der Seehäfen, getätigt; die übrigen Staaten aber hatten nur einen ganz unbedeutenden Mehlhandel aufzuweisen vermocht. Wollte eine auf Handelsmüllerei angewiesene Binnenmühle ihr Produktionsquantum erhöhen, so bereitete die Beschaffung des nötigen Getreides oft die größten Schwierigkeiten. Das Mühlengewerbe hatte also ein ungemeines Interesse an der günstigeren Entwicklung der Zollverhältnisse einerseits, der gesamten Transportverhältnisse auf der anderen Seite, gewonnen, und daher scheint es richtig, bei dieser Entwicklung zu verweilen.

Der starke Fortschritt, den die Dampfmaschine auch in die Mühlenbetriebe getragen hat, ist bereits besprochen; anderseits aber hat sie auch auf dem Gebiet des Transportwesens für das Müllergewerbe Außerordentliches geleistet, nämlich durch die Möglichkeit ihrer Anwendung in der Schifferei. Das erste dauernd in Fahrt gestellte Dampfschiff Europas war ja bereits im Jahre 1812 von Wood erbaut und als Passagierboot zwischen Greenock und Glasgow benutzt worden, während im gleichen Jahre schon mehr als 50 Dampfer in Nordamerika die Flüsse befuhren; von deutschen Flüssen aber wurde der Rhein erst im Jahre 1817 seitens englischer Schiffe befahren, worauf dann regelmäßige Fahrten zwischen Rotterdam und Köln eingerichtet worden waren. Seit 1827 fuhren die Dampfer über Köln hinaus, 1837 bis Mannheim und von 1838 an wurde die Schiffahrt bis Basel ausgedehnt. Von 57 134 Zentner im Jahre 1827 war der Warentransport im Jahre 1838 schon auf 181 075 Zentner gestiegen [1]. Die Rheinschiffahrt war bereits seit der Römerzeit durch Zölle stark behindert gewesen und die Verhältnisse hatten sich wenig gebessert, obwohl der Reichsdeputationshauptschluß von 1803, sowie die zwischen dem Deutschen Reich und Frankreich geschlossene Oktroikonvention einige Erleichterungen gebracht hatten. Eine der Wiener Kongreßakte von 1815 angehängte „Rheinschiffahrtskonvention“ schaffte aber einen gewissen Wandel, indem sie die Schiffahrt auf dem Rhein in seinem ganzen Laufe freigab und dieselbe einem gleichförmigen Zoll unterwarf. Nach ferneren langen Verhandlungen kam 1830 das „Rheinschiffahrtsreglement“ zwischen den sämtlichen Uferstaaten zustande, das die alten Umschlagsrechte in Köln und Mainz aufhob und die für den Getreidehandel besonders wichtige Errichtung von Freihäfen beschloß. Die Akte gab die Schiffahrt für alle Schiffe der Uferstaaten des Rheins und seiner Nebenflüsse frei und führte eine gleichmäßige Verteilung des Rheinzolles, den sie für Mehl und Grütze um den vierten Teil herabsetzte, wirklich durch. Die gänzliche Aufhebung aller Abgaben konnte erst 1866 beschlossen werden, und vom 1. Juli 1869 an stand dann tatsächlich die Befahrung des Rheines von Basel bis zum Meer den Schiffen aller Nationen ohne Abgabe gänzlich frei.

Auf der Elbe hatte es zurzeit des alten deutschen Reiches von Melnik bis Hamburg 35 Zollstätten gegeben, ein weiterer Getreidebezug oder Mehlversand war also ausgeschlossen gewesen. Außerdem bestanden Stapel- und Umschlagsrechte, Repressalienzölle und sonstige Hemmungen, und am drückendsten war von jeher der Stader oder Brunshäuser Zoll empfunden worden. Von 1804 bis 1815 war die Elbe infolge des Krieges und infolge des Napoleonischen Kontinentalsystems dann überhaupt für die Schiffahrt tot gewesen. Da wurden durch die Wiener Kongreßakte allgemeine freie Grundsätze für die Flußschiffahrt gefaßt, und 1821 brachte endlich die Elbschiffahrtskommission in Dresden die sogenannte Elbschiffahrtsakte zum Abschluß. Die beteiligten Staaten, nämlich Österreich, Sachsen, Preußen, Hannover, die anhaltischen Herzogtümer, Mecklenburg, Hamburg und Dänemark (für Holstein und Lauenburg) gaben damit die Elbe von Melnik, also von der Einmündung der Moldau in die Elbe, bis in die offene See für die Handels-

[1] Ferber, Beiträge zur Kenntnis der Gewerbe Preußens, 1829, S. 197.

schifferei vollständig frei; alle Frachtbeförderungsmonopole, alle Stapel- und Zwangsumschlagsrechte, alle seitherigen Zollabgaben wurden beseitigt; ebenso das Strandrecht, an dessen Stelle nur das Recht auf Bergelohn trat. Eine neue Schiffahrtsabgabe wurde eingeführt, die zwar eine durchschnittlich erhöhte Belastung des Elbverkehrs verursachte, die dem Mühlengewerbe aber eine Erleichterung bedeutete, da sie um ein Viertel niedriger war, als die früheren Zölle für Mehl jeder Art. Die sogenannte Additionalakte von 1844 hat zwar die frühere Rekognitionsgebühr aufgehoben, dafür aber dann den Normalzoll auf 33 Sgr. 11 Pf. pro Zollzentner erhöht. Im Jahre 1861 war der Stader oder Brunshäuser Zoll vollständig und endgültig aufgehoben worden und von 1863 an trat für sämtliche Uferstaaten nur ein einziger Zoll in Kraft, der in Wittenberge zu erheben war; aber diese Bestimmung blieb nur bis 1866 gültig. Mit dem Gesetz vom 11. Juni 1870 hat schließlich die Erhebung jedes Elbzolles aufgehört, so daß nunmehr dem Getreide- und Mehltransport auf diesem Strom, besonders für das als Mühlenstadt günstig gelegene Magdeburg nichts mehr im Wege lag.

Von geringerer Bedeutung für den Gütertransport überhaupt, für den der Müllerei im besonderen, ist die Weser gewesen. Die Schiffahrt (das erste Dampfschiff fuhr 1843) war von alters her durch städtische Stapelrechte, durch Einlegerechte, durch Bevorzugung Mündener Schiffer, durch den teueren, teilweise gar nicht gestatteten Leinpfad, durch Vorspannrechte, durch Weserzölle usw. beschränkt worden. Die Weserschiffahrtsakte vom 10. September 1823 brachte endlich Erleichterung, indem sie den Mehlzoll um die Hälfte, jenen für Graupen, Grieß und Grütze um ein Viertel herabsetzte. 1824 und 1829 wurden die Vorschriften noch mehr vereinfacht.

Als vierte wichtige Wasserstraße, für die in jener Zeit Verkehrserleichterungen eintraten, ist die Donau zu nennen, die bereits bei Ulm schiffbar wird und dann von Regensburg ab für Schiffe von 900 Meterzentner fahrbar ist. Auf der Donau haben zu allen Zeiten weniger Zölle und Abgaben als vielmehr die Stromhindernisse die Schiffahrt erschwert. Im Jahre 1830 ist die Donau-Dampfschiffahrtsgesellschaft ins Leben getreten, nach deren Gründung der Transport auf diesem Flusse enorm gestiegen ist; gerade für die Getreideverfrachtung und den Mehltransport ist die Donau seit dieser Zeit auch für Deutschland immer wichtiger geworden.

Nach langen Kämpfen und Vorbereitungen trat mit dem 1. Januar 1833 der große preußisch-deutsche Zollverein ins Leben, der 18 Staaten umfaßte und dem dann bald noch Baden, Sachsen, Nassau und die thüringischen Staaten beitraten; Luxemburg und Braunschweig erklärten 1842 ihren Beitritt, der sogenannte Steuerverein Hannover-Oldenburg folgte 1852. Die Grüudung des Zollvereins war bekanntlich für Deutschland und Europa von weittragendster Bedeutung; den vom Auslande mehr oder minder ausgeschlossenen deutschen Industrien war nunmehr eine innere Arbeitsteilung und eine erhebliche Absatzsteigerung möglich geworden. Diese Erleichterungen des Zollvereins traten also zu den bedeutenden Verkehrserleichterungen für den Wassertransport. Dazu kamen die Begünstigungen für den Seeexport von Mehlen seitens der preußischen Regierung, sowie der durch die freie Konkurrenz geschaffene allgemeine Aufschwung im Mühlengewerbe und der damit Hand in Hand gehende Aufschwung der Technik. So konnte sich in der Tat das Absatzgebiet für deutsche Mehle ganz erheblich erweitern, was am besten durch die Steigerung des preußischen Exportes illustriert wird, die in dreijährigen Abschnitten betrachtet sei. Die Mehrausfuhr an Mehl und Mühlenfabrikaten, einschließlich Nudeln, Kraftmehl und Stärke, betrug im Jahre 1832 nur 60865 Ztr., stieg 1835 auf 152405 Ztr., 1838 auf 274348 Ztr., sank dann, stieg im Jahre 1841 wieder auf 250450 Ztr. und sank schließlich im Jahre 1844 auf 34276 Ztr. hinab[1]. Dieser Tiefstand im Export hat etwa zwei Jahrzehnte angehalten, und zwar sind seine Ursachen wohl hauptsächlich die politischen Wirren von 1848 mit dem voraufgehenden Notjahr, die außerordentlichen Kommunalabgaben und die einengenden Fesseln der Mahl- und Schlachtsteuer. Die letztere wurde daher aufs schärfste bekämpft; im Jahre 1838 gelangte sie in 118 preußischen Städten zur Erhebung, nach dieser Zeit wurde sie aber an Stelle der Klassensteuer, die sie ja ersetzen sollte, gar nicht mehr eingeführt, vielmehr in verschiedenen Orten aufgehoben. Eine provisorische Verordnung vom 4. April 1848 forderte ihre allgemeine Aufhebung und den Ersatz durch eine direkte Steuer, die zu bestimmen den Städten selbst überlassen wurde. Die Verordnung wurde ausdrücklich mit einem Hinweis auf die Schädlichkeit der Mahlsteuer begründet, die besonders die Lage der arbeitenden Klassen verschlechterte. 1849 folgte ein neuer, aber wirkungsloser Versuch zu ihrer Aufhebung seitens der Regierung; es blieb zunächst bei 83 Städten, von denen auf Grund der Gesetze vom 5. Februar 1853, 12. März 1854 und 9. Mai 1863 noch 7 ausgeschieden sind, und zwar wegen der infolge örtlicher Verhältnisse erschwerten Eintreibung und der daraus folgenden Defraudationen und schließlich wegen der häufig unbefriedigenden Einkünfte. Im ganzen hat jedoch die Steuer beträchtliche finanzielle Ergebnisse geliefert; nämlich 3374923 Taler im Jahre 1861 gegen 2099074 Taler im

[1] Vgl. Dieterici, Statistik, Bd. I, und Dieterici, Der Volkswohlstand in Preußen, Berlin 1846; vgl. auch Mohr, Die Entwicklung des Großbetriebes in der Getreidemüllerei Deutschlands, S. 42.

Jahre 1838 oder pro Kopf der Bevölkerung 54,2 Sgr. gegen 36,5 im Jahre 1838; im Jahre 1861 betrugen ihre Summen etwa 5 % aller Steuern und etwa 2,3 % der gesamten Staatseinnahmen[1]. Ihre Höhe stellte sich in der Zeit von 1816 bis 1837 auf etwa 19 % des Weizen- und etwa 9 % des Roggenwertes[2]. Bis zum Jahre 1852 waren, wie erwähnt, Mengen von etwa 3 Pfd. steuerfrei; das Gesetz vom 2. April 1852 setzte das steuerfreie Maß auf 2 Pfd. herab. Dieses Recht scheint ausgiebig ausgenutzt und das Maß recht häufig stark überschritten zu sein. Auf die Mahlsteuer, die trotz aller Angriffe ein zähes Leben zeigte und erst 1875 aufgehoben wurde, wird an späterer Stelle nochmals zurückzukommen sein. Immerhin kann für dieselbe schon für das fünfte und sechste Jahrzehnt gesagt werden, daß sie auf die Weiterentwicklung des Mühlengewerbes einen negativen, oft lähmenden Einfluß gehabt hat. Auf der anderen Seite war auch der Schutzzoll von 2 Taler pro Zentner Mehl der Verbesserung der Mühlentechnik nicht förderlich. Österreich hatte seit dem Anfang des Jahrhunderts, seit Paurs Begründung der Wiener Hoch- und Grießmüllerei, die deutsche Mühlentechnik weit überflügelt, und die deutschen Müller wären gezwungen gewesen, ihre Mühleneinrichtungen schneller zu verbessern, wenn nicht dieser Schutzzoll einen bedeutenden Mehlimport von seiten Österreichs verhindert hätte.

Hier möge noch ein Geschäftsverfahren erwähnt werden, das zwar zunächst nur vereinzelt angewandt worden ist, das aber doch wohl wesentlich dazu beigetragen hat, der Handelsmüllerei den Weg zu bahnen. Es ist das Brottauschverfahren, das G. T. Bienert im Jahre 1846 zuerst eingeführt hat. Bienert hatte unter den nachteiligen Folgen der Lohnmüllerei ebenfalls sehr zu leiden gehabt; die Mahlgäste, die Mittwochs auf dem Markte ihr Korn gekauft hatten, kamen mit demselben zur Mühle und warteten dort oft tagelang, bis die Reihe an sie gekommen war. Sie ließen sich — wie Bienert sagt[3] — häuslich in der Mühle nieder, schliefen daselbst und kochten an dem Herde des Müllers. Also dieselben unerträglichen Zustände, wie sie bereits an anderer Stelle geschildert wurden. Bienert machte daher bekannt, daß er gegen eingebrachten Roggen jederzeit fertiges Brot, und zwar nach Wunsch Hausbackenbrot oder Bäckerbrot eintausche. Er setzte

---

[1] Vgl. Reinick, Mahl- und Schlachtsteuer („Zeitschr. des Königl. Statistischen Bureaus", 1864, S. 160). Vgl. auch Laspeyres Statistische Untersuchungen zur Frage der Steuerüberwälzung, geführt an der Geschichte der preußischen Mahl- und Schlachtsteuer (Schanzsches „Finanzarchiv", 18. Jahrg., 1901, S. 46 ff.).

[2] Hoffmann, Zur Lehre von den Steuern, S. 335.

[3] Vgl. Gottlieb Traugott Bienert, Erinnerungen aus meinem Leben, Leipzig 1888.

die Umtauschbedingungen fest, begnügte sich zunächst mit einem geringen Nutzen und hatte mit seiner neuen Geschäftsart die besten Erfolge. Dieser neuartige Tauschhandel, ausgeübt von dem vielleicht tüchtigsten, anständigsten und ehrlichsten deutschen Müller seiner Zeit, mußte notwendig erzieherisch wirken, den Abnehmern Vertrauen einflößen und die Zeit der allgemeinen Handelsmüllerei, die an Müller und Konsument viel höhere Ansprüche stellt, als die alte Lohnmüllerei, zu seinem Teile vorbereiten helfen.

An früherer Stelle ist von der Entwickelung des Wassertransportwesens und von dem günstigen Einfluß der erleichterten Schiffahrt auf die Müllerei die Rede gewesen; es sei nunmehr die Entwicklung der deutschen Eisenbahnen, die im zweiten Drittel des 19. Jahrhunderts einsetzte, berührt. Will man sich ein Bild von den Verkehrsverhältnissen vor dieser Zeit machen, so ist zunächst zu berücksichtigen, daß für gute Straßen noch nicht viel geschehen war. Von 1830 bis 1848 tat man dann viel, um den Chausseebau zu fördern, doch waren es nur wenige besonders wichtige Linien, die damals gebaut wurden. Preußen hatte 1787 die ersten Chausseen erhalten; im Jahre 1816 zählte es in seinem Gebiete rechts der Elbe — mit Ausnahme der Provinzen Sachsen und Schlesien — 44 Meilen Staatsstraßen, und die wichtige Straßenverbindung Berlin—Hamburg ist erst 1838 fertig gestellt worden [1]. Man reiste selten und ein altes Handbuch jener Zeit ermahnt: „Das Reisen ist eine Sache, so man alle seine Lebetage nur einmahl unternimmt, darum muß man auf die Unkosten nicht so gar genaue Reflexion machen.“ War aber schon das persönliche Reisen schwierig und teuer, so konnte natürlich von einem Massentransport von Gütern in jenen Zeiten nicht die Rede sein. Da trat am Ende der 30er Jahre das große Ereignis ein, das dem preußisch-deutschen Wirtschaftsleben ganz neue Aussichten eröffnen mußte: der erste Eisenbahnzug war am 29. Oktober 1838 von Berlin nach Potsdam gefahren und bald sollte sich jene Prognose Friedrich Lists bewahrheiten, daß nämlich unter allen Kulturländern der Erde keines größere staats- und volkswirtschaftliche Vorteile von der Einführung der Eisenbahn zu erhoffen habe, als gerade Preußen. Es würde zu weit führen, hier die Ausgestaltung des Eisenbahnwesens in ihren Einzelheiten zu verfolgen; nur der hier beginnende Anfang der Entwicklung ist zu konstatieren und darauf hinzuweisen, daß sich auch die Müllerei der Eisenbahnen sehr bald bedient hat; allerdings hielt sich der Getreide- und Mehltransport vorerst noch in kleineren Grenzen, besonders deshalb, weil die Frachtkosten

---

[1] Vgl. Matschoß („Zeitschrift des Vereins deutscher Ingenieure“, 1907, Nr. 19).

zunächst enorm hohe waren; eine Herabsetzung derselben ist erst viel später, in dem Zeitraum von etwa 1870 bis 1880 erfolgt, als nämlich die Dampfschiffe und der Wassertransport konkurrierend eingriffen und auf die Frachthöhe ausgleichend zu wirken begannen. Die aber immerhin eingetretene Weiterentwickelung der Transportmöglichkeiten, die gesamte Verkehrsentwickelung, die Bessergestaltung des Nachrichtendienstes, die immer mehr sich entwickelnde reine Geldwirtschaft beschleunigten die Entwickelung zur Handelsmüllerei. Wuchs aber diese, so war damit notwendig auch das Gedeihen des Getreidehandels verbunden, für den ja jetzt der Weg frei geworden war, und ebenso nahm der Mehlhandel jetzt eine größere Ausdehnung an. War im Mühlengewerbe im fünften Jahrzehnt eine Stockung zu verzeichnen gewesen, so brachte dafür das sechste Jahrzehnt einen um so größeren Aufschwung. Die Qualität der Mehlfabrikate hatte sich ja mächtig gehoben, der Inlandverbrauch war stark gestiegen, weil sich die Bevölkerung schnell vermehrt, sich außerdem aber in erhöhtem Maß dem Brotkonsum zugewandt hatte. Aber besonders im Ausland eröffnete sich für deutsche Fabrikate ein weites Absatzfeld, und daraufhin entstanden verschiedene Dampfmühlen auf Aktien mit dem alleinigen Zweck, den Seeexport zu pflegen. Die Ausfuhrziffern sind denn auch bedeutend gestiegen. Im Jahre 1852 hatte die Mehrausfuhr aus dem Gebiete des Zollvereins nur 21183 Ztr. betragen, war gestiegen und im Jahre 1854 wieder auf 49605 Ztr. gefallen, betrug 1856 aber 94793 Ztr., stieg 1858 auf 245239 Ztr., 1860 auf 303120 Ztr., um 1866 die Höhe von 924514 Ztr. zu erreichen [1]. Diese Steigerung ist nur durch das Eingreifen neu entstandener großer Dampfmühlen möglich gewesen, die die deutsche Gesamtproduktion an Mühlenfabrikaten am Ende der 50er Jahre gewaltig vermehrt hatten. Sie waren in großer Zahl in den verschiedensten Gegenden ins Leben gerufen, so am Rhein, an der Ruhr, in Westfalen, Magdeburg, Berlin, Stettin. Sie hatten fast ausnahmslos die Form der Aktiengesellschaften gewählt und arbeiteten mit Betriebskapitalien von 100000—600000 Mk.; zur Ausschüttung von Dividenden haben es in den 60er Jahren zwar nur zwei dieser Mühlen gebracht, nämlich die Stettiner Walzmühlen-Aktiengesellschaft, die bis zu 30 % verteilte, und die Wittener Dampfmühlen-Aktiengesellschaft, die für ihr erstes Betriebsjahr fast 11 % gab. Wenn auch die übrigen Werke im Anfange keine Erträgnisse abwarfen, teilweise sogar teures Lehrgeld zu zahlen hatten, so kamen ihnen die gemachten Erfahrungen doch später teilweise zu statten; die technische

[1] Vgl. die in dem zitierten Mohrschen Werke abgedruckten Kommerzialnachrichtentabellen.

Überlegenheit der größeren Mühlen über die kleinen und der daraus resultierende Vorteil der ersteren war bereits in den 60 er Jahren deutlich zu erkennen, und man war sich damals schon völlig klar, welchen Weg die weitere Entwickelung des Gewerbes in dieser Hinsicht nehmen würde.

Der Zahl nach stellte sich das Mühlengewerbe nach der im Jahre 1861 vorgenommenen Zählung folgendermaßen: die früher immerhin recht zahlreich gewesenen Roßmühlen hatten sich infolge ihrer natürlichen Unzulänglichkeit vermindert; im Jahre 1858 waren noch 1893 gezählt worden, während 1861 nur noch 1728 oder 0,9 Mühlen auf 10000 Einwohner vorhanden waren. Diese Zahl zeigt, daß ihnen zukünftig nur noch eine untergeordnete Bedeutung zukommen konnte.

Die Windmühlen haben mit der Bevölkerungszunahme — wenigstens in Preußen — ziemlich gleichen Schritt gehalten: im Jahre 1849 waren durchschnittlich 8 Windmühlen auf 10000 Einwohner gezählt worden, für 1861 blieb dieselbe Zahl gültig; im Gesamtgebiet des Zollvereins kamen aber nur 5 auf je 10000 Einwohner. Ähnlich stellt sich die Zahl der preußischen Wassermühlen, die auf 10000 Einwohner im Jahre 1849 wie 1861 die gleiche Zahl 10 betrug. Für das Gesamtgebiet des Zollvereins betrug ihre Zahl 11 auf 10000 Einwohner. Doch gibt es ein falsches Bild, wenn man aus diesen Zahlen auf einen Stillstand in der Entwicklung der Wassermüllerei schließen wollte; es ist zu berücksichtigen, daß sich die einzelnen Werke vielfach ganz bedeutend vergrößert haben, ja daß direkt als Großmühlen anzusprechende Wassermühlen entstanden waren, wie beispielsweise die Königlichen Seehandlungsmühlen in Bromberg, die mit 10 Wasserrädern von zusammen etwa 290 Pferdestärken die bedeutende Zahl von 31 Mahlgängen trieben. Im Durchschnitt hatten die Wassermühlen ihre Mahlgangszahl in den letzten 10 Jahren ungefähr verdoppelt. Betrachtet man nunmehr die Statistik der Dampfmühlen, so fällt zwar deren ständige Zunahme, aber auch ihre geringe Durchschnittsleistung und bescheidene durchschnittliche Mahlgangszahl auf. In Preußen, Posen, Pommern, Brandenburg, Schlesien, Sachsen, Westfalen, Rheinprovinz und Hohenzollern, also in den altpreußischen Provinzen, hatte es 1831 erst 7 Dampfmühlen gegeben, 1837 waren deren 27 mit 377 Pferdestärken und 64 Mahlgängen vorhanden, 1846 bereits 115 mit 927 Pferdestärken und 308 Mahlgängen, 1852 war ihre Zahl auf 239 mit 2007 Pferdestärken und 604 Gängen gestiegen und 1861 wurden bereits 668 Dampfmühlen mit 8101 Pferdestärken und 1727 Mahlgängen gezählt. Danach kamen also auf eine Dampfmühle nur 2,4—2,6 Mahlgänge und nur 10—13 Pferdestärken Dampfkraft. Die Zahl der Bedienungspersonen war gleichfalls gering; sie betrug anfangs etwa 5 und ging bis auf etwa 3,4 Personen im Jahre 1861 zurück. Die Erklärung kann nur die sein, daß auch schon kleinste Mühlen zur Dampfkraft übergegangen waren, denn es gab anderseits — wie in dem technischen Abschnitt erwähnt wurde — bereits Dampfmühlen, die mit Kräften bis zu 50 Pferdestärken arbeiteten. Im Jahre 1861 betrug die Zahl der Dampfmühlen in Sachsen nur 7, in Bayern 33, in Württemberg 7 und in Baden 19; in Thüringen waren 6, in Anhalt 5 gezählt worden, und im Gesamtgebiet des Zollvereins bestanden damals bereits 840 Dampfmühlen mit insgesamt 2608 Arbeitskräften, so daß auf ein Werk durchschnittlich 3,1 Arbeiter treffen. In Sachsen hatten die Mühlen durchschnittlich 1,7 Mahlgänge, in Bayern 2,33, in Württemberg mehr als 3 und in Baden etwa 2,6 Gänge.

Im siebenten Jahrzehnt hat das Gewerbe weitere Fortschritte, besonders bezüglich der Mühlentechnik gemacht. Im technischen Teil der vorliegenden Untersuchung ist auf den Kampf zwischen der deutschen Flach- und der österreichischen Hochmüllerei hingewiesen, der sich gerade in dieser Zeit besonders heftig gestaltete, bis dann das Zwischensystem, die gleichfalls schon besprochene Halbhochmüllerei allgemein zur Einführung gelangt und seitdem in Geltung geblieben ist. Die Gründe für diese Entwickelung sind heute kaum mehr so interessant, um ganz eingehend behandelt zu werden. Für den Müller war der wichtige Grund der, daß sich bei den meisten, besonders aber bei den härteren Weizensorten, die Hoch- und Halbhochmüllerei gewinnbringender gestaltet; für den Konsumenten war es wesentlich, statt der zwei oder drei Mehlsorten der Flachmüllerei nunmehr sieben oder neun verschiedene, im Preise abgestufte Mehle zu erhalten [1].

Der starke Aufschwung im Mühlengewerbe ließ den engeren Zusammenschluß weiterer Kreise als wünschenswert erscheinen, um so mehr als sich unter den Müllern eine ängstliche Heimlichtuerei eingebürgert hatte. Jeder wollte Erfindungen machen, jeder verschloß ängstlich seine Mühle gegen den Einblick der Berufsgenossen, und so ist es nicht selten vorgekommen, daß zahlreiche Experimente der gleichen Art mit erheblichen Kosten gleichzeitig von den verschiedensten Müllern angestellt wurden, ohne daß der eine von den Arbeiten des anderen etwas gewußt hätte. Ein Zusammenschluß der Müller zum Zweck des Austausches technischer Verbesserungen und der gemeinschaftlichen Bearbeitung technischer Fragen, auf der anderen Seite aber gemeinsames Wirken für die Beseitigung hindernder wirtschaftlicher Schranken zeigte sich schließlich als unerläßlich. So bildete sich denn der „Verband

---

[1] Vgl. Stenographischer Bericht der 6. Generalversammlung Deutscher Müller und Mühleninteressenten 1872, S. 33 ff. Leipzig, Moritz Schäfer.

deutscher Müller", der im Jahre 1867 seine erste Generalversammlung abhielt. Dieser Verband verdankt sein Entstehen und sein schnelles Aufblühen zum großen Teil dem in jener Generalversammlung zum Vorsitzenden gewählten Mühlenbesitzer J. J. van den Wyngaert, der später ganz in den Dienst des Vereins getreten ist und die Verbandsgeschäfte bis zum Jahre 1908 geleitet hat. Unter der Führung dieses Mannes sind von dem Verbande die wertvollsten Anregungen ausgegangen, die auf die Weiterentwicklung des Mühlengewerbes unbestritten einen weitgehenden fördernden Einfluß ausgeübt haben. Der erste große Erfolg war der Abschluß eines Versicherungsvertrages[1] unter günstigsten Bedingungen; mit diesem kehrte wieder Beruhigung in die Kreise der Müller zurück, die in einer äußerst heiklen Lage gewesen waren, nachdem infolge vieler verheerender Mühlenbrände alle übrigen Versicherungsgesellschaften ihre Mühlenversicherungen aufzugeben versucht hatten.

Der Krieg von 1870/71 hat ebenso, wie jedem anderen Gewerbe auch der Müllerei eine gewisse Stockung gebracht; aber im Vergleich mit anderen Industrien hat dieselbe wenig gelitten, wie es ja in ihrer Natur begründet ist; gerade ihrer Arbeit kann die Volksernährung nicht lange entraten. Man ging in diesem Gewerbe bald wieder ruhig und mit nur relativ geringen Verlusten der gewohnten Tätigkeit nach.

Hand in Hand mit den Fortschritten des Mühlengewerbes ist der Aufschwung der Technik gegangen und zum großen Teil war ja die Fähigkeit der Technik, hier also des Maschinenbaues für Antriebs- und Müllereimaschinen, überhaupt Vorbedingung für das Aufblühen der Müllerei gewesen. Einer fähigen, hochentwickelten Maschinentechnik verdankt das Mühlengewerbe erst die Möglichkeit der Ausbeutesteigerung und die außerordentlich wichtige Fähigkeit, zur Massenvermahlung überzugehen. Die letztere war unbedingt auf die Walzenstühle angewiesen, die inzwischen auch in Deutschland so vervollkommnet waren, daß etwa vom Jahre 1875 an ihre Verwendung immer allgemeiner wurde, ja, daß von einem Siegeszuge der Walzenstühle gesprochen werden kann, der neben der im Anfange der 70er Jahre einsetzenden gewaltigen Entwicklung modernen Verkehrs dem Gewerbe neue Bahnen gewiesen hat.

Zunächst sei aber noch zurückblickend die Lage der Müllerei betrachtet, wie sie sich nach der statistischen Erhebung vom Jahre 1875 für das Deutsche Reich darstellt. Es muß jedoch vorausbemerkt werden, daß der Wert dieser Statistik wie auch der der späteren nur ein bedingter sein kann; zu der Klasse „Mühlengewerbe" sind nämlich nicht nur

[1] Mit der Magdeburger Feuerversicherungsgesellschaft.

alle Getreidemühlen, sondern auch alle übrigen Mahlmühlen gerechnet. Außerdem sind die Grieß-, Graupen-, Grütze- und Reismühlen, ferner sogar die Rollgerstenmacher, die Getreide- und Leinsamenputzer dazu gezählt. Überdies ist die Einteilung nach der Größe wenig glücklich; als Großbetriebe gelten solche mit 6 und mehr Beschäftigten; bezüglich der Antriebs- und Arbeitsmaschinen finden sich Angaben überhaupt nur für die sogenannten Großbetriebe. Ferner ist für statistische Vergleiche der Umstand erschwerend, daß die späteren Statistiken nicht in bestimmten Zwischenräumen erfolgt sind; nach jener von 1875 kam die Statistik von 1882 und hierauf erst jene von 1895. Die Anführung von Zahlen wird daher auf die notwendigsten beschränkt bleiben. Vorausgeschickt sei noch, daß unter Hauptbetrieben diejenigen Werke verstanden sind, die von ihrem Besitzer oder von mindestens einem Teilhaber im Hauptberuf betrieben werden oder bezüglich derer sich für die beschäftigten Hilfspersonen besondere Angaben in der Gewerbekarte finden, auch wenn nur ein Gehilfe ausgewiesen wird. Läßt das Werk durch Gefangene der Strafanstalten oder in der Hausindustrie Arbeit verrichten, so gilt der Betrieb gleichfalls als Hauptbetrieb. Unter Nebenbetrieben sind jene Werke zu verstehen, die lediglich im Nebenberuf, also ohne Gehilfen betrieben werden oder bezüglich derer sich für etwaige Hilfspersonen keine besonderen Angaben in der Gewerbekarte finden. Nach der Aufnahme vom 1. Dezember 1875 [1] gab es im Deutschen Reichsgebiet im ganzen 59 908 Mühlenbetriebe oder 14 Betriebe auf je 10 000 Einwohner, und im ganzen 126 563 Beschäftigte oder deren 29,6 auf je 10 000 Einwohner. Von den 59 908 Betrieben sind die Nebenbetriebe, nämlich 2128, abzuziehen; es waren also 57 780 Hauptbetriebe vorhanden. Die Teilung nach Groß- und Kleinbetrieben ist:

Großbetriebe 1 053 = 1,82 %,
Kleinbetriebe 56 727 = 98,18 %.

Die Großbetriebe zerfallen in:

30 Betriebe mit mehr als 50 Personen,
529 " " weniger als 50 und mehr als 11 Personen,
494 " " 10 und weniger Personen.

Genauere Angaben bezüglich der Kleinbetriebe sind nur für einige Bundesstaaten vorhanden, nämlich für Preußen, Bayern, Baden, Oldenburg, Hamburg, Bremen, Lübeck. Danach sind in diesen Staaten durchschnittlich 42,7 % aller

---

[1] Statistik des Deutschen Reiches, Bd. 34 Teil I, II, Bd. 48 Teil III. Vgl. Mohr, Die Entwicklung des Großbetriebes in der Getreidemüllerei Deutschlands, S. 90. Vgl. ferner Holländer, Die Lage der deutschen Mühlenindustrie unter dem Einfluß der Handelspolitik 1879—1897 (Stuttgart 1898) S. 89.

Mühlen Kleinbetriebe, also nur vom Besitzer ohne Verwendung von Gehilfen besorgt worden; für Preußen und Oldenburg stellen sich diese kleinsten Hauptbetriebe auf etwa 50 % aller Kleinbetriebe, für Bayern und Hamburg aber nur auf etwa 30 %. Die Zahl der Beschäftigten war noch recht gering:

1 Großbetrieb	beschäftigte durchschnittlich	16	Personen,
1 Kleinbetrieb	" "	1,9	"
1 Hauptbetrieb	" "	2,19	"

Zu der letzten Zahl sei bemerkt, daß sie sich für die Kreishauptmannschaft Leipzig auf 3,4 und für Berlin auf 3,17 stellte; hier waren Großbetriebe vorhanden, die zwar mit den heutigen nicht zu vergleichen, die aber immerhin für damalige Verhältnisse ganz bedeutend zu nennen sind. Für Posen betrug die genannte Zahl nur 1,63 Personen; sie ist die niedrigste, die überhaupt gezählt wurde. Es sei noch die Verteilung der Großmühlen auf die verschiedensten Gegenden etwas eingehender betrachtet. Von den überhaupt vorhandenen Mühlen waren Großbetriebe in:

der sächsischen Kreishauptmannschaft Leipzig	8,79 %,
Berlin	7,14 %,
Kreishauptmannschaft Zwickau mit den Fürstentümern Reuß	6,28 %,
Düsseldorf	5,98 %,
in allen übrigen Gegenden weniger als	5 %.

Die 30 Großbetriebe, die mehr als 50 Personen beschäftigen, also ihren Namen mit Recht verdienten, verteilten sich auf 19 Gebietsteile; sie machten in:

der Kreishauptmannschaft Leipzig	0,41 %,
Regierungsbezirk Köln und Aachen	0,22 %,
" Stralsund und Stettin	0,20 %,
im übrigen Reiche aber weniger als	0,19 %

aller bestehenden Hauptbetriebe aus. Die 126 563 im Mühlengewerbe Beschäftigten zerfielen in:

57 228 Geschäftsleiter und
69 335 Hilfspersonen,

so daß ein Geschäftsleiter im Durchschnitt nur 1,21 Hilfskräfte gehabt hat. Diese Zahl, die das Überwiegen des ausgesprochensten Kleingewerbes deutlich wiederspiegelt, wäre noch niedriger, wenn sie nicht durch die Großbetriebe nach oben gedrückt würde; letztere hatten aufzuweisen:

589 Geschäftsleiter,
960 Aufsichtspersonen,
7319 Arbeiter und Hilfspersonen,

so daß auf einen Geschäftsleiter hier etwa 14 Hilfspersonen kamen.

Im Kleinbetriebe waren vorhanden:

33 572 Geschäftsleiter,

29 056 Hilfspersonen,

auf einen Leiter kommen also hier nur 0,86 Hilfskräfte. Die Aufnahme gibt auch Aufschluß über die Zahl der im Mühlengewerbe tätigen weiblichen Personen, von denen als Geschäftsleiter im Großbetrieb 23 gegen 566 Männer, also 4 %, und im Kleinbetrieb 1435 gegen 32 137 Männer, also etwa 4,3 %, ausgewiesen wurde. An Hilfspersonal wurden im Großbetrieb 392 weibliche gegen 7887 männliche, also etwa 4,8 %, und im Kleinbetrieb 78 weibliche gegen 28 978 männliche, also etwa 0,27 %, gezählt.

Sehr interessant wäre eine eingehendere Betrachtung der Angaben über Antriebs- und Arbeitsmaschinen, wenn diese Angaben einen wirklichen Wert beanspruchen könnten. Aber sie umfassen nur die Großbetriebe, d. h. nur 1,82 % der Hauptbetriebe. Die an und für sich geringe Bedeutung der Angaben für einen so kleinen Bruchteil des Mühlengewerbes wird aber noch durch die Ungenauigkeit geschmälert, daß die zahlreichen Mühlen, welche doppelte Antriebskraft besaßen, also etwa außer dem Wasserrad noch eine Dampfmaschine für wasserarme Zeiten aufwiesen, nicht einmal, sondern bei jeder Antriebsmaschine gesondert, also im vorliegenden Beispiel doppelt und zuweilen dreifach gezählt wurden. Angaben für Württemberg, Hessen, Mecklenburg und Sachsen-Meiningen fehlen gänzlich; immerhin seien die Ergebnisse hier kurz erwähnt, wenn auch ihre Bedeutung nicht überschätzt werden darf. Im Durchschnitt kam im ganzen Reichsgebiet erst auf 64 Mahlgänge eine Dampfmaschine. Die relativ verbreitetste Dampfkraft war zu finden in Schaumburg-Lippe: hier kam bereits auf 5,7 Gänge eine Dampfmaschine; die wenigst verbreitete Dampfkraft war in Bayern und der Pfalz zu konstatieren, wo eine Dampfmaschine erst auf 807 Mahlgänge gezählt wurde. Gar keine Dampfkraft hatte die Müllerei der Kleinstaaten Sachsen-Coburg-Gotha, Schwarzburg-Rudolstadt, Schwarzburg-Sondershausen, Reuß ä. L. und Waldeck-Pyrmont aufzuweisen. In Berlin und Hamburg aber hatten etwa 27 % aller bestehenden Mühlen Dampfkraft; für die Regierungsbezirke Aachen, Düsseldorf und Köln stellt sich diese Zahl auf etwa 10 %. Über die Art der im Mühlengewerbe verwendeten Antriebsmaschinen macht die Statistik folgende Angaben: es gab im Deutschen Reich 33 694 durch Wasserkraft angetriebene Mühlen, 18 995 Windmühlen, 1724 Dampfmühlen und 477 Göpelwerke. Eine Dampfmühle verfügte durchschnittlich über 34 Pferdestärken, eine Wassermühle mit Turbinenbetrieb über 42 Pferdestärken. Die Zahl der Wassermühlen übertrifft also die aller anderen Mühlen um etwa 63 %; die Windmühlen sind natürlich je nach der Lage der Provinzen häufiger oder seltener; in Ost- und Westpreußen, Pommern und Posen sind sie häufiger als alle anderen Mühlen zusammen, im gesamten Preußen gleichen sich die Zahlen der Wind- und Wassermühlen; in anderen, weniger windreichen Gegenden sind Windmühlen seltener, und so ist bemerkenswert, daß z. B. in Bayern, Baden, in Elsaß-Lolhringen usw. überhaupt keine Mühlen mit Windmotoren gezählt worden sind. Es waren 110 147 Mahlgänge vorhanden, von denen etwa 80 000 das deutsche, etwa 18 000 das amerikanische und der Rest irgend ein anderes System zeigten. Die Mahlgangszahl ist relativ am größten in Bayern, Sachsen-Weimar, Schwarzburg-Sondershausen, die relativ wenigsten Gänge entfallen auf Hamburg, Bremen, Lübeck, Elsaß-Lothringen, Preußen.

Ein genauerer Vergleich dieser Aufnahme von 1875 mit der Statistik von 1861 kann nicht gezogen werden, weil die Unterlagen und besonders die Gebietsgrenzen beidemal ganz andere sind. Immerhin zeigt der Vergleich, daß ganz besonders die Dampfmühlen starke Fortschritte in ihrer Entwicklung gemacht haben. Betrug ihre Durchschnittsleistung 1861 noch 10—13 Pferdestärken mit durchschnittlich 2,5 Mahlgängen, so hatte sich diese Leistung nunmehr auf 34 Pferdestärken gehoben und die durchschnittliche Zahl der Gänge war entsprechend gewachsen. Aber die 30 ausgesprochenen Großbetriebe mit mehr als 50 Beschäftigten hatten doch an der Gesamtvermahlungsquote nur einen verschwindenden Anteil; diese wirklichen Großbetriebe waren noch nicht so zahlreich, um die Durchschnittszahlen wesentlich beeinflussen zu können; sie haben auch offenbar in die Inlandskonkurrenz noch wenig eingegriffen, weil sie meistens ihr Hauptgeschäft in der Exportvermahlung suchten. Das Schwergewicht des Mühlengewerbes lag also trotz des Aufkommens großer Werke noch völlig im Kleingewerbe, und diese Tatsache sollte noch lange Jahre hindurch bestehen.

Sechstes Kapitel.

Die Entwicklung im 19. Jahrhundert.

C) Von der Mitte der 70er Jahre bis zum heutigen Tage.

I. Die deutsche Zollschutzgesetzgebung für Getreide und Mühlenfabrikate.

Zwar setzte die in diesem Abschnitt zu besprechende Zollschutzgesetzgebung erst im Jahre 1879 gültig ein, aber sie warf ihre Schatten lange voraus, und schon von 1876 an fanden Erörterungen bei den Regierungen, Diskussionen und

Kämpfe in der Müllerwelt statt, die dann die Schutzzollperiode meinungsklärend vorbereitet haben. Es ist gleich an dieser Stelle zu betonen, daß die große Mehrheit der deutschen Müller Schutzzölle für ihre Industrie nicht herbeisehnte; noch im Jahre 1877 hatte Holland seinen Mehlschutzzoll abgeschafft, und so war die deutsche Müllerwelt bezüglich ihrer Absatzverhältnisse zufrieden bis auf das Bestehen der damaligen französischen Ausgleichszölle und bis auf den laut gewordenen Plan Österreich-Ungarns, zu gunsten seiner böhmischen Mühlen einen Mehlzoll einzuführen. Gegen die letztere Absicht erhob sich ein allgemeiner Protest unter den deutschen Müllern, die forderten, daß dann auch deutscherseits ein entsprechender Zoll auf die von Österreich-Ungarn nach Deutschland eingeführten Mehle gelegt werden müsse. Die herrschende Meinung findet ihren Ausdruck in dem Beschluß des Verbandes deutscher Müller vom Jahre 1878: . . . „bei der Reichsregierung mit allem Nachdruck dahin zu wirken, daß für Mühlenfabrikate vollständige Handelsfreiheit auf Gegenseitigkeit eingeführt würde; für den Fall aber, daß dieses Ziel besonders den Staaten gegenüber, mit denen wir angesichts ihrer Lage zu uns in geschäftliche Beziehungen treten könnten, nicht zu erreichen sein sollte, mit aller Energie dahin zu trachten, daß ein Zoll auf Mühlenfabrikate gelegt werde, der dem vom Auslande erhobenen Zolle entspricht und namentlich auf die von Frankreich gewährte Exportprämie die nötige Rücksicht nimmt.“ Dieser Beschluß bringt das damalige Ideal der Müller klar zum Ausdruck, das in der vollständigen Handelsfreiheit auf Gegenseitigkeit bestand; der kommende Mehlzoll ist also keineswegs aus der Schutzbedürftigkeit eines gefährdeten Gewerbes entstanden, vielmehr war seine Notwendigkeit allein durch die Einführung der Getreidezölle entschieden. Das Schutzzollsystem, das in dem vom Reichskanzler am 15. Dezember 1878 an den Bundesrat gerichteten Schreiben angekündigt wurde, kam den Müllern also unerwünscht, löste aber anderseits bei den Landwirten allgemeine Befriedigung aus. Für die letzteren war ein Schutzzoll ja tatsächlich zur Lebensfrage geworden, denn der immer wachsende Import ausländischen Getreides hatte die Kornpreise so herabgedrückt, daß ein rentabler landwirtschaftlicher Betrieb unmöglich geworden war. Die Zölle wurden folgendermaßen festgesetzt:

für Weizen . . .	Mk.	1	pro	100	kg,
„ Roggen . . .	„	1	„	100	„
„ Mühlenfabrikate	„	2	„	100	„

Der Mehlzoll entsprach der von bayerischen Müllern, insbesondere von der Münchener Tivolimühle, sowie der von badischen und pfälzischen Müllern vorgeschlagenen Höhe; der Grund für die bayerische Agitation war folgender: seit dem

Anfang der 60er Jahre hatte sich die ungarische Mühlenindustrie, der das vorzüglichste Rohmaterial der Welt zur Verfügung stand, gewaltig entwickelt. Die Produktion ging über den inländischen Bedarf bald weit hinaus, Absatzmöglichkeiten im Auslande wurden, wie schon früher mehrfach erwähnt, gesucht und gefunden, und besonders den süddeutschen Staaten erwuchs durch das ungarische Angebot, das z. B. Bayern überschwemmte, eine gefährliche Konkurrenz. Im Jahre 1875 hatte die Mehleinfuhr aus Österreich 46066 t betragen, war 1877 auf 85815 t gestiegen und hatte 1879 bereits die Höhe von 124311 t erreicht. Die Mehlausfuhr von Deutschland nach Österreich stellte sich dagegen für die genannten Jahre auf 39096 t, 39924 t und 41248 t[1]. Aus diesen Zahlen erhellt die Furcht, die unter den süddeutschen Müllern für den Fall entstehen mußte, daß zwischen dem Getreide- und dem Mehlzoll eine zu geringe Spannung gewählt werden könnte. Auch hatte der Verband deutscher Müller beim Bundesrat beantragt, daß der Zoll auf ausländische Mehle, wenn schon ein solcher geschaffen werde, mindestens das Zweifache des Getreidezolles betragen müsse und daß ferner für alle Mühlenfabrikate nur ein einziger Zollsatz angesetzt werden dürfe. Diesen Forderungen der Müllerkreise entsprach also der neue Zoll, und man kann sagen, daß er sich nicht nur für die Landwirtschaft, sondern auch für das Mühlengewerbe als Schutz gegen den gestiegenen ausländischen, besonders amerikanischen Mehlimport darstellte, daß er anderseits aber den deutschen Müllern einen nicht genügend weiten Spielraum ließ. Eine dritte Forderung des Verbandes deutscher Müller hatte gelautet: „Bei der Ausfuhr von Mühlenfabrikaten muß im Verhältnis des eingeführten Getreides der Zoll in Höhe der Einfuhrzölle auf Mühlenfabrikate vergütet werden.“ Dieser Antrag hatte die Tatsache als Unterlage, daß der Mehlexport des Deutschen Reiches stetig gestiegen war, ja daß große Mühlen, besonders an Hafenplätzen oder Flußläufen, entstanden waren, deren nahezu ganze Produktion exportiert wurde. Erschwerte man ihnen die Ausfuhr, so war es sicher, daß diese gutgeleiteten Mühlen ihr Mahlquantum deswegen nicht einschränken, sondern ihre Erzeugnisse mit aller Macht auf den Inlandsmarkt, besonders nach Süddeutschland werfen und so die inländische Konkurrenz stark erhöhen würden. Das Mühlengewerbe hatte also das größte Interesse daran, die Ausfuhrmöglichkeit zu behalten und sie tunlichst zu vergrößern. Nun hätte ja die deutsche Müllerei überhaupt kein ausländisches, durch den Zoll verteuertes Getreide zu vermahlen brauchen und hätte vielleicht trotzdem exportfähig

[1] Vgl. Mohr, Die Entwicklung des Großbetriebes in der Getreidemüllerei Deutschlands, S. 96.

bleiben können, da sie doch das inländische Getreide billiger erwerben konnte; dieses Argument wurde regierungsseitig betont, war aber nicht schwer zu widerlegen. Das inländische Getreide hatte den Schutzzoll ja gerade erhalten, um im Werte gesteigert zu werden, mußte also bald den Preis des ausländischen erreichen, so daß ein Mehlexport eben unmöglich wurde. Des ausländischen Brotkornes konnte und kann aber der deutsche Müller nie ganz entraten; er braucht es, um seine deutschen, zwar stärkereichen, aber stickstoffarmen Mehle zu verbessern, und zwar durch Mischung mit ausländischem Getreide, das die dem deutschen fehlenden Eigenschaften in glücklichster Weise ergänzt. Diese Tatsache erklärt auch die scheinbare Widersinnigkeit, daß ein deutscher Mehlexport überhaupt stattfindet, während jährlich gewaltige Mengen ausländischen Getreides aus Rußland, Argentinien, dem Balkan usw. eingeführt werden. Deutschland braucht, wie gesagt, zur Verbesserung seines inländischen Brotkornes ausländisches Getreide; letzteres erhöht noch ein zeitweises Getreideüberangebot, würde also konkurrierend auf den Preis deutschen Getreides wirken und so eine Schädigung der Landwirtschaft hervorrufen. Es muß also wieder aus dem Land herausgebracht werden, aber nicht in dem Zustand seines Eintreffens, sondern fertig mit deutschem Getreide vermischt und gut vermahlen, also als hochwertiges Mehl, das von dem fremden Getreide allein in dieser Güte nicht hätte gezogen werden können. Die oben erwähnte dritte Forderung des Verbandes deutscher Müller war also berechtigt; die Regierung entsprach derselben und bestimmte, daß bei der Ausfuhr von Mehl der für das dazu benötigte ausländische Getreide gezahlte Einfuhrzoll vergütet werden solle, und zwar nach Maßgabe der zur Fabrikation des betreffenden Mehles nötig gewesenen Menge ausländischen Brotkornes. Voraussetzung für diese Rückvergütung war aber der zu führende Beweis, daß das exportierte Mehl tatsächlich aus dem importierten Getreide herrühre; man nannte ihn „Identitätsnachweis". Die Rückvergütung wurde durch Einfuhrscheine betätigt, die beim Mehlexport zur steuerfreien Einführung des entsprechenden Kornquantums statt des zu erlegenden Getreidezolles in Zahlung genommen wurden. Feste Angaben über das Ausbeuteverhältnis erfolgten damals noch nicht.

Der Getreidezoll sollte bereits am 1. Oktober 1879 in Kraft treten, der Mehlzoll aber erst am 1. Januar 1880 nachfolgen, da mit Belgien noch ein Vertrag lief, der diesem die zollfreie Mehleinfuhr nach Deutschland noch bis zum letztgenannten Termin freigab. Durch diese Maßnahme würde aber das deutsche Mühlengewerbe für $1/4$ Jahr mit Verlust oder mindestens ohne Gewinn gearbeitet haben, teilweise sogar unbeschäftigt geblieben sein, da mächtige Mengen billigen

Mehles importiert worden wären, ohne daß die deutschen Müller gewinnbringend zum gleichen Preise hätten liefern können, da sie eben mit dem durch den Zoll erhöhten Getreidepreis zu rechnen gehabt hätten. So sah man von diesem Plan ab und beide Zölle wurden gemeinsam erst vom 1. Januar 1880 ab erhoben. Gleich nach Inkrafttreten aber zeigte sich der große Mangel, daß keine Bestimmungen über die Ausbeuteverhältnisse getroffen waren, und die Folge waren unliebsame Streitfälle. Sogleich begannen Beratungen und regierungsseitig wurde bei verschiedenen Müllern Nachfrage nach der gezogenen Ausbeute gehalten; letztere gaben wohl teilweise viel zu hohe Ziffern an in dem falschen Ehrgeiz, damit zu glänzen. Auf diese hohen Ziffern stützte man sich seitens der Regierung, der die höchsten Sätze die sympathischsten waren. So setzte denn die diesbezügliche Bundesratsverordnung im Jahre 1880 das Ausbeuteverhältnis fest:

für Roggen auf 70 %,
„ Weizen „ 80 %.

Es sind noch die näheren Ausführungsbestimmungen über den Getreide- und Mehlverkehr zu erwähnen. Für diejenigen Getreidesorten und Mehle, die ausschließlich für den Export in das Zollausland bestimmt sind, werden Transitlager ohne amtlichen Mitverschluß geschaffen, deren Einrichtung Vorschrift ist. In diesen ist die Behandlung, also das Umsacken usw. für den Lagerhalter ganz unbeschränkt gestattet, ohne eine Anmeldung beim Steueramt zu erfordern; ferner ist die Mischung mit ausländischem Produkt freigestellt, und zwar ist der Mischungsprozentsatz an ausländischer Ware als zollfreie Menge der Durchfuhr zu behandeln. Solche Transitlager konnten auch bewilligt werden, wenn der Absatz lediglich im Inland erfolgen sollte; ihre Einrichtung war nicht obligatorisch, sondern sollte vom jeweiligen Bedürfnis abhängen. Erstere Lager nannte man reine, letztere gemischte Transitlager. Der Getreideimporteur und der Mehlexporteur mußten dieselbe Person oder Firma sein; ferner war nachzuweisen, daß zum ausführenden Mehle tatsächlich das fremdländische eingeführte Getreide verwendet worden war. Der erste Nachweis war relativ leicht zu erbringen, der zweite aber war äußerst schwierig und hat eine starke Verbitterung hervorgerufen. Es gab zwei Arten von Transitlagern, nämlich solche, die nur vom Eigentümer und einem Zollbeamten gemeinsam geöffnet werden konnten, und solche, die dem Eigentümer allein offen standen, also Transitlager mit und solche ohne amtlichen Mitverschluß. Wurde dem Antrag zur Errichtung eines Privattransitlagers ohne amtlichen Mitverschluß stattgegeben, so erhielt der Antragsteller die Mitteilung, daß die Regierung auch ohne den Mitverschluß sich darüber unterrichten werde, ob nicht Zolldefraudationen vorgenommen würden; die Anlage des gemischten Transitlagers wurde auch nur bis auf jederzeit möglichen Widerruf gestattet. Der Transitlagerinhaber bringt das für ihn eingehende ausländische Getreide nunmehr in sein Transitlager, macht aber sofort der betreffenden Behörde vom Eingang Mitteilung, damit der Import in das amtlich geführte Niederlageregister eingetragen wird; er hätte nun eigentlich den Eingangszoll zu zahlen, aber dieser wird ihm gestundet, bis er das aus diesem Getreide erzeugte Mehl im Inlande verkauft. In diesem Fall hat er den Getreidezoll nachträglich voll zu entrichten, hat sich also eines gewissen Kredites, des sogenannten Zollkredites, bedient. Theoretisch betrachtet sieht die Sache für den Müller nicht schlecht aus; tatsächlich entstanden aber die unangenehmsten Verwicklungen und Schwierigkeiten, besonders für die großen Mühlen, denen es fast unmöglich war, den geforderten Identitätsnachweis zu führen; sie hätten denn ihre Mühle in verschiedene Unterabteilungen zerlegen oder nach Vermahlung einer gewissen Getreidesorte ganz abmahlen und mit der zweiten Sorte wieder einen neuen Mahlprozeß beginnen müssen. Der Nachweis wirkte also in dieser Form und Handhabung lähmend und oft sogar vernichtend für die deutsche Exportmüllerei; die Ausfuhr reduzierte sich und die Länder, für die Deutschland bisher Mehllieferant gewesen war, emanzipierten sich und errichteten Mühlen zur selbständigen Bedarfsdeckung (z. B. Holland, Belgien, Dänemark). Mehrere große deutsche Mühlen und eine große Zahl kleiner Müller mußten in Konkurs gehen und die Lage wurde bedrohlich.

Diese Zustände erforderten eine Änderung und der Ruf nach Abschaffung des Identitätsnachweises wurde seitens Privater und seitens der Handelskammern immer lauter. Der Verband deutscher Müller stellte beim Bundesrat einen Antrag, der hier ganz wiedergegeben sei; er lautete:

„1. Jeder Mühle, welche Mehl teilweise im Inlande, teilweise im Auslande absetzt, kann ein Zollkonto eröffnet werden, worauf der Import an Getreide belastet, der Export an Mehl entlastet wird, so daß die Differenz zwischen Import und Export zur Verzollung kommt.

2. Eine Vermischung in- und ausländischen Getreides ist gestattet; die Fabrikation des gemischten Mehles darf nicht durch Zollvorschriften oder Kontrollmaßregeln gehindert werden.

3. Jede Mühle muß durch ein Lagerbuch erweisen, welches Quantum fremden Getreides sie importiert und welches Quantum sie zum Export gebracht hat."

Dieser Antrag fand schließlich die Zustimmung des Reichstages, der denselben nach vorausgegangener Kommissionsprüfung zum Beschluß erhoben hat. Außerdem wurde den dringenden Forderungen der Müller stattgegeben, die das zu hoch normierte Ausbeuteverhältnis verringert wissen wollten, und zwar für Roggen von 70 % auf 65 %, für Weizen von 80 % auf 75 %. — Die Spannung zwischen dem Getreidezoll von 1 Mk. und dem Mehlzoll von 2 Mk. erwies sich aber trotz der erwähnten Erleichterungen in der Handhabung der Verzollungsvorschriften als mangelhaft; der Mehlimport stieg und zeigte sich als ungeheurer Schaden für die deutsche Müllerei. So wurde das Verhältnis des Mehlzolles zum Getreidezoll von 2 : 1 auf 3 : 1 erhöht, d. h. vom Jahre 1882 an betrug der Zoll auf Mühlenfabrikate 3 Mk. pro 100 kg[1], während der Getreidezoll vom Jahre 1879 mit 1 Mk. auf 100 kg Roggen und Weizen in Geltung blieb. Auch der Identitätsnachweis erfuhr eine Änderung, die seine frühere Schroffheit etwas milderte: er wurde als sachlicher Nachweis erlassen und sollte nur noch als persönlicher und örtlicher weiterbestehen. Das war besonders für die großen Mühlen eine bedeutende Erleichterung; sie hatten nur noch nachzuweisen, daß ihr auszuführendes Mehl aus Getreide gewonnen sei, welches vorher tatsächlich von ihnen selbst in die Zollgrenzen und zu ihrem Werke hin eingeführt worden war. Diese Erleichterungen hatten sich nur durchführen lassen, weil man von ihnen auch für die Landwirtschaft Vorteile erhoffte. Man glaubte, daß bei einem starken Mehlexport in erster Linie hochwertige Mehle ausgeführt, die Menge der geringwertigen Mehle aber, also besonders die Futterstoffe, reichlich im Lande zurückbleiben und der Landwirtschaft billig zur Verfügung stehen würden. Des ferneren erhoffte man eine Entlastung der übermäßig und fast unerträglich gewordenen Inlandskonkurrenz; die früheren Exportmühlen hatten nach der Ausfuhrerschwerung ihre Produktion auf den Inlandsmarkt und besonders auf die süddeutschen Staaten geworfen und schärfste Konkurrenzkämpfe heraufbeschworen. Aus jener Zeit datiert der gerade heute wieder akut gewordene Kampf der süddeutschen Müller gegen ihre norddeutschen Berufsgenossen, besonders gegen die Großbetriebe am Rhein und in der Nähe der deutschen Häfen.

Nach der Einführung des neuen Mehlzolls also atmeten die deutschen Müller auf und hatten geschäftlich bessere Zeiten; sie standen sich am besten, wenn die inländischen Getreidepreise zeitweise nicht die durch den Zollbetrag verteuerten Auslandspreise erreichten, denn dann machten sie beim Mehlexport durch Wiedervergütung des vollen Zolles ein Extrageschäft. Der Export im allgemeinen hob sich zusehends; die Mehrausfuhr von Mühlenfabrikaten betrug 1882 nur rund 39 000 t, stieg dann schnell, stellte sich 1885 auf 105 000 t, stieg weiter und erreichte eine vorläufig höchste

[1] Vgl. Reichsgesetzblatt, Jahrg. 1881, S. 121.

Ziffer im Jahre 1889 mit 124300 t[1]. Die deutschen Müller waren also hinsichtlich der Zollverhältnisse nunmehr recht zufrieden und hofften nur, daß der gegenwärtige Zustand von Dauer sein möchte. An einer weiteren Zollerhöhung hatten sie kein Interesse. Aber nicht so gut wie dem deutschen Mühlengewerbe ging es in jenen Jahren der deutschen Landwirtschaft; der Getreideschutzzoll hatte sich gegen die preissenkende Konkurrenz ausländischen Kornes als nicht hoch genug erwiesen, und so entschloß sich die Regierung im Jahre 1885, dem Reichstage eine Vorlage zugehen zu lassen, in welcher die Erhöhung des Getreidezolles von 1 Mk. auf 3 Mk. und des Mehlzolles von 3 Mk. auf 6 Mk. pro 100 kg gefordert wurde. Gegen die Getreidezollsteigerung hatten die Müller weniger einzuwenden, wenn nur das im Jahre 1882 erreichte Spannungsverhältnis von 3 : 1 zwischen Mehl- und Getreidezoll erhalten bliebe, mit dem man nur gute Erfahrungen gemacht hatte. Das sollte bei der von der Regierung vorgeschlagenen Normierung aber nicht zutreffen, vielmehr sollte wieder das früher als ungenügend gekennzeichnete Verhältnis von 2 : 1 Platz greifen. Der Verband deutscher Müller forderte, daß bei einem Getreidezoll von 3 Mk. entweder der Zoll für alle Mühlenfabrikate auf 9 Mk. zu normieren sei oder aber daß ein Mehlzoll von 7,50 Mk. gewählt werde, zu dem dann noch ein Kleiezoll von 1 Mk. hinzutreten müsse. Hierauf erwiderte die Regierung, daß zur Herstellung von 100 kg Weizenmehl durchschnittlich 148 kg Weizen nötig sei (sie gab also im Gegensatz zu ihrem früheren Standpunkt zu, daß nur mit einer mittleren Ausbeuteziffer von etwa 77—78 % gerechnet werden könne!); bei dem Getreidezoll von 1 Mk. und dem Mehlzoll von 3 Mk. belaufe sich der Zollschutz für 100 kg Weizenmehl gegenüber dem zur Herstellung benötigten Weizen auf 1,51 Mk. Wähle man nunmehr den Getreidezoll zu 3 Mk. und den Mehlzoll zu 6 Mk., so ergebe sich als Zollschutz für 100 kg Weizenmehl fast die gleiche Summe, nämlich 1,54 Mk., während sich bei dem vom Verbande vorgeschlagenen Zoll von 7,50 Mk. der genannte Schutz auf 3,04 Mk. belaufen werde. Diese Argumentation ließ aber den Umstand ganz außer Ansatz, daß für ausländisches Getreide unausgesetzt Frachtermäßigungen eintraten; sie hatte auch keinen Erfolg, vielmehr setzte der Reichstag den Getreidezoll auf 3 Mk. und den Mehlzoll auf 7,50 Mk. fest[2]. Der von den deutschen

[1] Genauere Angaben vgl. Mohr, Die Entwicklung des Großbetriebes in der Getreidemüllerei Deutschlands, S. 112 ff.

[2] Vgl. Reichsgesetzblatt, 1885: Gesetz vom 24. Mai, S. 143. Nähere Ausführungen vgl. Mohr, Die Entwicklung des Großbetriebes in der Getreidemüllerei Deutschlands, S. 117 und Holländer, Die Lage der deutschen Mühlenindustrie unter dem Einfluß der Handelspolitik 1879 bis 1897, S. 34.

Müllern geforderte Kleiezoll, für den sehr energisch agitiert worden war, wurde nicht bewilligt. Es bestand also jetzt das Verhältnis $2^1/_2 : 1$, das freilich noch bedeutend günstiger war als das regierungsseitig vorgeschlagene, das aber doch die meisten Mühlen merklich schlechter gestellt hat, indem es der Einfuhr fremden Mehles günstiger, der Ausfuhr inländischer Mühlenfabrikate aber ungünstiger war als das alte Verhältnis 3 : 1.

Auch bei diesem neuen Getreideschutzzoll von 3 Mk. pro 100 kg beruhigte sich die Landwirtschaft nicht, vielmehr erhob sich alsbald eine heftige agrarische Agitation, die nunmehr gar einen Getreidezoll von 6 Mk. pro 100 kg forderte. So entschloß man sich im Jahre 1887, wiederum eine Veränderung eintreten zu lassen und normierte den Zoll auf Getreide mit 5 Mk., den für Mühlenfabrikate aber nur auf 10,50 Mk. für 100 kg, so daß sich das Verhältnis zwischen beiden Zöllen zukünftig auf 2,1 : 1 stellte[1]. Ein Einspruch der deutschen Müller gegen die abermalige Erhöhung der Getreidezölle war fruchtlos gewesen; ebenso ihr wiederholtes Verlangen nach Einführung eines Eingangszolles auf Kleie und Futtermehl. Die Änderung trug bange Sorge in den Kreis der Müller; auf Hilfe der Regierung konnten sie bei der damaligen politischen Konstellation nicht hoffen, eine baldige abermalige Änderung war — wenigstens zu ihren Gunsten — nicht zu erwarten, und so konnten sie einzig durch erhöhte technische und kaufmännische Leistungen den Schaden auszugleichen suchen; die Schutzzollfreunde aber sahen ihre Wünsche erfüllt.

Diese Hochschutzzollpolitik wurde nur vier Jahre hindurch unverändert beibehalten, bis sie im Jahre 1891 durch die Handelsverträge abgelöst wurde. Vor der Besprechung der letzteren sei aber nachträglich noch auf zwei Umstände hingewiesen, die seinerzeit und noch bis zum Inkrafttreten der Handelsverträge schädigende Folgen für einen großen Teil des deutschen Mühlengewerbes gezeitigt haben. Im Jahre 1879 war durch ein Gesetz bestimmt worden, daß die Grenzbewohner 3 kg Mehl oder Brot zollfrei über die Grenze schaffen durften. Das Gesetz hatte anfangs keine unangenehmen Folgen; als aber die Zölle später erhöht wurden und die Lebensmittelpreise stiegen, entstand längs der deutschen Grenzen ein gewerbsmäßiger Schmuggelhandel mit ausländischen Mehlen und Backwaren, der so dreist betrieben wurde und solche Ausdehnung annahm, daß den deutschen Müllern der Grenzdistrikte tatsächlich ein großer Schaden erwuchs. Die dringendsten Petitionen um Abstellung wurden laut, doch gelang es vor Abschluß der Handelsverträge nicht, den Unfug ganz

[1] Vgl. Reichsgesetzblatt 1887, Gesetz vom 21. Dezember, S. 534.

abzustellen. — Ein weiterer Übelstand war der, daß die verschiedenen Zollämter in der Feststellung des zu verzollenden Mehlgewichtes insofern willkürlich vorgingen, als einige Ämter das Sack- oder sonstige Verpackungsgewicht mit zum zu verzollenden Gewicht rechneten, andere aber dieses Verpackungsgewicht, die sogenannte Tara, abzogen. Letztere vergüteten dann 2 % des Gesamtgewichtes, erstere dagegen nichts; und so konnte es geschehen, daß Mühlenfabrikate je nach der Einfuhrroute mit verschiedenen Zollsätzen belegt wurden.

Am 15. Dezember 1891 erfolgte im Reichstag die Annahme des von der Regierung vorgelegten Handelsvertrages mit Österreich-Ungarn, und dieser Tag stellt einen vollständigen Wechsel in der deutschen Zollpolitik dar. Bis zur letzten Getreide- und Mehlzollerhöhung vom Jahre 1887 hatte man besonderen Wert darauf gelegt, in den Zollmaßnahmen unbehindert und völlig autonom zu bleiben; dieser Standpunkt mußte nunmehr verlassen werden, und an seine Stelle trat die Bindung durch langfristige Verträge. Für die Mühlenindustrie war diese Wendung insofern ungünstig, als fortan nicht mehr allein nach dem Gesichtspunkt, was ihr oder der Landwirtschaft am zuträglichsten sei, verfahren wurde, sondern daß die Abänderungen der Getreide- und Mehlzölle zukünftig diplomatische Tauschgeschäfte, und zwar Zugeständnisse an fremde Staaten zur Erlangung von Zollvorteilen auf anderen Gebieten, zur Unterlage haben sollten. Anderseits betrachtete man aber in der Müllerei die zukünftige Langfristigkeit der Zollmaßnahmen als nicht zu unterschätzende günstige Wendung.

Der Handelsvertrag zwischen Österreich-Ungarn und dem Deutschen Reich[1], der mit dem 1. Februar 1892 in Gültigkeit trat, enttäuschte in seinem materiellen Inhalt die Erwartungen des Müllers; er setzte den Getreidezoll von 5 Mk. auf 3,50 Mk. herab, führte also eine starke Ermäßigung ein. Nun hatten die Müller zwar gegen die Herabsetzung des Getreidezolles nichts einzuwenden, da ihnen ja — wie früher schon betont — die Höhe desselben überhaupt ziemlich gleichgültig sein kann, wenn ihnen nur die Spannung zwischen Getreide- und Mehlzoll die nötige Bewegungsfreiheit beläßt. Aber diese wichtige Forderung war ihrer Ansicht nach im neuen Handelsvertrage nicht erfüllt; sie hatten für den Mehlzoll 8 Mk. pro 100 kg gefordert und als Begründung angeführt, daß ja für Mehl ein Schutzzoll von 3 Mk. bestanden habe, bevor überhaupt Getreidezölle eingeführt waren. So müsse man bei einer Herabsetzung der letzteren und der daraus resultierenden Reduzierung der Mehlzölle zunächst diesen Schutzzoll von dem bestehenden Zehnmark-Zoll abziehen und danach erst das Verhältnis der übrig bleibenden 7 Mk. zu der Ermäßigung des

[1] Vgl. Reichsgesetzblatt 1892, S. 24.

Getreidezolles feststellen [1]. Wollte man aber auf den so sehnlich geforderten Achtmark-Zoll nicht eingehen, so sei es billig, zum allermindesten das gleiche Verhältnis zwischen Mehl- und Getreidezoll einzuhalten wie bisher, nämlich das Verhältnis 2,1 : 1, also den Mehlzoll auf 7,35 Mk. festzusetzen. — Ein Mehlzoll von 8 Mk. wäre zweifellos berechtigt gewesen; nachdem aber darauf nicht zu rechnen war, hätte der kleinliche Kampf um die 5 Pfennige seitens der Müllerwelt besser unterbleiben sollen. Die Petitionen blieben erfolglos, der Mehlzoll erhielt die Höhe von 7,30 Mk.; das Spannungsverhältnis stellte sich also fortan auf 2,09 : 1. Unparteiisch ist zu sagen, daß für die Mühlenindustrie der Ausfall des Handelsvertrages in dieser Hinsicht immerhin noch erträglich war; aber die Entrüstung über eine andere Enttäuschung hatte wirklich Grund: man hatte bestimmt erwartet, daß mit den Handelsverträgen endlich ein Zoll auf Kleie und Futterstoffe gelegt werden würde, und nun war die zollfreie Einfuhr derselben wiederum für die Dauer des Vertrages zur Tatsache geworden. Aber der schon genannte Vorteil einer Festlegung des Zollsystems auf 10 Jahre war doch vorhanden; er setzte an die Stelle dauernder Befürchtung hinsichtlich jederzeit möglicher, und zwar noch ungünstigerer Zolländerungen eine gewisse wohltätige Ruhe und Sicherheit. — Die Handelsverträge wurden also bis zum Jahre 1902 laufend abgeschlossen, unter alleiniger Ausnahme desjenigen mit Rußland, der erst 1894 ratifiziert wurde und in Wirkung trat. Der Termin zwischen der Annahme im Reichstag und dem Inkrafttreten war auf die kurze Frist von 45 Tagen deshalb bemessen, um die Spekulationstätigkeit möglichst zu unterbinden und die Ausfuhr von Getreide in der Zwischenzeit zu verhindern. Es entwickelten sich aber aus dieser Bestimmung die ärgsten Mißstände, denn in Erwartung des ermäßigten Getreidezolles hatten sich in den deutschen Zollagern große Getreidevorräte angesammelt, auf die der neue Vertragszolltarif nur insoweit Anwendung finden konnte, als ihr Ursprung aus Vertragsstaaten oder aus Ländern nachgewiesen wurde, mit denen Deutschland in Meistbegünstigungsverhältnis stand. Diese Getreidemengen hatten ihr Ursprungsland aber längst verlassen, hatten teilweise bereits mehrfach den Besitzer gewechselt, waren mit anderen Sorten schon gemischt worden; der geforderte Nachweis war also häufig nicht zu erbringen. Es gelang den Anstrengungen der Müller, daß in letzter Stunde, nämlich am 30. Januar 1892, ein Gesetz mit sofortiger Gültigkeit herauskam, das bis zum 30. April 1893, also während einer fünfzehnmonatigen Übergangszeit, den Abstammungsnachweis erließ.

Inzwischen war seitens der Landwirte immer lauter die

[1] Geschichte des Verbandes deutscher Müller, Berlin 1892, S. 242.

Aufhebung des Identitätsnachweises auch für Getreide gefordert worden; die Agitation für die Aufhebung ging zurück bis zum Jahre 1887, wo sie bereits den Reichstag beschäftigt hatte, war danach nicht zur Ruhe gekommen, hatte im Jahre 1889 wiederum zu einem zwar negativ beantworteten Antrage im Reichstag geführt, hatte aber doch wenigstens den wichtigen Erfolg gehabt, daß seitens der Regierung Untersuchungen angestellt wurden, die dann zur Vorlage und Annahme des am 1. Mai 1894 in Kraft getretenen Gesetzes führte, das folgendes besagte: Bei der Getreideausfuhr von mindestens 500 kg sollen dem Getreideexporteur Einfuhrscheine erteilt werden, die zur zollfreien Einfuhr der entsprechenden Quantität gleichen Getreides binnen 6 Monaten berechtigten. Bezüglich der Transitlager ohne amtlichen Mitverschluß wurde nichts geändert, ebenso blieb es bezüglich der Bestimmungen die Mühlenfabrikate betreffend beim alten. Der deutsche Müller hatte nunmehr zwei Möglichkeiten: er konnte sich in gewohnter Weise den Eingangszoll für ausländisches Getreide am Tage der Mehlausfuhr von seinem Zollkonto absetzen lassen, hatte also die Möglichkeit, heimisches Getreide für den Export zu vermahlen, oder er konnte bei der Mehlausfuhr die Ausfertigung von Einfuhrscheinen zur zollfreien Einfuhr einer entsprechenden ausländischen Getreidemenge beantragen, war also imstande für sein Exportmehl fremdes Getreide zu verwenden. Das Gesetz sollte also am 1. Mai 1894 in Geltung treten; vorher, am 27. April, erließ der Bundesrat seine vielbesprochenen Ausführungsbestimmungen, die wegen ihrer zukünftigen Wichtigkeit ausführlicher besprochen sein mögen.

Zunächst wird das Ausbeuteverhältnis für die Ausfuhr von Mühlenfabrikaten festgelegt. Es soll für gebeuteltes Weizenmehl 75 %, für gebeuteltes Roggenmehl 65 % betragen. Über den Begriff „gebeutelt“ finden sich in der Bundesratsverordnung keine näheren Angaben; man hat damit offenbar nur sagen wollen, daß tatsächlich feinere Mehlsorten gemeint seien unter Ausschluß von Schrotmehlen, für die ja leicht eine Ausbeute von 85 % zu erzielen wäre[1]. Das Verhältnis von 75 bezw. 65 % ist gleich nach seinem Entstehen und noch lange nachher stark angefochten worden: den Landwirten war es zu niedrig, sie verlangten eine Erhöhung auf 85 bezw. 75 %; ein Teil der Müller bezeichnete es als zu hoch, weil es für eine erfolgreiche Bekämpfung französischer Konkurrenz zu wenig Spielraum ließe. In Frankreich war nämlich das Ausbeuteverhältnis auf 90, 80, 70 und 60 % normiert. Natürlich führten die Franzosen fast nur 60 %ige Mehle aus und ge-

[1] Vgl. Stenographischer Bericht der Generalversammlung des Verbandes deutscher Müller 1896.

nossen, da der Weizenzoll durch das Gesetz vom 27. Februar 1894 auf 7 Fr. festgesetzt war, für den zu diesem Mehl vermahlenen Weizen einen Schutzzoll von etwa 11,60 Fr. Die Klagen jener Müller, die ganz oder doch vorwiegend auf den Mehlexport angewiesen waren, hatten also wohl eine Berechtigung, um so mehr, als durch Erlaß des Identitätsnachweises für Getreide der einheimische Weizen wieder exportfähiger geworden war. Aber im Hinblick auf die deutsche Gesamtmüllerei betrachtet, war das gewählte Ausbeuteverhältnis, sofern man eben nur ein Gewichtsverhältnis und nicht ein nach den vielen verschiedenen Mehlarten abgestuftes Verkaufsverhältnis wünschte, wohl als zweckentsprechend zu bezeichnen [1].

Noch mehr Meinungsverschiedenheiten hat das sogenannte Typenverfahren ausgelöst [2]. Die Anweisung zur zollamtlichen Abfertigung von Mühlenfabrikaten hatte nämlich drei Kontrollverfahren geschaffen; das erste war die Einführung der sogenannten Mehltype, die der Zollbehörde die Entscheidung ermöglichen sollte, ob das zum Export angemeldete Mehlprodukt wirklich Mehl sei, also den Genuß der Zollvergütung beanspruchen könnte, oder ob es als Kleie zu betrachten und von der Vergünstigung daher auszuschließen sei. Man gab der Steuerbehörde also eine Mehlprobe, Grenztype genannt, weil dieses Mehl aus den letzten Ausbeuteprozenteu stammte. Beantragt nun der Exporteur die Ausstellung des Einfuhrscheines, so wird sein auszuführendes Mehl mit der Grenztype nach dem früher besprochenen Pekarschen Prüfverfahren verglichen. Ist es gleich der Type oder gar besser als diese, so erhält es anstandslos den Einfuhrschein; zeigt es sich geringer als die Grenztype, so ist es zur Entlastung eines Zollkontos oder zur Einfuhrscheinausstellung unzulässig. Man hat dieses Typenverfahren mit Recht bekämpft; denn die Farbe der Mehle fällt je nach der Beschaffenheit des Weizens sehr verschieden aus und es kann leicht vorkommen, daß die Tönung sehr gelb wird, obwohl tatsächlich ein zu großer Schalengehalt im Mehle nicht vorhanden ist. Die Prüfung auf die Farbe allein ist daher keine vollkommene; sie dürfte also als alleiniges Kontrollmittel tatsächlich nicht genügen. Das zweite Mittel war das Siebverfahren, das aber gleichfalls nicht fehlerlos sicher ist. Die Steuerbehörde hatte das zu exportierende Mehl durch feine Siebe zu schütten und den Kleierückstand festzustellen; war letzterer zu hoch, so war das Mehl gleichfalls nicht mehr fähig, zur Zollkonto-Entlastung zu dienen. Schließlich gab es noch das sogenannte Ver-

[1] Vgl. „Die Mühle", Jahrgang 1897, wo das Ausbeuteverhältnis fast in jeder Nummer behandelt ist.

[2] Vgl. ebenda, 1894, S. 323, 341.

aschungsverfahren. Ein vereidigter Chemiker hatte eine Brennprobe zu machen und den Aschengehalt festzustellen, der um so höher ausfällt je mehr Schalenteile sich im Mehle befinden [1]. Hinsichtlich der Qualität der Kleie mußte die Feststellung erfolgen, ob sie geringer sei als die letzte Mehltype; entsprach sie dieser Bedingung, so konnte sie zollfrei ohne Denaturierung ausgeführt werden; zeigte sie aber einen höheren Mehlgehalt, konnte sie also schon als geringwertiges Mehl betrachtet werden, so hatte eine Denaturierung dieser Kleie zu erfolgen.

Schließlich finden sich noch Bestimmungen bezüglich der Transitlager. Uber die Anlage von gemischten Transitlagern in den verschiedenen Orten und Gegenden hat der Bundesrat zu entscheiden. Diese Bestimmung ist scharf angefochten worden, in der Hauptsache mit folgender Begründung: Jeder Benutzer eines gemischten Transitlagers genießt einen Zollkredit insofern, als er sein Getreide ruhig eingelagert und erst später, wenn er nämlich sein Getreide im Inland absetzt, den Zoll bezahlt, indem er also den Zollbetrag für diese Zeit gestundet erhält und dabei bedeutende Zinsen spart. Bringt er jedoch sein Getreide vor Ablauf dieser zollfreien Lagerfrist zum Export, so hat er überhaupt keinen Zoll zu zahlen, aber inzwischen die freie Benutzung von Lagerräumen genossen. Die Angriffe richteten sich aber auch gegen die Tatsache, daß es dem Bundesrat möglich war, einzelne Orte durch die Anlage gemischter Transitlager zu bevorzugen. Die Zollkredite sind besonders der Landwirtschaft ein Stein des Anstoßes gewesen; der agrarischen Agitation gelang es dann, eine Verminderung des den Kontenmühlen eingeräumten Zollkredits von der siebenmonatigen auf viermonatige Dauer durchzusetzen. Die vollständige Entziehung des Zollkontos soll erfolgen, wenn dasselbe erweislich nicht zur Betätigung der Ausfuhr, sondern nur zum Genusse möglichst langen Zollkredites gemißbraucht wird. Diese Maßregel rechtfertigt sich ohne weiteres bei den Mühlen, die mit ihrem Mehl besonders das Inland versorgen. Stellt man schließlich die Frage, wie dieses ganze Ausführungsgesetz vom 1. Mai 1894, also vornehmlich die Aufhebung des Identitätsnachweises für Getreide gewirkt hat, so gewinnt man aus dem Organ „Die Mühle“ den Eindruck, daß im allgemeinen trotz aller Bekämpfung der einzelnen Ausführungsbestimmungen die Folgen für die Müllerei gute gewesen sind.

Die in diesen Ausführungsbestimmungen immerhin noch vorhandenen Mängel wurden teilweise gemindert durch das Regulativ [2] betreffend die Zollvergütung bei der Mehlausfuhr

---

[1] Vgl. „Die Mühle“, 1894, S. 417, 441, 472, 485, 544.

[2] Ein Abdruck des Regulativs findet sich in „Die Mühle“, 1898, S. 3—6 und 20—23.

vom 16. Dezember 1897[1]; in diesem wird der Ausdruck „gebeuteltes Mehl" dahin festgelegt, daß darunter dasjenige Mehl zu verstehen ist, das sich ergibt, nachdem an Unreinlichkeiten und Kleie 25 bezw. 35 % abgeschieden sind. Wird aber Weizen- oder Roggenmehl als solches ohne weitere Angabe mit dem Anspruch auf Zollnachlaß zur Ausgangsabfertigung gestellt, welches unter einem höheren Ausbeuteverhältnis als 75 bezw. 65 % gewonnen worden ist, so ist zur Vermeidung der gesetzlichen Strafe das tatsächliche Ausbeuteverhältnis vorher in der Ausfuhrmeldung zu erklären. Die Abschreibung im Zollkonto erfolgt alsdann nach Maßgabe dieser Erklärung, deren Richtigkeit auf Erfordern nachzuweisen ist. Hiermit war dem von einzelnen bedeutenden Mühlen gepflogenen Unfug, höherprozentige Mehle unter Zollrückvergütung zur Ausfuhr zu bringen, endgültig ein Ende gemacht.

Die Müller hatten ein großes Interesse daran, eine Teilung der Typen herbeigeführt, d. h. die Zollbegünstigung ihrer verschiedenen Mehle nach dem Wert bezw. der Feinheit und Farbe derselben abgestuft zu sehen, so daß eine verstärkte Ausfuhr feiner und feinster Mehle noch mehr begünstigt würde. An letzterem Umstande nahmen aber auch die Landwirte ein reges Interesse, da ihnen nur die Ausfuhr hochwertiger Mehle erwünscht war, nicht aber der Export der billigen Sorten, die sie als Futtermehle für ihr Vieh zu billigem Preise im Lande zu halten wünschen. Daher glaubten die Müller, in ihren Wünschen auf sofortiges Entgegenkommen rechnen zu dürfen und wandten sich am 25. Januar 1899 an den Reichskanzler mit dem Antrage einer Differenzierung der Ausfuhrvergütung; sie führten aus, daß bei gleicher Ausfuhrvergütung für gute und schlechte Qualitäten die letzteren im Verhältnis zu ihrem Werte mehr erhalten und daß also die Ausfuhr geringer Mehle gefördert, jene der hochwertigen Feinmehle aber zum Schaden der Binnenmühlen unterbunden wird. Der Nachteil der letzteren beruhe darin, daß die Exportmühlen mit ihren Feinmehlen den Inlandsmarkt überschwemmten und so den Binnenmüllern eine gefährliche Konkurrenz schüfen. Das Grenztypensystem aber habe sich als ungenügend erwiesen, weil es die Ausfuhr schlechterer Mehle direkt begünstige; aber auch die Einführung einer einzigen Durchschnittstype entspreche nicht den Anforderungen der Ausfuhr, da sie im Gegensatz zur Grenztype die Ausfuhr geringer Mehle unterbinde und auch den besseren Mehlen nicht die ihrem Werte entsprechende Zollrückvergütung verschaffe. Nun würde zwar schon ein System von mehreren Durchschnittstypen, das die gangbarsten Ausfuhrmehle umfasse, segensreich wirken können, doch würde es noch nicht allen berechtigten Wünschen des Exportmüllers

[1] In Geltung getreten am 1. Januar 1898.

entsprechen. Denn bei einem Durchschnittstypensystem würden immer noch einzelne Mehle als den Typen nicht entsprechend von der Zollbehörde zurückgewiesen werden, während doch eine Ausfuhrmöglichkeit für alle Mehle zu erstreben sei. Folgende Lösung würde daher beantragt: 1. Es ist ein Normaltypensystem zu wählen, das die gangbarsten Mehlsorten umfaßt und dessen einzelne Nummern Durchschnittstypen der betreffenden Ausbeutesätze darstellen, die eine nach ihrem Wert verschieden zu bemessende Zollrückvergütung zu beanspruchen haben. 2. Jede Mühle soll berechtigt sein, beim Zollamt Proben ihrer speziellen Mehlsorten als Spezialtypen zu deponieren und auf Grund dieser Spezialtypen auszuführen. Sowohl für Roggen- als für Weizenmehle wurden je 4 Normaltypen vorgeschlagen; sie werden später genannt werden. Die Petition führte aus, daß durch diese Maßnahmen die feinen Mehle unbedingt wieder ausfuhrfähig gemacht werden würden; sollte darunter die Ausfuhr der Nachmehle etwas leiden, so müsse dieser Umstand doch hinter dem großen Vorteil der Inlandentlastung von Feinmehlen weit zurücktreten, um so mehr, als ja die Landwirtschaft an Futtermehlen stets starken Bedarf zeige. Zum Schluß weist die Petition noch auf einen Übelstand in der findigen Ausnutzung der Zollkontrolle hin, der sich zwar offenbar nur vereinzelt gezeigt hat, hier aber doch kurz erwähnt sei. Die ein zollamtlich kontrolliertes Lager besitzenden Mühlen genießen den Vorteil, das einzuführende Getreide unter der Aufsicht von Zollbeamten reinigen zu können und nur für das gereinigte Getreide den Einfuhrzoll zahlen zu müssen. Neuerdings war eine große Mühlenfirma auf den Gedanken verfallen, die Reinigungsanlagen allein im Zollschuppen unterzubringen; sie bringt nun auch das inländische Getreide zur Reinigung dahin; der Zollraum gilt als Zollausland, also erhält sie das betreffende Quantum auf dem Zollkonto gutgeschrieben. Nach der Reinigung führt sie das Getreide wieder zurück ins Zollinland, in ihre Mühle; sie hat also eine Zollvergütung für das abgeschriebene Quantum an Verunreinigungen zu Unrecht erworben[1]. Die Petition wurde also am 25. Januar 1899 dem Reichskanzler übersandt. Sie wurde im Landwirtschaftsrat besprochen, im Reichstag zur Sprache gebracht, im Reichsschatzamt begutachtet und schließlich vom Bundesrat genehmigt und als Regulativ zur Einführung gebracht. Fortan bestand also bei dem Export eine Abstufung der Zollvergünstigung nach der Feinheit in der Weise, daß für feineres Mehl eine größere, für gröberes Mehl eine entsprechend kleinere Getreidemenge zollfrei abgeschrieben, d. h. gegen Einfuhrscheine zollfrei eingeführt werden darf. Es werden für Roggenmehl 2, für Weizenmehl 4 Ausbeuteklassen hin-

[1] Vgl. „Die Mühle“, 1899, S. 97–101.

sichtlich der Anmeldung und Abfertigung zur Ausfuhr geschaffen, die folgendermaßen festgesetzt sind:

Roggenmehl Klasse	Ausbeute	Weizenmehl Klasse	Ausbeute
I	1—60 %	I	1—30 %
II	60—65 %	II	30—70 %
		III	70—75 %
		IV	1—70 %

Für 100 kg Roggenmehl I. Klasse werden 158,33 kg Roggenmehl, für 100 kg Roggenmehl II. Klasse 100 kg Roggen abgeschrieben bezw. zollfrei eingelassen. Für Weizenmehl stellt sich die Berechnung folgendermaßen:

für 100 kg	I.	Klasse	werden	160	kg	abgeschrieben
„ 100 „	II.	„	„	117,5	„	„
„ 100 „	III.	„	„	100	„	„
„ 100 „	IV.	„	„	135,71	„	„

Mehle aber, die unter einer höheren Ausbeute als 65 % bei Roggen, 75 % bei Weizen gezogen sind, können überhaupt keine Vergünstigung beanspruchen. Ausgenommen ist nur Roggen- und Weizenschrot, das die gesamte Ausbeute aus dem betreffenden Getreide darstellt. Für die Abfertigung werden Typen erteilt, neben denen die Aschenprobe und — was wichtig ist — der Büchernachweis als Kontrollmittel zugelassen sind; von der Aufstellung von Spezialtypen neben den allgemeinen Musterdurchschnittstypen wird jedoch abgesehen. Die Bestimmungen sind am 1. Januar 1900 in Wirkung getreten; das in ihnen ebenfalls enthaltene Verbot, ein Privatlager unter amtlichem Mitverschluß neben einem Mühlenkonto zu gewähren, hat jedoch schon am 1. Oktober 1899 Gültigkeit erlangt[1]. Zu bemerken ist, daß die Typen in den Königlichen Mühlen in Bromberg herzustellen, jährlich zu erneuern und daß sie von dort von den Interessenten zu beziehen sind.

Über die unmittelbare Wirkung dieses neuen Regulativs vom Jahre 1899 gingen die Meinungen scharf auseinander. In den ersten 4½ Monaten des Jahres 1900[2] war allerdings die Gesamtmehlausfuhr um 2609 Tonnen gestiegen; aber die Mehrausfuhr kam ausschließlich dem Roggenmehl zugute und wichtige Gründe sprachen dafür, daß diese Erscheinung nur eine vorübergehende sein werde. Die Weizenmehlausfuhr hatte sich um 1227 Tonnen verringert und das mußte um so bedenklicher erscheinen, als dieser Export in der betreffenden Zeit stark begünstigt war durch die außergewöhnlich hohe Nachfrage nach feinen Weizenmehlsorten in Afrika; es mußte also

[1] Vgl. „Die Mühle“, 1899, S. 455, 503, 518, 519, 533, 534, 551—553.
[2] Das Regulativ war am 1. Januar 1900 in Kraft getreten.

als sicher gelten daß der Export dorthin mit dem Nachlassen und Aufhörender kriegerischen Verwicklungen ein rasches Ende finden würde. Und gerade in den ersten Monaten des Jahres 1900 waren in einigen Hauptimportländern die meisten Müller infolge schlechten Wasserstandes zu starker Betriebseinschränkung gezwungen gewesen, was einen außergewöhnlichen und keinesfalls dauernden Mehrimport bedingt hatte. Das Plus an deutscher Mehlausfuhr in jenen Monaten war also mit Vorsicht zu beurteilen. Es klagten alle Müller, besonders aber die Besitzer jener Mittel- und Großmühlen, die an der Ausfuhr von Weizenmehl interessiert waren, und ferner die süddeutschen Mühlen, denen ihr Export von Schwarzmehl stark eingeschränkt worden war. Diesen süddeutschen Mühlen war der Export feinerer Mehle fast unmöglich gewesen, da einerseits Frankreich einen starken Exporthandel unterhielt und mit feinen Mehlen sogar in Bayern konkurrieren konnte und da auf der anderen Seite Österreich-Ungarn eine Einfuhr hochwertiger Mehle nicht zuließ. So hatte man sich in Süddeutschland also auf den Export von Schwarzmehl beschränkt und dasselbe in die Schweiz geliefert; dieses Land hatte ein großes und lohnendes Absatzgebiet geboten, weil nach dem alten Regulativ, das ja noch keine Durchschnittstypen kannte, die Mehle in der Güte der Grenztypen, die also bei 75 % Ausbeute gezogen waren, eine gleiche Ausfuhrvergütung erhielten wie jene feineren Mehle, die unter geringerer Ausbeute hergestellt waren. Das hatte nun aufgehört und fortan wurde für Schwarzmehle, also für solche, die von 70 % bis 75 % gezogen waren, eine Ausfuhrvergütung von 3,50 Mk. gegen die früheren 5,50 Mk. rückvergütet. Die Unzufriedenheit der süddeutschen Exportmüller ist also erklärlich. Anderseits hatten auch die norddeutschen Großmüller von der Tatsache, daß geringere Mehle nunmehr eine kleinere, also höherwertige Mehle eine stärkere Ausfuhrvergütung erhielten, nur wenig Nutzen. Ein Vorteil wäre möglich gewesen, wenn die Getreidepreise unverändert geblieben wären, aber der Preis des Rohstoffes erhöht sich nun einmal in gleichem Maße wie die dem Müller gewährte Zollvergütung. Ein wirklicher Nutzen war also durch das Regulativ im allgemeinen nicht gegeben, vielmehr war in anderer Beziehung eine Belästigung eingetreten. Die Mühlen mußten sich nämlich durch die Erschwerungen, welche die Differenzierung in mehrere Vergütungsklassen mit sich brachte, gehemmt fühlen. Nach den neuen Vorschriften war es oft unmöglich, alles gute Mehl aus dem Getreide zu ziehen, weil ja die Vermahlungsprodukte die Ausbeutebestimmungen zu erfüllen hatten, weil also häufig gute Sorten den geringeren beigemischt werden mußten, um nur ja die Zahlengrenzen genau einzuhalten. — Ein schweres Argument gegen das neue Regulativ war auch das folgende:

das Ausland verlangt gar nicht immer die feinsten Weizenmehle, für die die höchste Rückvergütung zutrifft, sondern wünscht vielmehr ein mittelgutes oder auch gutes Mehl zu billigem Preise zu erhalten; „billig" wird besonders betont. Bei der Ausbeute von 1—75 % war das noch möglich, bei einer solchen von 1—70 % aber kaum; also lieferten die deutschen Müller ein solches zu 1—75 % und erhielten nunmehr nur die Zollvergütung von 3,50 Mk. — So sah es also für die Exportmühlen bezüglich ihrer Konkurrenzfähigkeit mit dem Auslande, ganz besonders mit Amerika und Frankreich, wenig günstig aus. Es entstand also den großen Mühlen die Aufgabe, auf eine Erweiterung ihres Inlandabsatzes bedacht zu sein, und dieses Bestreben zeitigte natürlich eine wesentlich verstärkte Konkurrenz auf dem Inlandsmehlmarkt und demzufolge steigende Erbitterung der kleinen gegen die großen Mühlen. Und auch im Verband deutscher Müller aus dessen Schoß dieses neue Regulativ ja geboren war, mehrten sich die Stimmen der Unzufriedenheit[1]; sie schwollen an, je mehr sich die Wirkungen des neuen Regulativs fühlbar machten, je mehr also der Export sich erschwert zeigte. Als das Ergebnis des Jahres 1900 zu übersehen war, da zeigte sich, daß die Ausfuhr von Weizenmehl nicht zugenommen hatte und daß diejenige von Roggenmehl sogar um $^1/_6$ zurückgegangen war. Es war ganz klar ersichtlich, daß der Verband deutscher Müller mit seinen früheren Vorschlägen nicht das Richtige getroffen hatte; das neue Regulativ war hauptsächlich den Wünschen der Klein- und Mittelmüller entsprechend gestaltet worden und diese hatten nicht einmal ihre eigenen Interessen richtig zu erkennen gewußt. Natürlich fehlte es seitens des genannten Verbandes nicht an Versuchen, ganz andere Gründe für den Mißerfolg verantwortlich zu machen, so z. B. die damaligen guten Ernten in Schweden, Norwegen und Rußland[2].

So sah sich der Verein deutscher Handelsmüller, der im Jahre 1898 gegründet war, um besonders die Interessen der Handelsmüllerei zu vertreten, veranlaßt, den Bundesrat in einer Eingabe um wesentliche Änderungen des bestehenden Mühlenregulativs zu bitten. Die Regierung überwies den Antrag dem ständigen Ausschuß des preußischen Landesökonomiekollegiums zur Begutachtung; die Antwort war folgende: „Die Forderung des genannten Vereins nach Wiedereinführung der Grenztypen, nach Einbeziehung der über 75 % bezw. 65 % gezogenen Ausbeute in die Ausfuhrvergütung, ferner nach Ersatz der Typen- und Aschengehaltsprüfung durch den Nachweis der Mahlvergütungsfreiheit aus den Geschäftsbüchern ist als ungerechtfertigt zurückzuweisen." Die beantragte Bildung

[1] Vgl. Stenographischer Bericht der Generalversammlung des Verbandes deutscher Müller 1900, S. 11—24.

[2] Vgl. „Die Mühle", 1901, S. 134 und a. a. O.

von zwei neuen Vergütungsklassen, nämlich einer Klasse für durchgemahlenes Mehl von 1—75 % für Weizen und 1—65 % für Roggen wurde dagegen befürwortet und in der Sitzung des Bundesrates vom 21. April 1904 zum Beschluß erhoben. — Die abweisende Erledigung des ersten Teiles der Petition ist im Interesse einer gesunden Fortentwicklung der deutschen Handelsmüllerei lebhaft zu bedauern; sie zeugt in dieser schroffen Form beinahe von einer Animosität gegen die Handelsmüllerei. Die kleineren Müller haben meistens mehr Entgegenkommen bei der Regierung gefunden, so auch in dem Zolltarifgesetz vom 25. Dezember 1902, das den zinsfreien Zollkredit für Getreide und Mehl beseitigte. Klein- und Mittelmüller hatten die Forderung nach dieser Aufhebung gestellt, obwohl ihnen ja ein direkter Schaden kaum erwachsen war; das Motiv war lediglich die Mißgunst gegen ihre größeren Genossen, die von der Benutzung dieses Kredits tatsächlich Nutzen gehabt hatten, da er ihnen einen gewissen, wenn auch mäßigen Teil des Betriebskapitals ersetzt hatte.

In der Änderung der Zollbestimmungen trat nunmehr wieder eine mehrjährige Pause ein, die aber mit Verhandlungen und Vorschlägen für die neuen Handelsverträge ausgefüllt wurde. Eine Hauptforderung war die Aufhebung der zollfreien Kleieeinfuhr. Mit dieser Einfuhr war in der Tat weitgehender Mißbrauch insofern getrieben worden, als Kleiesorten in Mengen zollfrei eingeführt worden waren, deren Verarbeitung im Inlande zwecks Mehlgewinnung noch durchaus lohnend war. In der Folge ist dann die Agitation für einen Kleieeinfuhrzoll, die keineswegs neu, sondern schon seit Jahren laut geworden war, immer schärfer geworden. — Als ein Mißstand ist es zu bezeichnen, daß die deutsche Müllerwelt noch im Jahre 1904 bezüglich des Inkrafttretens der neuen Handellsverträge völlig im unklaren gelassen wurde. Der Umstand war um so unangenehmer, als an der Erhöhung der Getreidezölle und einer daraus resultierenden Mehlzollerhöhung nicht gezweifelt wurde. Es verbreitete sich daher die Sitte, Mühlenerzeugnisse nur noch mit einer sogenannten Zollklausel zu verkaufen, die der Verkaufsbestätigung oder dem Schlußscheine angehängt wurde. Sie lautete etwa: „Obiges Geschäft ist auf der Grundlage des gegenwärtig geltenden Getreide-Eingangszolles von 3,50 Mk. für 100 kg abgeschlossen. Von dem Tage ab, an dem der erhöhte Getreide-Eingangszoll von voraussichtlich 5,50 Mk. für 100 kg Roggen in Kraft tritt, erhöhen sich die Abschlußpreise bei Weizenmehl und Weizengrieß um 2 Mk. für 100 kg, bei Roggenmehl um 1,50 Mk., und zwar für jeden Posten, der bis zu diesem Tage noch nicht zur Ablieferung gelangt ist[1].

[1] Vgl. „Die Mühle“, 1904, S. 693.

Ende Januar 1905 veröffentlichte die „Norddeutsche Allgemeine Zeitung" ihre ersten Angaben über die neuen Handelsverträge; die Müller erschraken, und sie hatten auch Grund dazu. Es zeigte sich, daß gerade das deutsche Mühlengewerbe empfindlich schlechter gestellt werden sollte als vorher; denn während der Weizenzoll eine Erhöhung von 3,50 Mk. auf 5,50 Mk. erfahren hatte, sollte der Mehlzoll von 7,30 Mk. nur auf 10,20 Mk. erhöht werden. Das mußte bedenklich erscheinen und Befürchtungen hervorrufen. Denn es war ja nicht einmal das bisherige Verhältnis zwischen Getreide- und Mehlzoll beibehalten worden, nach welchem der Mehlzoll auf 11,50 Mk. zu normieren gewesen wäre; nunmehr war die Spannung um etwa 15 % zu ungunsten der Müller verringert [1]. Man fürchtete zweierlei: einmal, daß sich die deutsche Mehlausfuhr unter diesen ungünstigen Bedingungen nicht weiter entwickeln, sondern sogar stark zurückgehen werde; zweitens, daß die Mehleinfuhr zunächst aus Österreich und Frankreich sich — besonders für Süddeutschland — noch erheblich steigern, daß aber auch das übrige Ausland, besonders Amerika und Rußland, statt des bisher eingeführten Getreides immer mehr zum Mehlimport nach Deutschland übergehen werde. Dem Uneingeweihten mag es scheinen, daß die Müllerwelt nun einmal nicht zu befriedigen sei, weil sie über fast jede Zolländerung bisher geklagt habe. Aber die Schuld liegt hier wirklich nicht an den Müllern, denen in der Tat immer besonders starke Opfer zugemutet wurden, während ihre glücklichere aristokratische Schwester, die deutsche Landwirtschaft, bei den maßgebenden Faktoren stets die reichlichste Hilfe fand. Zur Rechtfertigung der müllerischen Klagen und zur Illustration der ganzen Lage möge hier ein Teil der Erklärung Platz finden, die der Gesamtausschuß des Handelsvertragsvereins am 4. Februar 1905 abgegeben hat. Ihr erster Satz lautet: „Die neuen Handelsverträge bestätigen die schlimmsten Befürchtungen. Insbesondere erhöhen die Verträge mit Österreich-Ungarn, Rußland, der Schweiz und Rumänien die Zollschranken dermaßen, daß für die wichtigsten Zweige der deutschen Industrie die Ausfuhr dorthin schwer geschädigt wird." Dieser Einspruch, sowie derjenige der Betroffenen haben nichts genützt; die Handelsverträge wurden am 22. Febr. 1905 vom Reichstage in dritter Lesung angenommen; als Zeitpunkt des Inkrafttretens wurde der 1. März 1906 gewählt und die Dauer der Verträge gleichmäßig bis zum 31. Dezember 1917 festgesetzt. Die Entwicklung der deutschen Zollschutzgesetzgebung hat hier ihr vorläufiges Ende erreicht; kaum weniger wichtig ist aber für das Ergehen des Mühlengewerbes die Verkehrsentwicklung gewesen, die nunmehr zu betrachten sein wird.

[1] Vgl. „Die Mühle", 1905, S. 83—86, 103—108.

II. Die Eisenbahntarife.

An früherer Stelle ist die Eröffnung der ersten preußischen Eisenbahn erwähnt, und dabei ist auch Friedrich List genannt worden. Was freilich dieser geniale Mann mit seinem Buche „Das deutsche Nationaltransportsystem in volks- und staatswirtschaftlicher Beziehung“ erstrebte, nämlich die Schaffung eines einheitlichen deutschen Eisenbahnnetzes, davon sind wir noch heute weit entfernt. Es kann hier nicht Aufgabe sein, die Entwicklung der Eisenbahnen eingehend zu verfolgen; es mag genügen auf die Zeit von 1870 bis jetzt einen kurzen Blick zu werfen.

Zu Anfang dieser Betrachtungsperiode gab es in Deutschland im wesentlichen drei verschiedene Tarifarten für die Verfrachtung von Gütern, nämlich erstens das „Wertklassifikationssystem“, das den Wert der Transportgüter der Tarifierung zugrunde legte; zweitens das „natürliche System“, das eine Tarifierung nach der Quantität des Gutes, nach der Art der Wagen (ob in geschlossenen oder offenen Wagen transportiert) und nach der Schnelligkeit der Beförderung (ob Eil- oder Frachtgut) vorsah; drittens ein aus den beiden ersten zusammengesetztes, das „gemischte“ System. Das Wertklassifikationssystem gelangte seitens des Tarifverbandes, der sich aus dem Verbande des rheinischen Verkehrsgebietes und den Verbänden Berlin, Dresden und Stettin gebildet hatte, zur Anwendung; der natürliche Tarif war heimisch in Baden, Lothringen und dem linksrheinischen Bayern, der gemischte Tarif schließlich galt im rechtsrheinischen Bayern und in Württemberg. Die Frachtkosten stellten sich also für die verschiedenen Müller je nach der Lage ihrer Mühle ganz verschieden; die Getreidebezugsbedingungen differierten, der Mehlversand erfolgte auf ungleicher Grundlage, und ein Konkurrieren zwecks Mehllieferung an weiter entfernte Plätze und gar nach dem Ausland war den ungünstig gelegenen Müllern unmöglich gemacht. Dazu kam, daß bei Benutzung der Eisenbahnen ganz beträchtliche Ermäßigungen in den Frachtsätzen — oft bis zur Hälfte des Normalsatzes — gewährt wurden; von Einheitlichkeit konnte also keine Rede sein und die Müller empfanden das überaus bitter. Die zahllosen berechtigten Klagen der Müller und der übrigen Gewerbetreibenden wurden zwar seitens der Behörden als berechtigt anerkannt; aber die Durchführung des Reichseisenbahnprojektes war sogar für Bismarck undurchführbar und ist es bis heute geblieben. So strebte man wenigstens nach einem einheitlichen Gütertarifierungssystem, das auch 1877 als „Reformtarif“ zustande kam, dessen durchgängige Einführung seitens sämtlicher deutschen Eisenbahnverwaltungen aber erst 1880 erfolgte. Danach gab es einen Tarif für Stückgut, zu welchem auch Mehl und Getreide in geringeren Mengen zählte; für größere Mengen wurden zwei Klassen unterschieden, nämlich Wagenladungsklasse A bei Mengen von mehr als 5 t und Wagenladungsklasse B bei Mengen von mehr als 10 t. Ferner wurden drei Sondertarife für geringwertige Güter geschaffen; Getreide und Mehl gehörte zum Sondertarif I, sofern es in Mengen von mehr als 10 t verladen wurde; ein Sondertarif A 2 trat für die Güter der Sondertarife I, II und III in Geltung, wenn eine Verladung zwischen 5 und 10 t getätigt wurde.

Bezüglich der Höhe der Sätze für die verschiedenen Klassen wurden den Privatbahnen in Preußen Maximalsätze vorgeschrieben; für die preußischen Staatsbahnen wurden feste Einheitssätze, sogenannte Normaltransportgebühren, festgesetzt, zu deren Erhöhung die gesetzliche Genehmigung nötig ist. Diese Normaltransportgebühren, die auch von den übrigen deutschen Staatsbahnen und von zahlreichen Privatbahnen akzeptiert wurden, sind, soweit sie für den Mehl- bezw. Getreidetransport in Betracht kommen, folgende:

Streckensätze pro Tonne und Kilometer:

für die Wagenladungsklasse	A 1	6,7 Pf.
„ „ „	B	6,0 „
„ den Spezialtarif A 2		5,0 „
„ „ „ I		4,5 „
„ „ „ II		3,5 „
„ „ „ III		2,6 „

Dazu tritt eine geringe Expeditionsgebühr, die je nach Wagenladungsklasse oder Spezialtarif und je nach der Kilometerzahl zwischen 6 und 20 Pf. pro 100 kg schwankt.

Bei den Beratungen über die Feststellung dieser Tarife verständigten sich die Regierungen auch über die Aufrechterhaltung und Fortbildung des deutschen Gütertarifes; es wurde die Abhaltung einer jährlichen Generalkonferenz aller deutschen Eisenbahnen beschlossen und zur Vorbereitung der Beratungen wurde die sogenannte Tarifkommission geschaffen, die sich in der Regel dreimal jährlich versammelt; dieser Kommission steht ein Ausschuß der Verkehrsinteressenten zur Seite. Anläßlich des am 1. Januar 1893 in Kraft getretenen „Internationalen Übereinkommens über den Eisenbahnfrachtenverkehr“ wurde das Betriebsreglement einer Umarbeitung unterzogen und gleichzeitig wurden die Tarifvorschriften und die Güterklassifikation neu bearbeitet. Der neue Tarif weicht aber von dem geschilderten nur ganz unwesentlich, eigentlich nur in der Form ab; er trat am 1. April 1894 in Kraft. Eine neue Ausgabe ist dann am 1. April 1897 erfolgt.

Eine wichtige Änderung, wenigstens für die preußischen Staatseisenbahnen, hat der an Stelle des Reformtarifs am

1. September 1891 eingeführte Staffeltarif — wenn auch nur für kurze Zeit — gebracht. Dieser Staffeltarif für die Beförderung von Getreide und Mühlenerzeugnissen sah von nur einem einzigen Einheitssatze für alle Entfernungen ab und gab dafür unter Berücksichtigung der Transportstreckenlänge einen mit dieser Länge fallenden Einheitsfrachtsatz. Und zwar wurde ein Tarif zur ausschließlichen Anwendung im Eisenbahdirektionsbezirk Bromberg, ein zweiter aber für das gesamte preußische Staatsbahnnetz aufgestellt. Der erstere Tarif begann mit der Ermäßigung bei einer Strecke, die über 50 km hinausging; er forderte für die Beförderung von 1 t Mehl und Getreide, die gleichberechtigt behandelt sind, pro 1 km:

1— 50	km	4,5 Pf.
51—400	„	3,8 „
401—450	„	3,7 „
451—500	„	3,6 „
501—550	„	3,5 „
551—600	„	3,4 „
601—650	„	3,3 „
651—800	„	3,2 „

und überdies eine Expeditionsgebühr, die je nach der Kilometerzahl auf 6,9 oder 12 Pf. bemessen ist. Ganz ähnlich lautete der Staffeltarif für das Gesamtnetz der preußischen Bahnen; nur sah dieser erst eine Ermäßigung der Frachtsätze bei einer Beförderungsstrecke von mehr als 200 km vor, und auch diese stellte sich dann um ein Weniges geringer als die für den Bezirk Bromberg gewährte.

Fragt man nach der Entstehungsursache der Staffeltarife, so ist zunächst zu konstatieren, daß es wiederum nicht die Müllerei, sondern die deutsche Landwirtschaft war, der zuliebe die staffelförmige Tarifierung vorgenommen wurde. Man wollte die ostelbische Landwirtschaft begünstigen, deren Hauptkonkurrent, das Ausland und besonders Rußland und Amerika, zu billigeren Preisen produzieren, also auch den deutschen Markt mit billigem Getreide versehen konnte. Der hohe Schutzzoll allein genügte den Landwirten nicht; sie verlangten vielmehr niedrigere, mit der Streckenlänge fallende Tarifsätze, um nun, ausgerüstet mit allen denkbaren Vergünstigungen, ihre ausländischen Konkurrenten im Gebiete von Süd- und Westdeutschland siegreich überwinden zu können. Um die Interessen der Müller bestand keine Sorge bei den Landwirten und auch zunächst nicht bei der Regierung; der preußische Eisenbahnminister nahm sich vielmehr der Sache warm an, und so wurden die Staffeltarife dann Wirklichkeit. Man hatte ganz übersehen, daß Landwirtschaft und Müllerei sich hier in ihren Interessen keineswegs deckten, denn die Getreideproduktion der einzelnen Distrikte entsprach doch nicht entfernt der Leistungsfähigkeit der in dem betreffenden

Gebietsteile vorhandenen Mühlen. Im Gegenteil gab es damals und gibt es heute in noch größerem Umfange sehr große Mühlen in Süddeutschland, deren Vermahlungsquote die süddeutsche Getreideproduktion weit überstieg, die also der Getreidezufuhr benötigen. Bei den billigen Staffeltarifen war aber nicht mehr eine Getreidezufuhr, sondern vielmehr eine Zufuhr fertigen ausländischen Mehles zu erwarten, also eine gewaltige Stärkung fremder Mehlkonkurrenz. Daß das Argument richtig war, sollte sich schon im Jahre 1892 zeigen, als nämlich eine äußerst günstige Ernte in den Ostseeprovinzen und der enorme Vorteil der Staffeltarife diese Provinzen veranlaßt hatte, ihren Überschuß einfach nach Deutschland einzuführen. Die Leidtragenden waren besonders die süddeutschen und westdeutschen Müller, denen ein Wettbewerb mit den nord- und ostdeutschen Berufsgenossen, die durch den Staffeltarif so stark begünstigt wurden, tatsächlich äußerst schwer gemacht war. Man rechnete bereits mit der Neugründung großer Mühlen im östlichen Deutschland, die dann nur die Vorteile des Staffeltarifs in weitgehender Weise ausnützend eine Vergünstigung genössen, wie sie an sich schon den üblichen Mahllohn übersteigen müßte; die Frachtvergünstigung würde sich um so höher stellen, als diese Mühlen dann ja nur ihr fertiges Mehl zum Versande brächten, die zirka 25 % betragende Abfallmenge also gar nicht mehr zu verfrachten hätten. Man sah das Schreckgespenst der Brachlegung der süd- und westdeutschen Mühlen durch diese östlichen Konkurrenten vor sich, besonders noch auf Grund des Umstandes, daß diesen Mühlen das preußische Getreide ohne teuere Transportkosten, also zu billigem Preise zur Verfügung stände und daß ihnen auch hieraus eine weitere Waffe im Konkurrenzkampf erwachse. Kurz die Folgen der Staffeltarife waren schädlich für die Süd- und Westdeutschen und zur Sorge der Gegenwart gesellte sich die noch bangere um die Zukunft. Es ist daher verständlich, daß die Gegenagitation besonders laut und energisch geführt wurde, und daß sie auch die Regierung von der Unhaltbarkeit des bestehenden Zustandes überzeugen mußte. So wurden die Staffeltarife mit dem 1. August 1894, also nach etwa dreijährigem Bestehen, abgeschafft, trotzdem ihre rein finanzielle Wirkung eine hervorragend gute gewesen war. Seitdem ist wieder der Reformtarif in Geltung, der nur unwesentliche Änderungen erfahren hat.

Bei der Untersuchung, wie dieser Reformtarif, der die gleichen Frachtsätze für Getreide und fertige Mühlenfabrikate in Ansatz bringt, auf die deutsche Müllerei gewirkt hat, ist folgendes zu sagen: Für den nördlichen Teil Deutschlands wirkt der nicht differenzierte Tarif günstig, denn die norddeutschen Mühlen vermahlen besonders das in Ostdeutschland gewachsene und ferner das von Rußland oder Amerika über die deutschen Hafenplätze importierte Getreide. Infolge der Mischung der einzelnen Sorten sind sie imstande, ganz vorzügliche Mehle herzustellen, mit denen sie nun konkurrierend auf den südwest-mitteldeutschen Markt treten. Wäre eine Differenzierung vorhanden, so hätten auch die letztgenannten Mühlen die leichtere Möglichkeit, Getreide billig heranzuschaffen, also stärker in der Wettbewerbsfähigkeit zu werden. Hat also Norddeutschland an der Differenzierung kein Interesse, so ist dieses um so stärker vorhanden bei den Müllern in Süd- und Südwestdeutschland, die seit 30 Jahren für die Differenzierung agitieren, da sie aus den vorgenannten Gründen dringend wünschen müssen, für Getreide nur einen geringeren Frachtsatz als für fertige Mühlenfabrikate zu zahlen. Es ist heute nicht zu sagen, ob diese Wünsche in der näheren Zukunft ihre Erfüllung finden werden.

III. Die wirtschaftliche Lage des Mühlengewerbes in der genannten Periode (1875—1908).

Das achte Jahrzehnt ist für die deutsche Mühlenindustrie kein günstiges gewesen. Aber die unbefriedigenden Zustände waren nicht etwa durch den Mangel an Schutzzöllen hervorgerufen, wie ja überhaupt in der Folgezeit die Zollentwicklung und auch der Frachttarifausbau nur Einzelmomente in der Beeinflussung der Wirtschaftslage darstellen, die zwar von großer Bedeutung, nicht aber allein ausschlaggebend sind. Andere Momente laufen neben den genannten; unter ihnen ist wohl das schwerwiegendste die örtliche Lage der Einzelmühlen im Hinblick auf die Getreide- und Kohlenversorgung, und hier liegt schon eine Erklärung für die häufige Erscheinung, daß bei einer schlechten Gesamtlage doch einzelne, an günstigen Wasserstraßen oder Eisenbahnen gelegene Werke gut rentieren oder daß anderseits bei guter allgemeiner Lage viele ungünstig gelegene Kleinmühlen doch schlechte Erträgnisse liefern. Von Wichtigkeit ist ferner die Kornbeschaffenheit nach Erntemenge und Gütegrad, und — als weiterer Naturfaktor — die Art der Witterung bezüglich des Wasserstandes im Sommer und des Eisganges im Winter, also bezüglich der Gleichmäßigkeit in der Wasserkraft und der Möglichkeit einer geordneten Frachtschiffahrt. Daß ferner die vorgeschrittene Technik guter Werke gegenüber der mangelhaften Beschaffenheit rückständiger Mühlen eine große Rolle spielt, ist leicht ersichtlich. Schließlich sei noch die kaufmännische Fähigkeit der Leitung als Hauptfaktor erwähnt und auf eine oft behauptete Überproduktion hingewiesen, um damit diese kurze Zusammenstellung der wichtigsten Beeinflussungsmomente, von deren letztgenannten noch zu sprechen sein wird, zu schließen.

Im achten Jahrzehnt also galten die Verhältnisse, wie in

den anderen Gewerben so auch in der Müllerei, als gespannte, und die häufigen Klagen, die sich in der Öffentlichkeit und besonders in dem Müllerfachorgan erhoben, waren wohl berechtigt. Ein Hauptübelstand [1] war die Erschwerung des Mehlexportes nach Holland und die französische, durch eine Exportbonifikation unterstützte Einfuhr nach Deutschland. Holland, früher ein gutes Absatzgebiet für deutsche Mühlenfabrikate, erhob einen Zoll von 40 Cts. auf 100 kg, und dieser Zoll beschränkte die deutsche Einfuhr beträchtlich. Die Anstrengungen der Müllerwelt hatten aber endlich unter Vermittlung der deutschen Regierung Erfolg und 1877 fiel dieser Zoll. Die Wirkung war die, daß sich der Export deutscher Mehle nach Holland von 1550000 kg im Jahre 1876 auf 12571000 kg im Jahre 1877 hob. Nunmehr war die deutsche Müllerei mit den bestehenden Ausfuhrmöglichkeiten im allgemeinen zufrieden; nur litt sie noch erheblich unter der erleichterten Einfuhr ungarischer Mehle. Ihre Besorgnis stieg, als im Jahre 1877 verlautete, daß die preußische Staatsbahnverwaltung erhebliche Frachtermäßigungen für ungarisches Mehl eintreten lassen wolle, sofern dieses zu den deutschen Nordsee- oder Ostseehäfen verfrachtet würde. Und zwar sollten die ungarischen Mehle von der Grenze an zu einem billigeren Frachtsatz transportiert werden, als er den heimischen Mühlen zugebilligt war. Hierfür bestanden zwei Gründe: einmal wollte man die in Fiume verschifften, für England bestimmten Mehlmengen lieber über die deutschen Hafenplätze leiten und so diese heben, und zweitens wünschte man den deutschen Bahnen hierdurch bedeutende Frachteinnahmen zu sichern. Für die deutschen Müller bestand dabei die Gefahr, ihren Export nach England zu verlieren bezw. ihn nicht vergrößern zu können, und ferner die Wahrscheinlichkeit, daß dieses ungarische Mehl dann zum großen Teil nicht nach England gehen, sondern von den Seehäfen in die deutschen Lande zurückfluten werde, also eine starke Konkurrenz schaffen müßte, die um so gefährlicher schien, weil man in Deutschland mit Vorliebe ungarische Mehle verwandte. Es gelang, die Frachtermäßigung für die Staatsbahnen zu vereiteln; doch war man nicht imstande, diese Maßnahmen bei den privaten Eisenbahngesellschaften sogleich zu verhindern; später gelang es jedoch, die Regierung zur Aufhebung des früheren Ministerialreskriptes, das die Privatbahnen zu solchen Ermäßigungen ermächtigte, für den 1. Mai 1878 zu bewegen. — Ferner litt das deutsche Mühlengewerbe unter dem französischen Eingangszoll auf Mühlenfabrikate in Höhe von 1,20 Frs. und der gleichzeitigen Ausfuhrvergütung von 80 Cts. pro 100 kg. Zwar sollten eigentlich nur Mühlen die Rückvergütung er-

[1] Vgl. Holländer, Die Lage der deutschen Mühlenindustrie unter dem Einfluß der Handelspolitik 1879—1897, S. 68 und „Die Mühle“, 1878, S. 293.

halten, die ihr fremdes Korn durch die Häfen des Mittelländischen Meeres beziehen und dann ihr Mehl wieder durch diese Häfen ausführen würden. Das letztere traf aber nur selten zu, die Ausfuhr ging vielmehr zu einem großen Teil über die deutschen Grenzen; eine Verschiffung der Exportmehle in den Mittelmeerhäfen fand also nur in kleinem Umfange statt und die Hafenmühlen gaben daher ihre Ausfuhrscheine billig an die östlichen Mühlen ab, die nun ihrerseits eine Ausfuhrvergütung in der oben genannten Höhe genossen. Die französischen Mehle erhöhten also das Angebot auf dem deutschen Markte, das ohnedies gestiegen war, da die technisch fortgeschrittenen und kaufmännisch gut geleiteten Inlandsmühlen ihre Produktion ausgedehnt, die Spannung auf dem Markt also vermehrt hatten. Anderseits nahmen bei dem ständigen Sinken der Getreidepreise zahlreiche Müller an ihren Vorräten und an den im voraus getätigten Ankäufen Schaden.

Diese unbefriedigende Lage sollte sich mit der Einführung der Schutzzölle, also vom Jahre 1879 an, noch erheblich verschlimmern, und zwar lag die Ursache hierfür weniger in den Zöllen selbst, als ganz besonders in dem vorgeschriebenen Identitätsnachweis. Dieser Nachweis konnte oft, besonders von großen Mühlen, unmöglich beigebracht werden, denn zur Erlangung gewisser Mehlsorten ist die Mischung in- und ausländischen Getreides unerläßlich. Der heimische Weizen war immer kleberärmer geworden, weil die deutsche Landwirtschaft besonders den Anbau der ertragreichen englischen Sorten pflegte; überdies erbrachten die Ernten im Anfang der 80er Jahre eine besonders geringe Qualität. Die Vermahlung kleberreichen ausländischen Weizens wäre also gerade in jenen Jahren sehr am Platze gewesen, doch wurde sie seitens der Exportmüller unterlassen, um dem Identitätsnachweis zu entgehen. Diese großen Müller legten natürlich ihre Werke nicht still, sondern stellten aus dem heimischen Weizen Mehle her, die für die Ausfuhr unbrauchbar waren, also im Inlande Absatz suchen mußten. Die Folge war eine starke Überproduktion, die noch durch die steigende Mehleinfuhr aus Ungarn verstärkt wurde. Das aus dem kleberarmen inländischen Weizen ohne fremde Beimischung hergestellte Fabrikat konnte nämlich nur Durchschnittsansprüche befriedigen; die deutschen Feinbäcker sahen sich daher veranlaßt, das teuere, aber aus bestem, kleberreichem Korn gewonnene und daher besonders backfähige ungarische Mehl zur Mischung mit dem heimischen zu bringen oder oft sogar dieses ungarische Fabrikat allein zu verwenden. Die Spannung auf dem deutschen Mehlmarkt wurde unerträglich; man konnte zuweilen fertiges Mehl zum einfachen Getreidepreise kaufen; die Zahl der Konkurse wuchs bedenklich. Nach schweren Anstrengungen gelang es den Müllern, die Aufhebung des Identitätsnachweises zunächst für Mehl am 23. Juni 1882 durchzusetzen. Der Erfolg war ein gewaltiger; die deutsche Mehlausfuhr stieg sofort und stellte sich für die 5 Monate August bis Dezember des Jahres 1882 auf 67 502 t gegen 20 116 t[1] im gleichen Zeitraum des Jahres 1881; die Exportzunahme betrug also nicht weniger als 47 386 t. Das bedeutete eine sofortige und starke Entlastung des inländischen Marktes, deren wohltätige Folgen nicht ausgeblieben sind. Aber der deutschen Mühlenindustrie waren tiefe und dauernde Wunden geschlagen worden, die durch die statistische Aufnahme vom Jahre 1882 illustriert werden.

Für diese Aufnahme[2] ließ man die wenig zweckmäßige Einteilung in Groß- und Kleinbetriebe vom Jahre 1875 fallen und wählte die neue Trennung nach Allein- und Gehilfenbetrieben; unter ersteren verstand man die von einem Geschäftsleiter allein ohne Anwendung einer Elementarkraft betriebenen Werke; unter Gehilfenbetrieben aber solche, die von mehreren Personen, also vom Inhaber gemeinschaftlich mit Mitinhabern oder Gehilfen betrieben wurden oder die sich irgendwelcher Antriebsmotoren bedienten. — Es wurden im Deutschen Reich 58 079 Mühlenbetriebe nachgewiesen, die in

52 492 Hauptbetriebe und
5 587 Nebenbetriebe

zerfielen. An Alleinbetrieben (also ohne Motoren) wurden gezählt:

381 Hauptbetriebe }
675 Nebenbetriebe } zusammen 1056 Alleinbetriebe.

An Gehilfenbetrieben waren vorhanden:

52 111 Hauptbetriebe }
4 912 Nebenbetriebe } zusammen 57 023 Gehilfenbetriebe.

Bei der Betrachtung der beschäftigten Personen ergibt sich folgendes:

In den Hauptbetrieben waren an Personal vorhanden:

115 519	männliche Personen oder etwa	97,4 %,
3 085	weibliche „ „ „	2,6 %,
118 604	Personen also zusammen.	

Die Zahl der im Alleinbetriebe tätigen Personen ist natürlich die gleiche, wie die Zahl der in dieser Klasse ausgewiesenen Hauptbetriebe, also gleich 381; für die Gehilfenbetriebe wurde an Personal ausgewiesen:

44 807	Geschäftsleiter,
2 847	Verwaltungsbeamte,
70 569	Hilfspersonen,
118 223	Personen zusammen.

[1] Vgl. „Die Mühle“, 1883, S. 248.
[2] Vgl. Statistik des Deutschen Reiches, 1882, Bd. II, IV, VI, VII.

Die oben genannten 52111 Gehilfen-Hauptbetriebe setzen sich zusammen aus:

39288	Betrieben	mit je 1—5 Gehilfen,	zusammen	87639	Pers.
1287	„	„ mehr als 5 „	„	18513	„
11536	„	ohne Gehilfen.			

Die letztgenannten gehören nur deshalb mit zur Zahl der Gehilfenbetriebe, weil die betreffenden Mühlen Antriebsmotoren verwandten. Bezüglich der Betriebe mit mehr als 5 Personen ist zu bemerken, daß in der Personenzahl die Geschäftsleiter mit enthalten sind, die mit 1438 ausgewiesen wurden; an Verwaltungspersonen waren 483, an Hilfspersonen 13445 gezählt, und zwar war die Verteilung folgendermaßen:

6— 10	Personen	626	Betriebe	= 5055	Personen[1]
11— 50	„	568	„	= 10661	„
51—200	„	31	„	= 2558	„
201—300	„	2	„	= 539	„

Die erwähnten 52111 Gehilfen-Hauptbetriebe waren nach ihren Eigentümern in 5 Arten unterschieden, und zwar besaßen[2]:

Einzelpersonen	51000	Betriebe	mit	118007	Personen
Mehrere Gesellschafter .	1004	„	„	8300	„
Wirtschaftliche Gesellschaften und Genossenschaften	78	„	„	1692	„
Kommunen	20	„	„	60	„
Staat oder Reich . . .	9	„	„	164	„

Nach den Antriebsmaschinen waren ausgewiesen:

18565	Windmühlen	mit	33167	Beschäftigten
33069	Wassermühlen	-	79321	-
1815	Dampfmühlen (inkl. Gas- und Heißluftantrieb)	-	13705	-

Was besagt diese Statistik von 1882, verglichen mit jener von 1875? Die Gesamtzahl der Mühlen im Deutschen Reich hat sich in den 7 Jahren um 1829 Betriebe verringert, nämlich von 59908 auf 58079; eine Verringerung der Hauptbetriebe um 5288 Werke hat stattgefunden, nämlich von 57780 auf 52492. Das Gesamtpersonal aller Mühlen hat ebenfalls abgenommen, und zwar um 7959 Köpfe; 1875 waren nämlich 126563 Personen gezählt worden, 1882 nur noch 118604. Und diese auffallende Reduktion hat stattgefunden bei einer zunehmenden Bevölkerung, die sich im Deutschen Reich in jenem Zeitraum um etwa 6% vermehrt hatte. Die Erklärung ist zum großen Teil bereits gegeben worden, denn die Hauptursache ist neben der

[1] Vgl. auch Mohr, Die Entwicklung des Großbetriebes in der Getreidemüllerei Deutschlands, S. 153.

[2] Vgl. auch Holländer, Die Lage der deutschen Mühlenindustrie unter dem Einfluß der Handelspolitik 1879—1897, S. 94.

schlechten Lage im ganzen achten Jahrzehnt ganz besonders in der vernichtenden, schon geschilderten Wirksamkeit des Identitätsnachweises gelegen. Er hatte die Lahmlegung des Exportes gezeitigt, hatte die leistungsfähigen Ausfuhrmühlen zum Absatz auf dem Inlandsmarkt veranlaßt und so eine Krisis heraufbeschworen, der verschiedene gut fundierte Großmühlen zum Opfer fallen mußten und unter welcher besonders die ohnehin in schlimmer Lage befindlichen Kleinmühlen in großer Zahl erdrückt wurden. Diese kleineren Mühlen waren von vornherein in den jüngsten Konkurrenzkampf als die schwächeren Gegner eingetreten; die Gründe dafür, daß viele von ihnen weichen mußten, werden an späterer Stelle noch beleuchtet werden. Die Inhaber dieser Werke haben sich nach anderen Beschäftigungen umsehen müssen, haben sich der Landwirtschaft, dem Schankgewerbe oder der Bäckerei zugewandt oder haben wenigstens eine dieser Tätigkeiten als Nebenberuf ergriffen; oder sie sind als Angestellte in die Handelsmühlen gezogen und haben hier eine Tätigkeit gefunden, die ihnen ein sorgenloseres und gesünderes Leben als in ihrer früheren eigenen Mühle ermöglichte. Die Handelsmühlen waren es nämlich in der Hauptsache gewesen, die dem Sturm der letzten kritischen Jahre stand gehalten, ja sich sogar ganz beträchtlich vermehrt haben. Diese Entwicklung wird durch die Statistik bezeugt; es waren nämlich im Jahre 1875 nur 1053 Betriebe mit mehr als 5 Beschäftigten vorhanden gewesen, 1882 war diese Zahl etwa auf 1227 gestiegen, hatte sich also um 174 Mühlen erhöht. Diese 1053 bezw. 1227 Betriebe zerfielen in:

			1875:	
	494	Betriebe mit	6—10	Beschäftigten
	529	„ „	11—50	„
	30	„ „	mehr als 50	„
und			1882:	
	626	„	6—10	„
	569	„ „	11—50	„
	33	„ „	mehr als 50	„

Am stärksten ist hiernach die Zunahme der Betriebe mit 11 bis 50 Beschäftigten gewesen; diese Klasse aber umfaßt die eigentlichen größeren Handelsmühlen der damaligen Zeit, während jene Betriebe mit mehr als 50 Beschäftigten schon als ausgesprochene Großmühlen anzusprechen sind. In der Zunahme dieser letzteren um 3 Werke liegt ein Symptom für eine damals eingetretene, wenn auch noch wenig ausgebreitete Vergesellschaftung im Mühlengewerbe; es ist schwer, die Zahl der Gründungen von 1876 bis 1882 genau festzustellen; doch wurden in diesem Zeitraum allein 7 Aktiengesellschaften gegründet, die noch heute bestehen. Aus der Tatsache dieser

Gründungen, die ja in der für die deutsche Müllerei vielleicht traurigsten Zeit erfolgt sind, geht hervor, daß die Überlegenheit des Großbetriebes in technischer und kaufmännischer Hinsicht damals offen erkannt worden ist. Diese Behauptung wird durch die Beobachtung gestützt, daß die Zahl der Dampfmühlen einschließlich der durch Gas- und Heißluftmaschinen getriebenen Werke im betrachteten Zeitraum um 94 gestiegen ist, während sich die Zahl der Windmühlen um 430, jene der kleinen Wassermühlen sogar um 625 vermindert hat. Die Entwicklung zum Großbetriebe, die gerade im Mühlengewerbe auf seiten der Kleinmüller so viele und oft gänzlich unverschuldete Opfer fordern sollte, hat also in der Zeit von 1875 bis 1882 einen großen Schritt vorwärts getan.

Nach der Aufhebung des Identitätsnachweises für Mehl, also von der Mitte des Jahres 1882 an, war, wie gesagt, eine bessere Lage der Müllerei eingetreten und auf die kritischen Jahre folgte eine in der Konkurrenz ruhigere, in der Produktion aber flotte und im Gewinn befriedigende Zeit. Im Jahre 1880 war das schon besprochene einheitliche Gütertarifierungssystem, der sogenannte Reformtarif, seitens sämtlicher deutscher Eisenbahnverwaltungen zur Einführung gebracht und die Wirkungen kamen ebenfalls der deutschen Müllerei sehr zu statten. Die Gesundung drückt sich auch in den Ausfuhrziffern aus; im Jahre 1881 hatte der deutsche Mehlexport 50 054 t betragen, war im Jahre 1882 auf 92844 t gestiegen und stellte im sich Jahre 1883 auf 136 087 t, um auf dieser Höhe unter nur geringen Schwankungen bis 1889 zu bleiben. Abnorme Zustände aber, die freilich mit denen von 1879 bis 1882 nicht zu vergleichen sind, traten im Winter 1884 bis 1885 ein, als nämlich die Kunde von der bevorstehenden Zollerhöhung auftauchte. Der Getreidezoll sollte von 1 Mk. auf 3 Mk. erhöht werden, und diese Änderung versprach eine wesentliche Preissteigerung für Weizen und Roggen nach sich zu ziehen; das gleiche erhoffte man für die Mühlenfabrikate. Die heimischen Bäcker und Händler deckten ihren Bedarf auf lange Zeit hinaus und lagerten an ferneren Vorräten ein, soviel sie konnten. Die Müller aber kauften nach Möglichkeit Getreide auf und legten sich hierin häufig noch durch Inanspruchnahme viel zu hoher Kredite fest. Aber die Erwartungen wurden getäuscht, denn die Spekulation war viel zu weit gegangen; ein reichliches Getreideangebot war vorhanden, da die meisten Spekulanten verkaufen mußten, die Preise waren am Jahresschluß nicht höher als am Jahresanfang, und es hat mancher Müller wesentliche Verluste erfahren. Auch hinsichtlich ihrer regulären Einnahmen, also des Mahllohnes, war die Müllerei, wie an anderer Stelle erwähnt, ungünstiger gestellt; immerhin gewinnt man aber aus jener Zeit den Eindruck, daß trotz mancher berechtigten Klagen der

Geschäftsgang ein befriedigender war. Die Getreidepreise waren keinen großen Schwankungen unterworfen, und dieser Zustand hielt auch nach Einführung des Hochschutzzolles im Jahre 1887 zunächst an, bis dann im Hinblick auf eine minder gute Ernte ein Steigen eintrat. Diejenigen Müller, die größere Vorräte eingedeckt hatten, machten also damals zunächst ein Sondergeschäft. Aber der hohe Zoll war dem Mühlengewerbe im allgemeinen sehr ungünstig, und überaus schädlich wirkte der Mangel eines Zolles auf die ausländische Kleieeinfuhr. Kleie durfte zollfrei eingeführt werden, und aus diesem Umstand hatte sich ein schwerer Mißstand entwickelt, der darin bestand, daß man im Auslande, besonders in Rußland, nur gute Vordermehle aus dem Getreide zog, die Nachmehle also ruhig in der Kleie beließ und sie nun nach Deutschland sandte. Eigentlich hätte ja an der Grenze die zollamtliche Denaturierung erfolgen müssen; diese wurde merkwürdigerweise fast nie vorgenommen, die Kleie ging also in ihrem gewöhnlichen Zustande zwecks weiterer Verwertung in Deutschland ein. Infolge der enorm gesteigerten Einfuhr trat ein Preissturz der heimischen Kleie von etwa 50 % ein, der für die deutschen Müller, besonders für die kleineren, schwer schädigend wirken mußte. In diesen Jahren, also etwa von 1885 bis 1890, wurde die Agitation für die Einführung eines Kleiezolles daher ganz besonders laut und eindringlich geführt, ohne jedoch ihren Zweck zu erreichen. Die hohen Getreide- und Mehlzölle sind der Mehlausfuhr nicht günstig gewesen, denn der Export war 1890 auf 116 204 t gesunken und hatte sich 1891 auf 104 186 t verringert.

Im Jahre 1892 trat aber die Ermäßigung der Zollsätze in Verbindung mit den Handelsverträgen ein und die Festlegung auf eine Reihe von Jahren hat dann zweifellos sehr wohltuend auf die Müllerei eingewirkt. Zunächst aber standen ihr bewegte Zeiten bevor, denn die Getreidepreise sollten in den nächsten Jahren starke Schwankungen erleben, bei denen Verluste für die Müllerei unvermeidlich waren. Ferner wurde lebhaft über die beibehaltene geringe Spannung zwischen den Getreide- und Mehlzöllen geklagt, die mit 2,09 : 1 den Müllern eine zu geringe Bewegungsfreiheit lasse, besonders gegenüber den französischen Konkurrenten, die von ihrer Regierung sogar Ausfuhrprämien erhielten. Immerhin war es den deutschen Müllern möglich, den Export wieder langsam zu steigern; er hob sich gleich nach Herabsetzung der Zölle um ein Geringes, stellte sich nämlich im Jahre 1892 auf 105 190 t; stieg 1893 auf 146 615 t und 1894 auf 188 373 t[1]; hiermit war der höchste Stand erreicht; für 1895 betrug er noch 166 730 t, um dann wieder allmählich zu sinken.

[1] Vgl. auch Wernicke, Die Mühlenindustrie, S. 39.

Über das Ergehen der Müllerei in den Jahren 1882—1895 gibt die Berufsstatistik des Jahres 1895 zahlenmäßigen Aufschluß. Danach gab es im Deutschen Reiche 52 389 Getreidemühlen, die sich aus 44 101 Hauptbetrieben und 8288 Nebenbetrieben zusammensetzten. In den Mühlen waren 105 687 männliche und 4580 weibliche, zusammen also 110 267 Personen beschäftigt, von denen 103 716 Personen die Müllerei im Hauptberuf betrieben. Vergleicht man diese Ziffern mit jenen von 1882 und 1875, so ergibt sich folgendes:

Jahr	Getreidemühlen	Abnahme in Prozent	Hauptbetrieb	Abnahme in Prozent
1875	59 908	—	57 780	—
1882	58 079	3 % } 12,5 %	52 492	9 % } 23,6 %
1895	52 389	10 %	44 101	16 %

Jahr	Beschäftigte	Abnahme in Prozent
1875	126 563	—
1882	118 604	6 % } 13 %
1895	110 267	7 %

Die Zahl der Getreidemühlen ist also weiter stark gesunken; sie hat von 1875 bis 1882 um 1829, von 1882 bis 1895 aber um 5690 Betriebe abgenommen, die Abnahme der Hauptbetriebe beläuft sich für die gleichen Zeiträume auf 5288 bezw. auf 8391. Die Zahl der Beschäftigten ist gleichfalls bedeutend gesunken, nämlich um 7959 bezw. um 8337 Personen. Und zwar geht diese Abnahme lediglich auf Kosten der Kleinbetriebe, denn jene Werke, die 6 und mehr Personen beschäftigen, haben sich ganz wesentlich vermehrt. Die entsprechenden Ziffern sind folgende:

Zahl der Beschäftigten	Hauptbetriebe 1882	Hauptbetriebe 1895	Zahl der Beschäftigten 1882	Zahl der Beschäftigten 1895	Zunahme in den 13 Jahren Betriebe	Zunahme in den 13 Jahren Personen
6— 10	626	1257	5 055	9 184	631	4 129
11— 50	568	840	10 661	16 209	272	5 548
51—200	31	62	2 558	4 831	31	2 273
201—500	2	4	539	1 188	2	649
Summa	1227	2163	18 813	311 412	936	125 599

Die Mühlen mit 6 und mehr Personen haben danach um 936 Betriebe zugenommen und ihre Arbeiterzahl um 12 599 Personen vermehrt. Und zwar haben die Betriebe mit 6 bis 10 Personen die stärkste Zunahme aufzuweisen, die von 494 im Jahre 1875 auf 626 im Jahre 1882 und auf 1257 im Jahre 1895 gestiegen sind. Gleichfalls zeigen die ausgesprochenen

Großbetriebe eine besondere Steigerung, nämlich von 30 auf 33 und dann auf 66 Betriebe. Also ein starkes Ausbreiten der Mittel- und Großbetriebe, ein außerordentlich starkes Abnehmen der Kleinmühlen und als Begleiterscheinung die Tatsache, daß wieder eine besonders hohe Zahl von Kleinmüllern in den Nebenberufen Ersatz suchen muß; die Zahl der Nebenbetriebe stellt sich auf 2128 im Jahre 1875, auf 5587 im Jahre 1882 und sogar auf 8288 im Erhebungsjahr.

Wie ist dieser bisher beispiellose Rückgang des Kleingewerbes in der Müllerei zu erklären? Bei der Beantwortung dieser Frage sind in der Hauptsache 4 Arten von Gründen zu nennen, nämlich:

I. Schlechte örtliche Lage bezüglich:
   a) Windkraft, Wasserkraft,
   b) mangelnden Nachrichtendienstes, Getreide- und Mehlmarktentfernung, Kapitalmangels, Getreidemangels.

II. Mangel persönlicher Fähigkeiten:
   a) kaufmännische,
   b) technische Unbildung.

III. Mangelnde technische Vollkommenheit; schlechte Mehlqualitität.

IV. Bestehen von Mühlennebenbetrieben.

Bezüglich des ersten Grundes ist das Hauptsächliche schon an früherer Stelle gesagt worden; hinsichtlich der Nachteile, die aus der Unregelmäßigkeit der Wind- und kleinen Wasserkräfte entstehen, ist kaum etwas hinzuzufügen. Zu diesen Hemmungen tritt beim Kleinmüller die häufige Abgeschlossenheit von der übrigen Welt hinzu. Besonders schlecht ist er hinsichtlich des Nachrichtendienstes gestellt; er hält kaum die Zeitung der nächsten kleinen Stadt, in der überdies bezüglich der Getreidepreisschwankungen wenig zu finden ist, und er liest auch in der Regel keine Fachzeitschrift, die ihn auf dem Laufenden hielte. Anderseits kann er nicht zu den Börsentagen in die Stadt fahren, wie seine glücklicheren Kollegen, deren Mühlen in der Nähe größerer Orte oder gar in den Städten selbst liegen. Schon der Überblick über den Markt seines Bezirkes ist ihm oft unmöglich, von einem Übersehen des Gesamtmarktes, wohlgemerkt eines Weltmarktes, kann also keine Rede sein, und so ist ihm die wichtige, oft allein ausschlaggebende Ausnutzung von Konjunkturen völlig verschlossen. Aber selbst in Fällen, wo letztere Möglichkeit gegeben wäre, liegen doch meistens die Verkehrsverhältnisse so im argen, daß die Kosten für den Getreidetransport zur Mühle und den Mehltransport zum Abnehmer oder zum Markt eine Höhe erreichen, die der bescheidene Mahllohn nicht zuläßt. Ein wesentlicher Hinderungsgrund in der Getreidebeschaffung ist sodann der Kapitalmangel des kleinen Müllers. Hat er schon durch den Ankauf in nur kleinen Posten sein

Korn höher zu bezahlen, so muß er nun noch bei diesen Käufen hohe Kredite in Anspruch nehmen, sich also hierfür noch einen besonderen Preisaufschlag gefallen lassen, so daß sein Mahllohn sich wiederum ganz erheblich verringert. Anderseits sieht er sich gezwungen, seinerseits seinen Abnehmern außerordentlich langfristige Kredite einzuräumen, denn sonst würde er sein geringwertiges Mehl überhaupt nicht los werden. Geht sein Geschäft aber zeitweise gut, so muß er vielleicht bald wegen Weizenmangels still halten, da ihm die Beschaffung des nötigen Getreides mangels frühzeitiger Vorsorge und auf Grund der oben geschilderten Umstände oftmals unmöglich ist.

Des ferneren ist es nur natürlich, daß kaufmännische Fähigkeiten beim Kleinmüller eigentlich niemals zu finden sind. Er hat nur mangelhafte Schulbildung, kann oft nicht orthographisch schreiben und ist eigentlich niemals imstande, seine Unkosten richtig zu kalkulieren und danach den Mahllohn zu bemessen oder auch eine regelrechte Buchführung und Bilanzierung einzuhalten. Er verbraucht, was er verdient, ohne daran zu denken, daß seine Maschinen sich abnutzen und demnächst zu erneuern sind In der Versicherung der Baulichkeiten, Maschinen und Vorräte ist er wenig fähig, und so ist ein Mühlenbrand in der Regel das größte Unglück für ihn; er verliert dann meistens alles. — Ähnlich steht es mit den technischen Fähigkeiten, es fehlt der hier so nötige Weitblick und die schnelle Entschlußfähigkeit; man mahlt weiter, wie seit der Väter Tagen und höchstens sieht man in diesen Mühlen einmal einen alten, von einer modernen Mühle abgelegten Walzenstuhl arbeiten.

Hiermit ist aber schon die eigentliche Mühlentechnik gestreift, die trotz mancher Gegenversicherungen auf tiefster Stufe steht. Es wird zwar oft behauptet, daß die besten Müllereimaschinen schon in den kleinsten Mühlen angebracht werden können. Aber diese Behauptung basiert auf grauer Theorie; tatsächlich kann sich kein Kleinmüller die Anschaffung aller modernen Spezialmaschinen leisten. Bestenfalls besitzt er einen Walzenstuhl, auf dem er nun alle jene früher besprochenen Mahlprozesse leistet, für deren jeden in modernen Betrieben ein eigener Stuhl tätig ist. Plansichter kann er nicht aufstellen, die Sichterei wie auch besonders die Vorreinigung liegt völlig im argen. So kann also die Herstellung feiner Mehle nicht bewirkt werden; die Anzahl ist vielmehr auf wenige Sorten beschränkt, die überdies an Farbe und Gütegrad meistens viel zu wünschen übrig lassen. Der Bauer aber hat einen „feinen Magen" bekommen; auch er will heute gutes Weizenbrot essen und begnügt sich im allgemeinen nicht mehr mit dem Mehl des Kleinmüllers, das also in der Hauptsache nur noch zum Untermischen von den Bäckern gekauft wird. Nicht zum wenigsten beeinflussen auch die schlechten, meist nicht trockenen und ungelüfteten Lagerräume die Mehlqualität.

Schließlich ist noch ein Hauptgrund für den Niedergang zu erwähnen, nämlich auch das starke Anwachsen der Mühlennebenbetriebe, in großer Zahl errichtet von Großgrundbesitzern und Genossenschaften, die nun ihr Kornquantum selbst vermahlten, dem Kundenmüller also einen großen Teil seines früheren Mahlquantums entzogen. Die Zahl der Mühlennebenbetriebe hat sich von 2128 im Jahre 1875 um 6160 auf 8288 im Jahre 1895 vermehrt, und in dieser Zahl stellen die genannten Nebenmühlen sicher einen gewissen, wenn auch statistisch nicht erfaßbaren Anteil dar. — Noch andere Gründe werden für die Abnahme der Kleinbetriebe angeführt, von denen einige wenigstens erwähnt seien. So soll es häufig vorgekommen sein, daß bei Neuankäufen Preise gezahlt wurden, die eine Verzinsung von vornherein ausschließen mußten. Eine Enquete der württembergischen Regierung spricht von Geschäftsunfähigkeit und Unsolidität der Kleinmüller, die häufig durch Erbschaft, also ohne Lust und Liebe zu ihrem Berufe gekommen seien. Die behauptete Unsolidität ist aber als besonders hervorstechende Eigenschaft der Müller kaum nachzuweisen; sie wird kaum häufiger gewesen sein, als auch in anderen Berufen! Immerhin haben die Kleinmüller heute noch eine große Bedeutung, und diese werden sie noch auf lange Zeit hinaus behalten. Die Gründe für diese Tatsache werden später bei der Besprechung der Produktionsverteilung beleuchtet werden.

War also aus der Statistik des Jahres 1895 ein Untergang so zahlreicher Kleinmühlen zu konstatieren, so ist damit nicht gesagt, daß nicht auch viele dieser kleinen Werke, die vielleicht günstiger gelegen waren und sich einer guten Leistung erfreuten, entwicklungsfähig gewesen wären. Denn die Klasse mit 6—10 Beschäftigten ist um 631 Mühlen gestiegen, und es kann sich hier in der Hauptsache kaum um Neuerrichtungen, sondern eben nur um Erweiterungen früher kleinerer Betriebe gehandelt haben. Aber auch die größeren Mittelbetriebe, zu denen jene mit 11—50 Personen zu zählen sind, haben sich ausgedehnt, denn in dieser Klasse der Mittelmühlen hat sich die Zahl um 272 vermehrt; unter Hinzurechnung der Vermehrung der genannten kleineren Mittelmühlen mit 631 beträgt ihr Gesamtzuwachs die hohe Ziffer von 903 Werken. Diese Ausbreitung ist aus dem oben angeführten Grunde der Expansion bestehender Mühlen interessant. Der Vermehrung der Mittelmühlen um zusammen 903 steht nur eine Zunahme der Großmühlen um 33 gegenüber. Stellt man diese beiden Zahlen nebeneinander, so ergibt sich, daß gerade die Mittelmühlen im Gegensatz zu den Kleinbetrieben nicht nur eine natürliche, sondern sogar eine äußerst gute Entwicklung zu verzeichnen gehabt haben. Parallel mit der betrachteten zahlenmäßigen Zunahme dieser Mittel- wie auch der Großbetriebe ist die Steigerung der Einzelleistungsfähigkeit dieser Werke gegangen; diese Tatsache geht aus der Zahl der Mühlen im Verhältnis zur Bevölkerung hervor; es kamen nämlich

1875	14	Mühlenbetriebe	auf	je	10 000	Einwohner
1882	11,2	"	"	"	10 000	"
1895	10	"	"	"	10 000	"

Und schließlich bekundet die Statistik noch die interessante Tatsache, daß die Großbetriebe ihre Mühlen mehr und mehr automatisch eingerichtet hatten, also weniger Leute bei erhöhtem Mehlquantum zu beschäftigen brauchten; die Großmühlen mit mehr als 50 Beschäftigten hatten 1882 noch ein Personal von durchschnittlich 93,8 Personen, 1895 aber nur mehr ein solches von 91 Personen. Also hatte gegenüber dem Festhalten am Alten seitens der Kleinen die Technik gerade in den großen Werken ihren Boden fortschrittlicher Entwicklung gefunden.

Nunmehr ist noch die weitere Lage der Müllerei von 1895 bis 1908 zu besprechen, doch ist hier nur wenig zu sagen, da diese Periode weit ruhiger verlaufen ist als die früheren. Die Zölle waren für viele Jahre hinaus festgelegt; die Müller richteten sich in ihrer Kalkulation nach ihnen und suchten nur die verschiedenen empfindlichen Mißstände, die mit der Handhabung des Zollsystems verbunden waren, zu mildern. So ist die genannte Zeit in der Hauptsache mit Bemühungen nach dieser Richtung hin ausgefüllt; ihre Gründe und Erfolge wurden in dem Abschnitt über die deutsche Schutzzollentwicklung eingehend behandelt, es kann also auf die dortigen Angaben verwiesen werden. Da diese Bemühungen der Ausfuhrvermehrung aber seinerzeit dem Mühlengewerbe den Stempel aufgedrückt haben, so erscheint es am Platze, Deutschlands damaliges Interesse an der Mehlausfuhr näher zu beleuchten. Der deutsche Mehlexport richtet sich in erster Linie nach den skandinavischen Ländern, nach Norwegen, Finnland, Dänemark, Schweden, nach der Schweiz, den Niederlanden, England und Amerika und neuerdings sogar vereinzelt nach Spanien und Marokko. Es seien hier nicht nur die Jahre 1896, 1898 1900 betrachtet, sondern auch noch 1892 und 1894 zum Vergleich herangezogen. Die Mehlausfuhr aus dem deutschen Zollgebiet betrug (in 100 kg) nach den betreffenden Bestimmungsländern:

(Siehe die Tabelle auf S. 123.)

Aus dieser Aufstellung[1] erhellt zunächst der gewaltige Aufschwung zwischen den Jahren 1892 und 1894; der Identitätsnachweis für Mehl war gefallen und hieraus resultiert die

[1] Vgl. Wernicke, Die Mühlenindustrie, Tabelle III.

Steigerung um etwa 80 %; dann aber macht sich wieder ein allmähliches Abnehmen bemerkbar und für das Jahr 1900 ist die Ausfuhrziffer wieder auf 130 138 t gesunken. Die Gründe für diese Erscheinung liegen einerseits in dem Umstande, daß die deutsche Zollgesetzgebung in ihren Ausführungsbestimmungen immer noch für den Export hindernd wirkte, daß anderseits aber die Mühlenindustrien fremder Staaten in der Zeit des Darniederliegens der deutschen Müllerei die von Deutschland aufgegebene Kundschaft übernommen und in dieser allmählich immer festeren Fuß gefaßt hatten. Besonders schwach hat sich der Export nach Frankreich gestaltet, das ja durch seine Exportprämien die Ausfuhr seinerseits zu steigern, eine Einfuhr also möglichst zu unterdrücken strebt.

Bestimmungsland	1892	1894	1896	1898	1900
Norwegen	358 855	467 866	473 557	265 777	533 038
Niederlande . . .	150 644	316 298	290 281	281 843	216 418
Finnland	135 309	365 638	234 328	220 680	195 240
Rußland	—	—	—	38 149	—
Dänemark	81 207	152 464	184 885	164 320	132 566
Schweden	203 758	408 065	94 653	36 913	84 412
Schweiz	24 410	54 444	76 794	80 634	35 866
Freihafen Hamburg	33 757	20 944	23 906	24 805	23 703
Großbritannien . .	54 113	89 844	101 612	54 426	23 554
Verein. Staaten von Amerika	594	92	—	6 495	5 479
Frankreich	355	606	793	149 046	—
Österreich-Ungarn .	170	405	6 030	13 750	—
Belgien	2 410	1 193	1 093	—	—
Summa	1 051 905	1 883 735	1 499 668	1 374 467	1 301 388

Stellt man nun mit dem deutschen Mehlexport denjenigen des Auslandes in Vergleich, so ergibt sich für das Jahr 1900 folgendes[1]: Die Vereinigten Staaten von Amerika stehen an erster Stelle mit einer Mehlausfuhr von etwa 15 000 000 Doppelzentnern; sie vereinigen also auf sich etwa $^3/_4$ des Weltmehlexportes, der annähernd 20 000 000 Doppelzentner beträgt. Diese gewaltige Ausfuhrziffer dürfte noch stark wachsen, da man den Mehlexport mit allen Mitteln, besonders durch billige Frachten, immer mehr zu steigern sucht. — Deutschland folgt an zweiter Stelle mit etwa 1 200 000 Doppelzentnern, ist aber in dieser Stellung schon an der Jahrhundertwende stark von Rußland bedroht, das seine Ausfuhr durch Tariferleichterungen weitgehendster Art und durch andere Mittel zu erweitern, insbesondere aber die Mehlversorgung Finnlands immer mehr den deutschen Exporteuren zu entreißen trachtet. Die unaus-

[1] Vgl. Wernicke, Die Mühlenindustrie, S. 14—17.

gesetzten ernsten Bemühungen der deutschen Ausfuhrmühlen, ihre Stellung zu behaupten und noch zu erweitern, finden also in den geschilderten Tatsachen ihre vollste Berechtigung. Danach kam dann Österreich-Ungarn, das früher einen starken Mehlexport aufwies, 1896 beispielsweise noch etwa 1 300 000 Doppelzentner ausführte. Seit 1896 hat es aber eine Zollpolitik betrieben, die der Mehlausfuhr verderblich werden mußte, und damit hat es die letztere auf rund 500 000 Doppelzentner im Jahre 1900 herabgedrückt. — Es folgt Argentinien mit gleichfalls rund 500 000 Doppelzentnern; eine Steigerung in der Zukunft ist sehr wahrscheinlich, da der Mehlexport regierungsseitig neuerdings mit allen Mitteln gehoben werden soll. Danach ist Frankreich zu nennen, das für die Hebung seiner Mehlausfuhr, besonders feiner Grieße, erleichternde Bestimmungen eingeführt hat.

Fragt man sich, welche Gründe für eine günstige Zukunftsaussicht für den deutschen Mehlexport sprechen, so ist zunächst die hervorragende Stellung der deutschen Mühlentechnik, also des Mühlenbaues, zu nennen. Darin hat Deutschland einen gewaltigen Vorsprung vor allen Getreideausfuhrländern, ausgenommen nur die Vereinigten Staaten von Nordamerika und Großbritannien vielleicht noch Österreich-Ungarn. Die übrigen Länder sind heute noch gezwungen, ihren Bedarf an Müllereimaschinen trotz bestehender hoher Zölle größtenteils in Deutschland zu decken und ihre Mühlenanlagen in Deutschland durchkonstruieren zu lassen. Das involviert ganz erhebliche Kosten, also einen weit stärkeren Kapitalaufwand, dessen Verzinsung nebst den Kosten für teuere Reparaturen usw. die Unkosten erheblich steigert. Des ferneren dankt die deutsche Müllerei der an sich unerfreulichen Erscheinung einer immer stärker werdenden Weizenverschlechterung und dem resultierenden Zwange zu mischen, eine ganz hervorragende Kenntnis in dieser Mischerei, wie sie für die Bedürfnisse und den Geschmack der verschiedenen Länder durchaus verschieden ist. Und überdies ist der schlechtere deutsche Weizen doch gerade zum Mischen mit ausländischem Brotkorn hervorragend geeignet. Natürlich sind auf der anderen Seite auch die Nachteile nicht zu verkennen, in denen sich Deutschland hinsichtlich seines Mehlexportes gegenüber den Getreideausfuhrländern befindet. Die Zeiten des Hochschutzzolles für Getreide sind einem gesunden Mehlexport sehr verderblich gewesen, eine Unzahl von Regulativbestimmungen über die Ausfuhr, oftmaliger Wechsel der Vorschriften über die Rückvergütung, die Lager, die Konten haben ebenfalls ungünstig eingewirkt. Aber immerhin ist doch zu sagen, daß eine weitgehende Steigerung des deutschen Mehlexportes durchaus möglich wäre, wenn man nur — von einer Unterstützung gar nicht zu reden — der deutschen Mühlenindustrie freieren Spielraum ließe und sie nicht durch hemmende Zollbestimmungen in mehr oder weniger starkem Maße niederdrücken würde.

Die an anderer Stelle besprochenen Handelsverträge haben hierin entgegen den müllerischen Hoffnungen keinen Wandel gebracht, sondern im Gegenteil den Kornbezug schwieriger gestaltet. Das Wirtschaftsjahr 1906 stand ganz unter dem Zeichen dieser neuen Verträge, wie sich ja naturgemäß Änderungen in den wirtschaftlichen Bedingungen gleich nach ihrem Platzgreifen immer am empfindlichsten äußern. — War auch der Zeitraum von 10 Monaten für ein endgültiges Urteil zu kurz bemessen, so war doch mit Ablauf des Jahres 1906 eines schon klar erwiesen: die mit den höheren Getreidezöllen — der Weizenzoll war ja von 3,50 Mk. auf 5,50 Mk. erhöht — verbundenen höheren Zollrückvergütungen für Getreide haben eine stark gesteigerte Ausfuhr deutschen Getreides hervorgerufen, und zwar gleich in solchem Grade, daß die mittel- und ostdeutschen Müller in eine äußerst schwierige Lage gesetzt wurden: es war ihnen unmöglich, die zur Vermahlung benötigten Getreidemengen in genügendem Umfange zu beschaffen; sie hatten wochenlang und teilweise Monate hindurch kein Mahlgut und erlitten natürlich die unangenehmsten Verluste. — Aber auch die früher geschilderten Befürchtungen der Müller hinsichtlich des zu geringen Mehlzolles, der gerechterweise ja auf das zweieinhalbfache des Getreidezolles festzustellen gewesen wäre, wurden bald zur Wahrheit. Amerikanische und französische massenhafte Mehlangebote zu niedrigen Preisen, die sogar teilweise unter die Inlandspreise sanken, mußten die Preise der deutschen Mehle stark beeinflussen, und die Mehleinfuhr aus dem Auslande mußte anschwellen. Allerdings war die Mehreinfuhr von Weizenmehl nicht gleich im Jahre 1906 zu konstatieren, denn die Mehlpreise hatten natürlich nach Inkrafttreten ein Sinken gezeigt, das der Einschränkung der Nachfrage proportional war; und diese letztere Erscheinung resultierte wieder aus dem Umstand, daß man sich vor dem 1. März so reichlich wie möglich, also für lange Zeit hinaus mit Mehl versehen hatte[1].

War das Wirtschaftsjahr 1906 also schon als ein sorgenreiches für die deutsche Müllerei verlaufen, so sollte sich 1907 noch abnormer und aufregender zeigen. Zunächst ist die außergewöhnliche Hausse in den Kornpreisen zu erwähnen, die bis zum November anhielt und die Beschaffung des Brotkorns sehr schwierig gestaltete; ferner die späte Ernte, die obendrein quantitativ und qualitativ vielfach ganz ungenügend ausfiel. Die Spannung wurde verschärft durch hohe Schiffsfrachten und andere Schwierigkeiten im Getreidetransport

[1] Näheres siehe „Allgemeine deutsche Mühlenzeitung“, 1907, Nr. 1—4.

(z. B. Hafenarbeiterstreik in Rotterdam); ferner besonders durch den ungünstigen Geldstand: Deutschland hatte den hohen Bankdiskont, der sich um so schwerer fühlbar machen mußte, als eine große Zahl der Handelsmüller jetzt gezwungen ist, einen höheren Kredit in Anspruch zu nehmen; denn der Zollkredit ist gefallen, und an die Stelle der dreimonatlichen Zahlungsfrist ist sofortige Zollzahlung getreten, was also ein erhöhtes Betriebskapital erfordert. Der Umstand wurde um so schärfer empfunden, als die Zollbehörden die Müller bei der Ausfertigung der Einfuhrscheine oft 4 und 6 Wochen lang warten lassen, was natürlich für die Müller einen Zinsverlust bedeutet [1]. Schließlich muß noch das Anwachsen der Konkurse in Bäcker- und Händlerkreisen gerade für 1907 konstatiert und in Rechnung gezogen werden. Es ist nach diesen angeführten Erscheinungen wenig verwunderlich, daß Mehlabruf und Mehlabsatz gegen Ende des Jahres äußerst schleppend geworden sind; diese Erscheinung hat besonders auch in der ersten Hälfte des Jahres 1908 angehalten, das sich überdies wegen der starken und unregelmäßigen Getreidepreisschwankungen ungünstig angelassen hat. Lagen in früher betrachteten Perioden die Hemmungen hauptsächlich in der durch die Zölle erschwerten Ausfuhrmöglichkeit für Mühlenfabrikate, so wird jetzt die ausreichende Getreidebeschaffung als Hauptschwierigkeit bezeichnet. Zur Illustration dieser Tatsache möge die Änderung in den deutschen Ein- und Ausfuhrziffern [2], wie sie sich nach der Statistik für das Deutsche Reich stellt, hier Platz finden:

Getreideart	1907	1906	1905	1904
Getreideeinfuhr (in 100 kg).				
Weizen	24 548 445	19 268 201	22 875 868	20 211 286
Roggen	6 082 674	6 307 291	5 721 856	4 724 351
Getreidausfuhr (in 100 kg).				
Weizen	972 506	2 057 956	1 646 571	1 595 985
Roggen	2 329 886	2 426 294	3 199 415	3 567 104
Mühlenfabrikateinfuhr (in 100 kg).				
Weizenmehl . .	196 746	210 747	213 868	231 684
Roggenmehl . .	31 247	19 780	17 164	17 096
Kleie	14 169 357	10 891 105	9 828 462	9 031 220
Mühlenfabrikateausfuhr (in 100 kg).				
Weizenmehl . .	877 821	615 085	881 663	548 484
Roggenmehl . .	693 914	759 017	1 125 089	971 098
Kleie	67 823	147 703	107 208	92 408

[1] Vgl. Bericht der Handelskammer zu Harburg 1907.

[2] Vgl. auch Jahresbericht des Vereins deutscher Handelsmüller 1907, S. 4, 5.

Danach hat also die Gesamtgetreideausfuhr beständig um einen gewissen Grad zugenommen, die Gesamtausfuhr aber eine starke Abnahme erfahren, und dieses Ergebnis widerlegt scheinbar die Behauptung einer Getreideknappheit. Unterscheidet man aber die Ausfuhr nach Weizen und Roggen, so zeigt diejenige für Weizen ein außerordentlich starkes Ansteigen von 1904 bis einschließlich 1906, und diesem Anwachsen der Ausfuhr stand eine entsprechende Einfuhrerhöhung nicht gegenüber. Im Jahre 1907 hat dann zwar die starke Weizenausfuhr plötzlich nachgelassen; sie ging von 2057956 Doppelzentner im Jahre 1906 auf 972506 Doppelzentner im Jahre 1907 zurück. Dieser Rückgang wird aber eine Ausnahme bilden, denn der Grund ist lediglich in dem außerordentlichen Ernteertragsrückgang für 1907 zu suchen; die deutsche Getreideernte [1] betrug nämlich in Tonnen:

Getreideart	1907	1906	1905	1904	1903	1902
Weizen . .	3 479 324	3 939 563	3 699 882	3 804 828	3 555 064	3 900 396
Roggen . .	9 757 859	9 625 738	9 606 827	10 860 762	9 904 493	9 494 150

Danach war die Weizenproduktion des Jahres 1907 um 460239 t geringer, die Roggenproduktion um 132121 t höher als die des Jahres 1906; an Weizen und Roggen zusammen, also am Brotkorn schlechthin, wurden 328118 t weniger geerntet als im Vorjahre.

Dieser Rückgang im Ernteertrag von 1907 beruht in der Hauptsache auf Witterungseinflüssen, also auf einer quantitativ und qualitativ unbefriedigenden Weizenbeschaffenheit, nicht aber etwa auf einer Verkleinerung der Anbaufläche. Letztere hat im Gegenteil langsam zugenommen; sie betrug im Jahre 1906 für Weizen 1935993 ha gegen 1903737 ha für den Durchschnitt der letzten 10 Jahre; bezüglich des Roggens stellen sich die entsprechenden Zahlen auf 6101569 ha gegen 6006393 ha [2]. Auch aus diesem Umstand der Anbauflächenzunahme erhellt, daß in Zukunft der Getreideversand seine alte Höhe erreichen wird, daß die diesbezüglichen müllerischen Sorgen also nicht beendet sein können. Die Weizenmehlausfuhr weist von 1906 auf 1907 wieder eine Zunahme auf, erreicht aber noch nicht ihren Stand vom Jahre 1905. Die Ausfuhr von Roggenmehl ist dagegen erheblich und dauernd, jene von Kleie besonders im Jahre 1907 zurückgegangen; diesen Erscheinungen wendet man daher in der Müllerwelt neuerdings wieder ganz besonderes Interesse zu.

---

[1] Vgl. Jahresbericht des Vereins deutscher Handelsmüller für 1907 S. 7; 1906 S. 7

[2] Vgl. Sonderabdruck aus der „Allgemeinen deutschen Mühlenzeitung", Nr. 8 und 9, Jahrg. 1908, S. 5 und 6.

Für den wirtschaftlichen Verlauf des Jahres 1908 sind feste Angaben noch nicht zu geben, besonders da die Ansichten der einzelnen Interessenten stark divergieren. Jedenfalls dürfte das Ergebnis bei vielen Werken durch die Schwierigkeiten, die der Mehlhandel in diesem Sommer gebracht hat, ungünstig beeinflußt werden. Die Klagen über die oft mangelnde Qualität des Inlandgetreides sind ja schon älter und hier mehrfach erwähnt; im Sommer 1908 häuften sie sich und ließen bedenkliche Aussichten entstehen. Das Inlandsgetreide war im letzten Jahr unter recht ungünstigen Bedingungen eingebracht worden. Es zeigt einen außerordentlich hohen Wassergehalt und eine stark verminderte Haltbarkeit. Unter diesen Eigenschaften leidet das Mehl an und für sich; als aber dann die enorme Sommerhitze eintrat, ballte es sich zu Kugeln zusammen und war natürlich in diesem Zustande unbrauchbar. Es mußte nochmals durchgemahlen werden und war wegen der verminderten Backfähigkeit oft nur noch durch Mischen mit anderem Mehl verwendbar zu machen. Und im Herbst zeigte sich wieder der erwähnte Übelstand des Getreideabflutens, der in der nächstjährigen Statistik erst voll zum Ausdruck kommen wird. Das Getreide wurde in solchen Mengen zum Export gebracht, daß sich in Stettin eine bisher kaum wahrgenommene Erscheinung zeigte; das geordnete Zurückschicken der leeren Eisenbahnwagen, die das Getreide zwecks Versendung zu Schiff heran gebracht hatten, war nämlich bei dem enormen und ganz plötzlichen Andrängen der Versandmengen nicht mehr durchführbar. Die Getreidebeschaffung war also in diesem Herbst besonders erschwert; immerhin scheint das allgemeine Erträgnis nicht so schlecht zu werden, wie es nach den genannten Hemmungsgründen zu erwarten wäre. Allerdings stehen, wie nicht verschwiegen werden kann, dieser mehr optimistischen Auffassung auch schwere Befürchtungen bei einer großen Zahl von Müllern gegenüber, und zwar kommt besonders zu den Sorgen der Großmüller noch die Furcht hinzu, daß die zur Gesundung der Reichsfinanzen geplante Gesellschaftssteuer eine bedeutende Mehrbelastung der Aktienmühlen bringen wird.

IV. Die deutsche Mehlproduktion und -konsumtion der letzten zehn Jahre und die Produktionsverteilung auf die drei Mühlenklassen.

In Deutschland gibt es weder über die Mehl- und Kleieproduktion noch über den diesbezüglichen Konsum bisher eine amtliche Statistik; daher wird den folgenden Ausführungen die private Statistik der „Allgemeinen deutschen Mühlenzeitung“[1]

[1] Vgl. „Allgemeine deutsche Mühlenzeitung“, 1908, Nr. 8/9. Des weiteren wurden private Angaben des Vereins deutscher Handelsmüller vom Verfasser verwertet.

zugrunde gelegt, was um so mehr berechtigt erscheint, als die Angaben dieses Organes sich einer immer steigenden Beachtung seitens der gesamten Müllerwelt erfreuen. Die nachfolgenden Tabellen sind hier im Abdruck wesentlich gekürzt, indem nur die für den vorliegenden Zweck besonders in Betracht kommenden Zahlen angeführt werden. Es sei noch bemerkt, daß die Durchschnittswerte sich immer auf die letzten zehn Jahre, also auf die Zeit von 1897/98 bis 1906/07, beziehen. Es stellte sich also:

Die Roggenproduktion und der Roggenmehlkonsum im Deutschen Reiche in Tonnen.

Erntejahr vom 1./8. bis 31./7.	Vermahlenes Quantum Roggen	Produktion = 68 % des vermahlenen Quantums	Einfuhr in den freien Verkehr vom 1./8. bis 31./7.	Summe von Produktion und Einfuhr	Ausfuhr aus dem freien Verkehr vom 1./8. bis 31./7.	Inländischer Konsum	Roggenmehlkonsum pro Kopf der Bevölkerung in Kilogr.
1897/1898	7900316	5372215	1494	5373709	105384	5268325	98,3
1898/1899	8391329	5706104	1380	5707484	98496	5608988	103,1
1899/1900	8144087	5537979	1358	5539337	120097	5419240	98,1
1900/1901	8229986	5596390	1822	5598212	75410	5522802	98,5
1901/1902	7834409	5327398	2198	5329596	55386	5274210	92,7
1902/1903	9198733	6255138	1896	6257034	83738	6173304	106,8
1903/1904	9090303	6181406	1869	6183275	79971	6103304	104,1
1904/1905	8858799	6023983	1604	6025587	126382	5899205	99,2
1905/1906	9006318	6124296	1814	6126110	66510	6059600	100,5
1906/1907	8866077	6028932	2722	6031654	89161	5942493	97,2
Durchschnitt der letzten zehn Jahre	8552036	5815384	1816	5581720	90053	5727147	99,9

Die Weizenproduktion und der Weizenmehlkonsum im Deutschen Reiche in Tonnen.

Erntejahr vom 1./8. bis 31./7.	Vermahlenes Quantum Weizen	Produktion = 75 % des vermahlenen Quantums	Einfuhr in den freien Verkehr vom 1./8. bis 31./7.	Summe von Produktion und Einfuhr	Ausfuhr aus dem freien Verkehr vom 1./8. bis 31./7.	Inländischer Konsum	Weizenmehlkonsum pro Kopf der Bevölkerung in Kilogr.
1897/1898	3990540	2992905	27167	3020072	47885	2972187	55,5
1898/1899	4639485	3479614	40469	3520083	31582	3488501	64,1
1899/1900	4509921	3382441	36563	3419004	32563	3386441	61,3
1900/1901	4807136	3605352	32556	3637908	34349	3603559	64,3
1901/1902	4404830	3303623	34553	3338176	22140	3316036	58,3
1902/1903	5338648	4003986	32981	4036967	20585	4016382	61,5
1903/1904	5107285	3830426	28718	3859144	35137	3824007	65,2
1904/1905	5250155	3937616	18756	3956372	88555	3867817	65,0
1905/1906	5484036	4113027	26605	4139632	57973	4081659	67,7
1906/1907	5624486	4218365	17815	4236180	86997	4149183	67,9
Durchschnitt der letzten zehn Jahre	4915647	3686736	29618	3716354	45777	3670577	63,9

In den vorstehenden beiden Tabellen fällt zunächst das Steigen der Roggen- sowohl wie der Weizenvermahlung auf, und zwar beruht diese Erscheinung zunächst auf dem Grunde, daß die Einwohnerzahl im Deutschen Reiche ständig gewachsen ist, sich nämlich von 50266000 im Jahre 1902/03 auf 57344600 im Jahre 1906/07 vermehrt hat. Ein zweiter Grund aber liegt in der Tatsache, daß sich der Verbrauch von Weizenmehl pro Kopf der Bevölkerung vermehrt hat. Ist auch die entsprechende Ziffer für Roggenmehl etwas zurückgegangen, so gleicht die Vermehrung des Weizenmehlkonsums den geminderten Roggenmehlverbrauch doch wieder aus und übersteigt den Ausfall sogar wesentlich. Dieser Weizenmehlkonsum ist pro Kopf der Bevölkerung ständig gestiegen und beträgt für 1906/07 nicht weniger als 67,9 kg gegen 49,3 kg im Jahre 1892/93. So weist der Gesamtverbrauch pro Kopf der Bevölkerung mit dem Durchschnittsquantum von 165,3 kg für die letzten zehn Jahre eine erhebliche Steigerung gegen die frühere Zeit auf, das deutsche Volk hat sich also neuer-

Die Gesamtmehlproduktion und der Gesamtkonsum im Deutschen Reiche in Tonnen.

Erntejahr	Gesamtmehlproduktion	Gesamtmehlkonsum	Konsum pro Kopf der Bevölkerung in Kilogramm
1892/1893	6 626 037	6 512 344	162,9
1894/1895	8 673 805	8 527 854	166,1
1896/1897	8 920 325	8 823 697	167,3
1898/1899	9 185 718	9 097 489	167,2
1900/1901	9 201 742	9 126 361	162,8
1902/1903	10 259 124	10 189 686	176,4
1904/1905	9 961 599	9 767 022	164,2
1906/1907	10 247 297	10 091 676	165,1
Durchschnitt der letzten zehn Jahre	9 502 120	9 397 724	165,3

dings bedeutend mehr durch Brot, besonders durch Weizenbrot, genährt als in früheren Jahren. Nach den Angaben der Tabelle sind im Durchschnitt der letzten zehn Jahre im Deutschen Reiche ungefähr

produziert:

Roggenmehl	575 000 000 t
Weizenmehl	375 000 000 t
Gesamtmehlproduktion	950 000 000 t

konsumiert:

Roggenmehl	575 000 000 t
Weizenmehl	375 000 000 t
Gesamtmehlkonsum	950 000 000 t

Somit halten sich Produktion und Konsum fast vollständig die Wage, d. h. Deutschlands Mehlerzeugung richtet sich lediglich nach dem deutschen Mehlbedarf. Die Bevölkerung steigt, wie schon in Zahlen bemerkt, in starkem Maße; um die Nachfrage nach Mühlenprodukten zu befriedigen, muß also die inländische Produktion entsprechend gesteigert werden oder die Mehleinfuhr aus dem Auslande muß zunehmen. Letztere Erscheinung, also übermäßiges Eindringen fremder Mehle nach Deutschland, ist noch nicht vorhanden, obwohl die Zollgesetzgebung ja der deutschen Müllerei in ihrem Konkurrenzkampf mit dem Ausland nicht übermäßig günstig war. Der Grund des Standhaltens ist besonders die hervorragend weit gediehene deutsche Mühlentechnik und die kaufmännisch weitblickende Leitung gutgeführter Mühlen, die ja an früherer Stelle schon gestreift wurde. Die inländische Mehlerzeugung hat sich also vergrößert; sie wird durch deutsche Mühlen befriedigt, die nach ihrer Größe allgemein geschieden werden in:

Kleinmühlen	mit 1— 99	Sack	à 100 kg	Tagesvermahlung
Mittelmühlen	„ 100—799	„	„ 100 „	„
Großmühlen mit	800 und mehr	„	„ 100 „	„

Wie verteilt sich nun die Produktion auf diese drei Klassen?

Gegenwärtig zählt das Deutsche Reich 55 Großmühlen gegen 53 vor zehn Jahren. Damals stellte sich die Leistung dieser 53 Großmühlen, einschließlich eines seither eingegangenen Betriebes, folgendermaßen:

Getreidevermahlung . .	pro Tag	52 513	Sack	à 100 kg
Mehlerzeugung (70 %) .	„ „	36 759	„	„ 100 „
„ . .	„ Jahr	11 027 730	„	„ 100 „

Die gegenwärtigen 55 Großmühlen besorgen:

Getreidevermahlung . .	pro Tag	96 760	Sack	à 100 kg
Mehlerzeugung (70 %) .	„ „	67 732	„	„ 100 „
„ . .	„ Jahr	20 319 600	„	„ 100 „

Danach ist die Mehlproduktion der Großmühlen in zehn Jahren gestiegen um 30 972 Sack à 100 kg pro Tag oder 9 291 870 Sack pro Jahr. Nun betrug der deutsche Mehlkonsum vor zehn Jahren nach der oberen Tabelle pro Kopf 153,8 kg, d. h. bei der Einwohnerzahl von 53 569 000 Seelen betrug der Jahreskonsum 82 405 120 Sack à 100 kg. Gegenwärtig kommen auf 1 Einwohner 165,1 kg; das bedeutet bei 61 118 000 Einwohnern einen Jahresverbrauch von 100 916 760 Sack à 100 kg oder eine Konsumsteigerung von 100 916 760 minus 82 405 120 = 18 511 640 Doppelzentnern. Die Mehrproduktion der Großmühlen hatte 9 291 870 Doppelzentner betragen; danach sind diese Werke an der Deckung des Mehrbedarfes mit 50,25 % beteiligt. An der gegenwärtigen Gesamtproduktion von 100 916 760 Doppelzentnern partizipiert die Großmüllerei mit 20 319 600 Doppelzentnern oder mit 20,15 % gegen 13,38 % vor zehn Jahren.

Die genaue Produktionsfeststellung der Mittelmühlen ist unmöglich, so lange eine staatliche Statistik nicht vorliegt Man ist auf mehr oder weniger zuverlässige Schätzungen angewiesen; und unter den vorhandenen Schätzungen ist wohl die des Vereins deutscher Handelsmüller noch die zutreffendste; sie wird also hier mit kleineren Berichtigungen des Verfassers herangezogen. Die Gesamtproduktion der deutschen Mittelmühlen an Mehl wird auf 34 695 600 Doppelzentner geschätzt. An der gegenwärtigen gesamten Mehlerzeugung von 100 916 760 Doppelzentnern würden die Mittelmühlen demnach mit 34,48 % beteiligt sein. Treffen die Zahlen zu (und es kann sich nur um geringe Abweichungen handeln!) so partizipieren an der deutschen Mehlgesamtproduktion die:

Großmühlen	mit	20,16 %,
Mittelmühlen	„	34,48 %,
Kleinmühlen	„	45,36 %.

Die Kleinmühlen haben also immerhin noch eine Jahresvermahlung von insgesamt 45 901 560 Doppelzentner aufzuweisen.

Nach diesen Feststellungen dürfte ein Vergleich mit der entsprechenden englischen Entwicklung am Platze sein, weil diese insofern starke Ähnlichkeit mit der deutschen zeigt, als auch die englischen Kleinmühlen einen starken Rückgang erfahren haben, während die großen Hafenmühlen eine äußerst schnelle Ausdehnung nach Zahl und Produktionsquote erlebten. Aber der Vergleich kann kein erschöpfendes Bild geben, weil eine genaue Statistik über das englische Müllereiwesen erst jetzt in Angriff genommen wurde, so daß man augenblicklich noch auf mehr oder weniger richtige Schätzungen angewiesen ist. Der Präsident des Ackerbauministeriums sagte im Jahre 1903 im House of Commons, daß die Zahl der englischen Getreide- und Feinmehlmühlen vor dreißig Jahren etwa 15 000 betragen habe; jetzt sei sie auf 9000 herabgesunken, und in dieser Zahl seien 1000 erstklassige, moderne Walzenmühlen und 3000 mehr oder weniger vollständige Walzenmühlen, also 5000 alte Steinmühlen enthalten. Die englische Getreidemüllerei[1] war einst eine heimische, rein ländliche Industrie, aber sie hat ihren Charakter allmählich geändert, seitdem die drei Umstände Platz griffen, daß nämlich England bezüglich seiner Weizenversorgung vom Auslande abhängig wurde, ferner die Walzenmüllerei immer festeren Fuß faßte und daß schließlich die englische Landwirtschaft vom Ackerbau mehr und mehr zur Schafzucht zwecks Wollegewinnung übergegangen ist.

[1] Vgl. Macrosty, The trust Movement in British Industry, London 1907. Chapter VIII: Grain-Milling, S. 210—228.

Die genannte Abnahmeziffer der 15 000 Steinmühlen von 1873 auf 5000 im Jahre 1903 wird von englischen Müllereisachverständigen als unrichtig bezeichnet; aber selbst wenn sich das Verhältnis etwas anders stellen sollte, ist doch so viel gewiß, daß sich die englische Kleinmüllerei in auffallend starker Weise reduziert, daß sich aber anderseits die übrige Müllerei entsprechend konzentriert hat. Diese übrigen Mühlen sind fast ausschließlich Großmühlen; der breite Mittelstand, der in der deutschen Müllerei vorhanden ist, fehlt in England vollständig. Allgemeine zahlenmäßige Angaben über die dortige Gesamtmüllerei können, wie gesagt, nicht gemacht werden. Die enorme Größe einiger gut gehender Firmen sei aber kurz an der Tatsache dargestellt, daß von 2 858 363 quarters Weizen, die im Jahre 1901 nach Hull importiert wurden, alles außer 97 224 quarters an nur 15 Firmen abging, und zwar besonders an die beiden großen Mühlenfirmen I. Rank, Limited, und H. Leetham & Sons, Limited, die 522 267 bezw. 352 143 quarters erhielten. Ein ansehnlicher Anteil der Gesamtproduktion wird von Genossenschaftsmühlen gestellt; beispielsweise hatten die zwei Mühlen der Wholesale Society in Dunston und Silwertown im Jahre 1905 eine Fabrikation von 1 364 527 £ (= 27 836 300 Mk.) aufzuweisen, und die Fabrikation der Scottish Wholesale Society-Mühlen in Chancelet, Function und der Regent Mills betrug im gleichen Jahre 863 210 £ (= 17 609 500 Mk.) Diese großen Werke mußten natürlich die Hafenorte zur Niederlassung wählen, nachdem sie ja hauptsächlich oder ausschließlich auf die fremde Weizenzufuhr angewiesen waren. So hat sich die Großmüllerei um die großen Häfen London, Liverpool, Hull und Bristol-Channel konzentriert, und heute liegen die Dinge so, daß drei Distrikte des Königreichs etwa $^1/_3$ der Produktion auf sich vereinigen. Liverpool hat mit seiner Vermahlung von stündlich 450 Sack die Führung; es folgen Hull und York mit 350 Sack und Bristol-Channel mit der gleichen stündlichen Vermahlung, während die englische Gesamtproduktion mehr als 3500 Sack pro Stunde beträgt. Die Feinmehlproduktion in London betrug im Jahre 1901 pro Woche 35 000 Sack, der Konsum aber 100 000 Sack. Der Rest der Mehlerzeugung verteilt sich also auf ausländische Mühlen und auch auf die kleinen Landmühlen, über deren Zukunft noch gesprochen werden wird.

Der ganze Vergleich zeigt in kurzen Worten folgendes: auch in England starker Rückgang der Kleinmühlen, dem aber nicht, wie in Deutschland die Entstehung einer kräftigen Mittelmüllerei, sondern die Bildung ausgesprochenster, stark konzentrierter Großbetriebe in den Häfen gegenübersteht. Es sei noch erwähnt, daß eine besonders starke Entwicklung zum Großbetriebe hin sich in den letzten vier bis fünf Jahren gezeigt hat, nachdem nämlich einerseits die ungünstigen Ernten in Amerika auch den englischen Markt von ausländischer Konkurrenz stark entlastet haben und nachdem die Großmüllerei von der durch Chamberlain aus Rücksichten imperialistischer Politik getriebenen Schutzzollagitation bedeutende Vorteile für sich erwartet.

Siebentes Kapitel.

Die Zukunftsaussichten für die einzelnen Klassen.

I. Zahlenmäfsige Berücksichtigung ihrer Entwicklung; ihre Existenzberechtigung; ihre Aussichten.

Um zu entscheiden, ob die Entwicklung der Einzelklassen in der Müllerei eine natürliche, also gesunde zu nennen ist, bedarf es einer allerdings schwer durchführbaren zahlenmäßigen Feststellung dieser Entwicklung. Die Untersuchung kann sich leider nur auf die eine Gesellschaftsform tragenden Werke erstrecken, während private Werke schon deshalb ausscheiden müssen, weil Nachrichten von ihnen nur schwer und eigentlich nur in Ausnahmefällen in ausreichendem Maße zu erreichen sind. Eine genauere Kenntnis des Vergesellschaftungsprozesses war bisher nicht gegeben, da weder die Angaben in Salings Börsenpapieren, noch jene im Handbuch der deutschen Aktiengesellschaften einen Anspruch auf Vollständigkeit erheben können; überdies existierte keine vollständige Übersicht über die Gesellschaften mit beschränkter Haftpflicht und über die Genossenschaften im Mühlengewerbe. Die Redaktion der „Allgemeinen deutschen Mühlenzeitung“ [1] hat sich der Mühe unterzogen, diese Lücke durch eingehende Statistiken auszufüllen; ihre Angaben werden den folgenden Betrachtungen zu grunde gelegt. Und zwar werden zunächst die Großmühlen, die die Form der Aktiengesellschaften tragen, besprochen werden; dann folgen die mittleren Betriebe, die sich, soweit sie nicht in Privatbesitz sind, besonders in der Form der Gesellschaft mit beschränkter Haftung finden, und schließlich erfahren die Kleinmühlen ihre Besprechung.

Am 31. Dezember 1907 gab es im Deutschen Reiche 73 Mühlen-Aktiengesellschaften, die sich ihrer Lage nach verteilen auf:

[1] „Allgemeine deutsche Mühlenzeitung“, 1908, S. 173—175; 205 bis 206; 313—314.

Preußen	40
Bayern	16
Sachsen	4
Baden	4
Württemberg	2
Braunschweig	2
Reichslande	2
Hessen	1
Anhalt	1
Bremen	1

Sie finden sich also in den verschiedensten Reichsgegenden und sind nicht etwa, wie beispielsweise in England, auf wenige Orte oder Distrikte besonders an der Seeküste beschränkt. In der Höhe des Aktienkapitals bestehen große Unterschiede; es hatten nämlich:

Aktienkapital Mark	Anzahl der Gesellschaften
50 000— 100 000	3
100 000— 200 000	2
200 000— 300 000	11
300 000— 400 000	8
400 000— 500 000	9
500 000— 600 000	5
600 000— 700 000	0
700 000— 800 000	4
800 000— 900 000	2
1 000 000—2 500 000	17
2 500 000—4 500 000	6

Und das gesamte, im deutschen Mühlengewerbe arbeitende Aktienkapital stellte sich für das Jahr 1907 auf 71 710 655 Mk. Ein Vergleich mit früheren Jahren zeigt, daß diese Summe einen Wachstumsprozeß darstellt; 1891 betrug das Gesamt-Aktienkapital nämlich nur 36 292 715 Mk. und 1897 dann schon 60 187 927 Mk. Die Vermehrung in den Jahren 1892 bis 1897 betrug demnach 66,66 %; jene in dem Dezennium 1897 bis 1907 aber nur noch 20 %. — Die Zahl der Aktiengesellschaften betrug 50 im Jahre 1892, stieg auf 60 im Jahre 1897 und stellt sich also für 1907 auf 73; der Zuwachs der letzten zehn Jahre beträgt demnach 21,6 %. An dieser Vermehrung haben ganz besonders die Mühlen mit kleinem Aktienkapital Anteil; die Gesellschaften mit weniger als 250 000 Mk. Aktienkapital haben sich seit 1897 von 5 auf 11, also um 120 % vermehrt. Ebenso ist die Zahl der mittleren Betriebe (250 000—1 000 000 Mk.) stark gewachsen; sie betrug 1892 nur 27, stieg 1897 auf 30, erhöhte sich also um 11 % und betrug 1907 schon 39, hat sich also in den letzten zehn Jahren um 30 % vermehrt. Im Gegensatz hierzu hat die Zahl der großen Gesellschaften eine Verringerung erfahren; sie betrug 1897 noch 25, im Jahre 1907 aber nur noch 23, hat sich also um 8 % verringert. Das Aktienkapital betrug durchschnittlich 1897 noch etwas mehr als 1 000 000 Mk., ist aber 1907 etwas darunter gesunken.

Über das Lebensalter gibt folgende Tabelle Aufschluß:

Gründungsjahr	Zahl der Gesellschaften	Gründungsjahr	Zahl der Gesellschaften
1838	1	1889	4
1856	1	1890	2
1865	1	1891	1
1867	1	1892	1
1870	1	1893	1
1871	1	1894	3
1872	4	1895	1
1873	2	1896	2
1875	1	1897	4
1877	1	1898	8
1880	1	1899	3
1881	3	1900	2
1882	2	1901	2
1883	2	1902	2
1886	3	1906	1
1887	3	1907	5
1888	3		

Es ist zu berücksichtigen, daß der weitaus größte Teil dieser Gesellschaften nicht Neugründungen sind; sie sind in der Regel aus bestehenden Mühlen hervorgegangen, die von ihren Besitzern (oft aus Gründen der Erbteilung) in die Aktiengesellschaftsform übergeführt würden. Bei den jüngsten 6 Gesellschaften, die in den Jahren 1906 und 1907 entstanden, trifft diese Angabe ausnahmslos zu. Die stärkste Vermehrung der Mühlen-Aktiengesellschaften in den letzten zehn Jahren entfällt auf Bayern; hier gab es 1897 nur 9, im Jahre 1907 aber 16 Aktienmühlen. In Preußen dagegen hat sich die Zahl dieser Gesellschaften im genannten Zeitraum nur um 1 vermehrt.

Über die Rentabilität der Mühlenaktien ist wenig Erfreuliches zu sagen. Richard Calwer[1] berechnet, daß die Großmühlen in den Jahren 1900—1903 folgende Durchschnittsverzinsung erreicht haben:

1900	5,29 %,	1902	2,46 %,
1901	3,09 %,	1903	2,88 %,

was einer Durchschnittsverzinsung von 3,43 % in diesen vier Jahren entsprechen würde. Aber diese Angaben stellen nur die Dividendenziffern großer Handelsmühlen dar; ein

[1] Vgl. auch den Artikel „Mühlenumsatzsteuer“ in der Monatsschrift der Handelskammer Düsseldorf, 1906, Nr. 11.

richtigeres Bild erhält man bei der Betrachtung aller bestehenden Aktiengesellschaften. Die von ihnen zur Ausschüttung gebrachte Durchschnittsdividende der Jahre 1897 bis 1907 schwankt zwischen 0 und 10,6 %; sie beträgt im Mittel für alle Gesellschaften im genannten Zeitraum 4,19 %. Auch diese Zahl hat aber nur bedingten Wert; denn viele Mühlen arbeiten seit Jahren mit Verlust. Hier wird also kein Kapital gewonnen, sondern zugesetzt, und diese Verluste kommen in der angegebenen Durchschnittsdividende nicht zum Ausdruck. Zieht man von den bestehenden 73 Aktienmühlen die sechs Neugründungen der Jahre 1906 und 1907 ab, so ergibt sich für die übrigen 67 Werke folgendes; es erbringen:

					Dividenden von
16	Aktienmühlen	oder	24 %	der Gesamtzahl	7 und mehr %
22	„	„	33 %	„ „	3—7 %
23	„	„	34,4 %	„ „	0,1—3 %
6	„	„	8,6 %	„ „	0 %

Die Rentabilität dieser Werke ist also wenig erfreulich, und die vorstehenden Zahlen können als Beweis für die frühere Behauptung dienen, daß es der Großmüllerei zum mindesten in den letzten zehn Jahren nicht sonderlich gut gegangen ist.

Wie haben nun diese Großbetriebe auf die allgemeine Entwicklung in der Müllerei eingewirkt? Bei der Beantwortung dieser Frage ist zunächst auf den oft gehörten Vorwurf einzugehen, daß die Großmühlen sich außergewöhnlich stark vermehrt und den Untergang vieler kleiner Werke verursacht hätten. Zur Zurückweisung dieses Vorwurfes muß nochmals betont werden, daß die Großmühlen vom regulären Produktionsquantum ihrer kleineren Genossen nichts geraubt haben; sie haben auch nicht etwa den steigenden Mehrbedarf in voller Höhe an sich gerissen, sondern partizipieren an diesem Mehrbedarf, wie an früherer Stelle dargelegt, für den Zeitraum der letzten zehn Jahre lediglich mit 50,25 %. Diese Zunahme ihrer Produktionsfähigkeit muß eine äußerst bescheidene genannt werden, wenn man sie mit den Zahlen anderer Gewerbe, z. B. im Bergbau, der Maschinen- oder chemischen Industrie in Vergleich setzt; es ist im Gegenteil eine auffallende Erscheinung, daß die Großbetriebe sich nicht nach Zahl und Vermahlungsquantum in viel stärkerem Grade ausgedehnt haben. Es muß berücksichtigt werden, daß sich nach dem für Deutschland glücklich ausgegangenen Kriege in den 70er und 80er Jahren eine ungeheuere Belebung des deutschen Wirtschaftslebens vollzogen hatte, daß die Kapitalmengen, die vor dem Kriege infolge der allgemeinen nervösen und unternehmungsunlustigen Geschäftsstimmung Anlage im Auslande gesucht hatten, nunmehr nach Deutschland zurückgeflutet waren und hier eine nie gekannte Belebung der

Gewerbe und die Schaffung ganz neuer Großindustriezweige bewirkt hatten. Ferner ist zu bedenken, daß die deutschen Mühlenbauanstalten ungeheuer fortgeschritten waren und daß der deutsche Mühlenmaschinenbau nun als erster der Welt dastand; und schließlich sind alle übrigen Verlockungen in Betracht zu ziehen, die gerade das anlagesuchende Großkapital hätten veranlassen müssen, hier revolutionierend einzugreifen. Das ist nicht geschehen, und der Grund ist der, daß die Großmühlen, also besonders die Aktiengesellschaften, in ihrer weiten Mehrheit nicht Neugründungen darstellen; sie sind aus leistungsfähigen, gut geleiteten Kleinmühlen entstanden, haben fremdes Kapital ängstlich gescheut und sich vielmehr in langsamem Tempo aus eigener Kraft und selbstverdientem Kapital ganz allmählich erweitert. Und hierin ist der Grund für das verhältnismäßig nur langsame Wachsen zu suchen. Die Entwicklung kann daher nur als eine natürliche, also gesunde, bezeichnet werden. Das Übergewicht der Großbetriebe über die anderen Werke ist an verschiedenen Stellen bereits behandelt; es ist hauptsächlich in zwei Fähigkeiten begründet, nämlich einerseits darin, durch kaufmännisch weitblickende Leitung die Marktkonjunkturen im Getreidekauf und Mehlverkauf wesentlich ausnutzen zu können und Verlusten zu entgehen, anderseits aber darin, mühlentechnisch auf hervorragender Höhe zu bleiben, also bessere und hochwertigere Mehle in größerer Menge zu ziehen. In letzterer Hinsicht beeinträchtigen sie selbstverständlich die weniger leistungsfähigen Werke in hohem Maße, denn sie decken zum großen Teil die Nachfrage nach teueren Vordermehlen und überlassen den anderen die Befriedigung der Nachfrage nach billigen Nachmehlen. Und es kann nicht bestritten werden, daß sie in den für ihre Zwecke günstigen Gegenden die Kleinmühlen völlig verdrängt haben oder noch verdrängen müssen, während gut eingerichtete und richtig geleitete Mittelmühlen unter ihrer Konkurrenz nur wenig zu leiden haben. Einerseits erfordern sie also Opfer, anderseits aber ist mit ihrer Ausdehnung eine große Gesundung im Mühlengewerbe erfolgt. Die Großmühlen haben den Fortschritt in diese früher so schläfrige Industrie getragen, und zwar in technischer und kaufmännischer Hinsicht, sie haben also der aufblühenden Technik die Wege geebnet und zur Entstehung der berühmten deutschen Maschinenbauanstalten geführt; und anderseits haben sie einen anständigen, kaufmännischen Geist in die Geschäftsführung getragen, haben für eine Gesundung des Kaufvertrags-, Lieferungs-, Zahlungs- und Kreditwesens gesorgt und somit zu einer Gesundung des ganzen Gewerbes wesentlich beigetragen.

Wie nun wird sich die Zukunft der Großmühlen voraussichtlich gestalten? Unter Berücksichtigung der bisherigen

Angaben ist zu antworten, daß die Großbetriebe auf Grund ihrer ernsten Arbeit heute wohl in der Lage sind, die Konkurrenz ihrer kleineren Genossen zu ertragen und vielleicht allmählich noch eine etwas größere Quote der Gesamtproduktion in sich zu vereinigen, besonders wenn die Ausfuhrmöglichkeit für deutsche Mehle sich bessert. Einen Produktionsraub an ihren kleineren Konkurrenten werden sie schwerlich begehen können, und hierfür werden die Gründe an späterer Stelle gegeben werden; aber an der durch Bevölkerungszuwachs notwendig werdenden Mehrerzeugung werden sie in allmählich steigendem Grade teilnehmen, und zwar infolge ihrer geschilderten hohen spezifischen Leistungsfähigkeit. Zwar steht zur Verbesserung der Reichsfinanzen eine neue Gesellschaftssteuer bevor, welche die Aktienmühlen in stark erhöhtem Maße belasten wird; immerhin aber sind die Zukunftsaussichten für die Großmühlen, wenn auch nicht glänzende, so doch erträgliche, falls nicht staatlicherseits ihre Lahmlegung durch die später zu besprechende Umsatzsteuer erfolgt. Diese Wendung ist aber schwerlich zu erwarten, und so können die Großmüller im Bewußtsein ihrer Fähigkeit mit Vertrauen in die Zukunft sehen.

Bei den vorstehenden Betrachtungen über die Großmüllerei konnte die Statistik der Aktiengesellschaften als Unterlage dienen. Die Beurteilung der Mittelmühlen kann sich auf derartige Aufstellungen nicht stützen, da diese Mittelbetriebe seltener die Form der Aktiengesellschaft oder der Gesellschaft mit beschränkter Haftung tragen, sondern sich meistens in Privatbesitz befinden. Immerhin kommt in der jetzt zu besprechenden zweiten Mühlenklasse die Gesellschaft mit beschränkter Haftung vor; sie sei also kurz betrachtet. Allerdings müssen die Angaben über diese Gesellschaften hier auf die Nennung des Gesellschaftskapitals und des Gründungsjahres beschränkt werden, da ausreichende Mitteilungen über Verzinsung usw. schlechthin nicht zu erlangen sind; es müßte denn eine staatliche Statistik eröffnet werden. Aber alle weiteren Angaben würden für die Beurteilung der Lage der Müllerei auch nur bedingten Wert haben, denn die Gesellschaften mit beschränkter Haftung treiben vielfach die Müllerei nur als Nebenbetrieb; sie finden sich in Verbindung besonders mit Brotfabriken, Brennereien, Molkereien, Sägemühlen; ja sogar in Verbindung mit Elektrizitätswerken, um die von den letzteren ungenutzt gelassenen Wasserkräfte noch zu verwerten. Die Statistik der „Allgemeinen deutschen Mühlenzeitung“ führt 90 Gesellschaften mit beschränkter Haftung namentlich auf; bei 18 derselben konnte das Gesellschaftskapital nicht angegeben werden. Die restlichen 72 Gesellschaften arbeiten mit folgendem Stammkapital:

(Siehe die Tabelle auf S. 140.)

Stammkapital Mark	Zahl der Gesellschaften
20 000	9
20 000— 50 000	15
50 000— 100 000	11
100 000— 250 000	20
250 000— 500 000	11
500 000—1 000 000	3
1 000 000—2 400 000	3

Das Lebensalter ergibt sich aus folgender Gründungstabelle:

Gründungsjahr	Zahl der Gesellschaften	Gründungsjahr	Zahl der Gesellschaften
1892	1	1901	5
1893	2	1902	5
1894	1	1903	6
1895	3	1904	8
1896	4	1905	11
1898	1	1906	11
1899	6	1907	10
1900	3		

Diese Tabelle wird hier angeführt, um daran zu zeigen, daß die Gründung neuer Gesellschaften mit beschränkter Haftung im neuen Jahrhundert stark zugenommen hat. Diese Erscheinung kann auf zwei verschiedene Gründe zurückgeführt werden: die kleineren Müller sehen den Grund in der Tatsache, daß zuweilen die Gläubiger eines überschuldeten Werkes zur Übernahme desselben und zur Fortführung auf eigene Rechnung gezwungen sind, wozu dann die Betriebsform der Gesellschaft mit beschränkter Haftung gewählt wird. Danach wäre die Vermehrung also nur das Zeichen für einen Rückgang, dessen Ursache dann im Bestehen und in der Konkurrenz großer Werke gesucht wird. Und diese Annahme wird dann seitens der Beteiligten als Grund ausgegeben, die Großmühlen mit jeder Waffe zu bekämpfen. Aber die Behauptung eines Rückganges wird durch die vorstehende Behauptung keinesfalls bewiesen; jene Erklärung dürfte vielmehr richtiger sein, daß gerade in dem geschilderten Übergang in die Gesellschaftsform ein Streben nach Expansion liegt, welches der einzelne Besitzer nicht zu erfüllen vermochte.

Die Verteilung dieser Gesellschaften auf das Reichsgebiet ist folgende:

Preußen . . . . weist auf 62 Mühlengesellschaften m. b. H.
Bayern . . . . . „ „ 11 „

Sachsen	weist auf	6	Mühlengesellschaften m. b. H.
Baden	„ „	5	„
Hamburg	„ „	2	„
Oldenburg	„ „	2	„
Mecklenburg-Schwerin	„ „	1	„
Sachsen-Altenburg .	„ „	1	„

Die Angabe vorstehender Zahlen ist deshalb von Interesse, als daraus das weitaus zahlreichste relative Vorkommen dieser Mittelmühlen in Preußen zu erkennen ist; die anderen Staaten haben noch weit mehr Kleinmühlen, die den Mehlbedarf decken. Das Gesamtkapital der 72 Gesellschaften, deren Kapitalhöhe bekannt ist, beträgt 17105500 Mk.; es kommt also auf eine Gesellschaft mit beschränkter Haftung ein Durchschnittskapital von 237576 Mk.; diese Kapitalhöhe beweist die frühere Behauptung, daß es sich bei den Gesellschaften mit beschränkter Haftung besonders um Mittelmühlen handelt.

Als fernere Gesellschaftsform für die Mittelbetriebe findet sich noch die Genossenschaft, und zwar ist hier ein Unterschied zu machen zwischen jenen Genossenschaften, deren Mitglieder nur Müller sind, und jenen, deren Mitgliedschaft sich aus Nichtmüllern, also nur aus Personen zusammensetzt, die an der Müllerei nur ein näheres oder ferneres Interesse haben, also aus Bäckern, Landwirten. Die reinen Müllergenossenschaften, die nur zur Stärkung, also zum gemeinsamen Getreideein- und -verkauf für selbständige Müller gebildet werden, haben in Deutschland bisher keine Verbreitung zu finden vermocht; nur zwei solche Genossenschaften sind bekannt, nämlich:

1. Einkaufsgenossenschaft „Müllerwohl“ in Fürstenberg a. D.
2. Müller-Ein- und -Verkaufsgenossenschaft in Seesen a. H.

Die letztere Genossenschaft, die erst 1907 gegründet wurde, pflegt den gemeinsamen Getreideeinkauf und den Verkauf von Mehlprodukten, ferner die sachverständige Beschaffung von Müllereimaschinen usw.; auch die Anlage und der Betrieb gemeinsamer Lagerhäuser und gemeinsame Mischerei ist im Statut vorgesehen. So steht diese Genossenschaft als einzige deutsche Vereinigung selbständiger Müller zwecks Einkaufs- und Absatzerleichterung da. Außer den beiden genannten sind gegenwärtig in Deutschland noch 59 Genossenschaften bekannt, die nicht von Müllern gebildet sind, die aber im Haupt- oder Nebenbetrieb Müllerei treiben. Es wird tatsächlich noch mehr dieser Gebilde geben; statistisch konnten aber bisher nur jene erfaßt werden, deren Firma den Zweck eines Mühlenbetriebes erkennen läßt. Die genannten 59 Genossenschaften verteilen sich der Lage nach folgendermaßen:

Preußen	47
Mecklenburg-Schwerin	4
Württemberg	2
Braunschweig	2
Bayern	1
Sachsen	1
Oldenburg	1
Lippe	1

und nach der Art der Betriebsrichtung unterscheiden sich:

Reine Müllereigenossenschaften	28
Müllerei- und Molkereigenossenschaften . .	22
Müllerei- und Bäckereigenossenschaften . .	4
Müllerei- und Dreschereigenossenschaften .	3
Müllerei- und Kraftwerk- oder Schneidemühlengenossenschaften	2

Betreffs der Art der Nachschuß- bezw. Haftpflicht bestehen 24 Mühlengenossenschaften mit unbeschränkter Haftung, ferner 2 Mühlengenossenschaften mit unbeschränkter Nachschußpflicht und 34 Mühlengenossenschaften mit beschränkter Haftung. Von den Genossenschaften existierten im Jahre 1887 nur 10, im Jahre 1897 schon 30, im Jahre 1907 aber 59 mit etwa 5000 Genossen. Sie haben also eine beständige starke Zunahme zu verzeichnen, und da sie ja hauptsächlich Mittelmühlen in Betrieb halten, so kann in dieser Entwicklung nur ein günstiges Zeichen für die Lage der Mittelbetriebe gesehen werden. Über den Einfluß der Genossenschaftsmühlen auf die Gesamtmüllerei ist zu sagen, daß die reinen Mühlengenossenschaften den Beteiligten natürlich ganz erhebliche Vorteile zu bringen vermögen; es ist daher erstaunlich, daß bisher noch nicht mehr dieser Vereinigungen entstanden sind. Anders ist es mit dem Wirken der übrigen Genossenschaftsmühlen, deren schädigender Einfluß auf die Berufsmüllerei ganz unverkennbar und ja auch an früherer Stelle schon erwähnt ist. Errichten Landwirte, besonders Latifundienbesitzer, solche Genossenschaftsmühlen, so ist die Gesamtzahl der umliegenden Müllereien, die sich regelmäßig aus den Wind- und kleinen Wassermühlen zusammensetzt, natürlich enorm schwer geschädigt, oft sogar gänzlich lahm gelegt. Vom Standpunkt der Berufsmüllerei sind also diese Genossenschaftsmühlen gänzlich zu verurteilen, wenn auch natürlich objektiv nicht zu leugnen ist, daß sie für die beteiligten Genossen eine hohe und manchmal ausschlaggebende Bedeutung erlangt haben. Hier streiten eben die Interessen verschiedener Berufsstände gegeneinander! —

In den bisherigen Angaben wurde besonders ein Anzeichen für die Tatsache gesehen, daß es den Mittelmühlen gut gehen müsse. Nun soll aber anderseits nicht bestritten werden, daß die kleineren Mittelmühlen in mancher Hinsicht hinter den Großmühlen zurückstehen; allerdings nur die kleineren, die sich in Anlage und Betrieb mehr ihren kleinen Genossen nähern, während viele größere Mittelmühlen großen Werken weder in Technik noch Betrieb nachstehen, so daß für sie auch das über den Großbetrieb Gesagte zutrifft. Die mittleren Mittelmühlen aber können nicht in gleicher Weise rentieren, wie die Großmühlen; denn letztere decken die Anfrage nach hochwertigen Vordermehlen und den Mittelmüllern bleibt nur die Produktion der mittleren und Nachmehle übrig. Dieser Nachteil besteht aber nicht etwa durch die Schuld der Großbetriebe. Denn ehe es diese letzteren mit ihrer vervollkommneten Technik gab, produzierten die Mittelmüller auch keine besonders hochwertigen Mehle, weil man diese einfach gar nicht in ausreichender Gebrauchsmenge kannte. Ein Produktionsraub seitens der Großmühlen hat hier also keineswegs stattgefunden, und der geschilderte Nachteil ist auch kein so schwerwiegender, wie man ihn oft hinzustellen sucht.

Bezüglich der voraussichtlichen Zukunftsaussichten ist zu sagen, daß sich die größeren Mittelmühlen parallel den Großmühlen durchaus günstig weiter entwickeln werden; es sei im übrigen auf das für diese Großmühlen früher Gesagte verwiesen. Die mittelgroßen Werke der Mittelklasse gehen jedenfalls auch einer gesunden Weiterentwicklung entgegen, besonders wenn sie, wie es oft der Fall ist, in Orten liegen, deren weitaus größter Bedarf durch eine Mittelmühle oder doch nur wenige Mittelmühlen gedeckt wird. Sie sind vorzüglich in kleineren Städten und ferner in Gegenden am Platze, wo sie einerseits ihr Rohprodukt aus der nächsten Umgebung beziehen und wohin anderseits die Fabrikate der Großmühlen infolge mangelnder Verkehrsverhältnisse oder aus sonstigen Gründen mit ihrer Konkurrenz nicht dringen können. In bodenständiger Produktion liegt also der besondere Vorteil dieser mittleren Mühlen der zweiten Klasse; und da ihr Bestehen nicht nur heute durchaus notwendig ist, sondern ihr Bedarf mit wachsender Volksdichtigkeit noch stark steigen muß, so ist keinesfalls an eine bedeutende Abnahme zu denken, sondern eine gesunde Zunahme bei entsprechenden Verdienstziffern zu hoffen. Es gibt in dieser zweiten Klasse noch eine dritte Art, nämlich die kleinen Mittelmühlen, die sich jedoch in ihrer technischen Anlage, ihrer Leitung, dem Umsatz, dem Gewinn und allen sonstigen Bedingungen durchaus den Kleinbetrieben nähern, also mit diesen besprochen werden mögen.

Die Entwicklung der Kleinmühlen ist an Hand der früheren statistischen Ergebnisse eingehend besprochen worden, eine überaus starke Abnahme in ihrer Zahl ist festgestellt und die verschiedenen Gründe für diesen Rückgang sind genannt worden. Die Produktionsstatistik hat ergeben, daß sich heute

45,36 % der Gesamterzeugung noch in den Händen des Kleinbetriebes befinden; nunmehr ist die Frage zu beantworten, wie sich die zukünftige Lage gestalten, ob also der Rückgang in der Zahl dieser kleinen Mühlen weiter fortschreiten wird oder ob sich die noch vorhandenen Kleinmühlen widerstandsfähig behaupten werden. Leider ist die Berufsstatistik von 1907 in ihren Ergebnissen noch nicht veröffentlicht, sie wird aber ganz zweifellos eine weitere Abnahme der Kleinmühlen aufweisen. Diese Abnahme wird jedoch schwächer sein, als die für den Zeitraum von 1882 bis 1895 konstatierte, und sie wird sich dann in Zukunft immer geringer gestalten. Denn wenn auch auf der einen Seite die schon geschilderten wichtigen Gründe für ein Schwinden der Kleinbetriebe in der Müllerei bestehen, wenn auch vieles Schwache oder irgendwie ungünstig Gelegene infolge der Entwicklung der Mittel- und Großmühlen spurlos hinweggefegt wurde, so ist anderseits scharf zu betonen, daß sich gerade im Mühlengewerbe eine große Zahl von Kleinbetrieben erhalten muß, weil ein Bedürfnis für sie durchaus vorliegt. Wenn man diese jetzt zu besprechende Existenzberechtigung berücksichtigt, dann versteht man auch die vielleicht zunächst auffallende Erscheinung, daß noch ein so großer Teil der deutschen Gesamtproduktion auf diese kleinen Werke entfällt. Die Kleinmühlen haben ihre Existenzberechtigung einmal in Gegenden, in welche die Konkurrenz der Handelsmühlen aus irgendwelchen Gründen nicht gut dringen kann, und welche gerade so viel Getreide herstellen, wie sie für ihren Konsum nötig haben, welche also weder auf eine Zufuhr von Getreide oder Mehl angewiesen sind, noch auch einen Verkauf etwa überschüssigen Getreides nach anderen Distrikten suchen. Es kommen also besonders Gebirgsgegenden mit schlechten Verkehrsmitteln und sonst abgelegene Gebiete für die Kleinmüllerei in Betracht; in diesen Gegenden übernimmt sie also die Bedarfsdeckung für einige wenige Vordermehle, besonders aber für mittleres Brotmehl und natürlich auch für Futterstoffe. Genaue Angaben darüber, welcher Teil der Kleinmüllerei besonders dieser Art, welcher fernere Teil derselben aber der noch zu nennenden zweiten Klasse angehört, sind nicht zu machen. Aber die Notwendigkeit dieser kleinen Betriebe ist weit häufiger, als gemeinhin angenommen wird, gegeben, sie ist besonders in den schon genannten Gebirgsgegenden und Gebieten mit mangelhaftem Verkehr, dann aber auch in Gegenden mit kleinbäuerlichem Getreideanbau vorhanden, schließlich noch dort, wo kein das ganze Jahr hindurch konstanter Mehlverbrauch stattfindet, wo letzterer vielmehr bedeutenden Schwankungen unterliegt, also z. B. in Distrikten, wo nur periodisch während der Erntekampagnen ein stärkerer Mehlbedarf auftritt. Eine weit größere Bedeutung kommt aber jenen Kleinmüllern zu, die auf dem ganzen Lande verstreut sind und besonders für die Deckung der bäuerlichen Nachfrage nach Schrotmehlen und Futtermitteln sorgen. Diese Mühlen sind für die Landwirtschaft im großen und kleinsten Betriebe ganz besonders wichtig; denn die Groß- und Mittelmühlen sind nicht imstande, der Nachfrage nach Futtermitteln und den an diese zu stellenden Ansprüchen Genüge zu leisten. Ihre Kleie wird natürlich verfüttert; aber sie ist infolge der hochstehenden Technik in so weitgehender Weise von allem Mehlgehalt befreit, daß sie als alleinige Viehnahrung zu wenig Nährstoff enthält. Anders ist es mit der Kleie der kleinen Kundenmüller, bei denen ja ein sehr großer Teil von Mehl in der Kleie zurückbleibt und diese nun als Viehfutter besonders geeignet macht. Die kleinen ländlichen Mühlen, zu etwa 75 % noch heute Lohnmühlen, füllen also auf diese Weise eine empfindliche Lücke aus; sie haben ihr gutes Auskommen schon allein durch das grobe Schroten. Alle Mehlteile aber können sie natürlich nicht im Futter belassen; sie stellen also einige Brotmehle her und erhöhen hiermit ihren Mahlverdienst. Bei der enormen Zahl von rund 50000 derartigen Betrieben nimmt jedoch die im Einzelfalle nur geringe Produktion von Brotmehlen gewaltige Dimensionen an, und nur durch die geschilderte Tatsache ist es zu erklären, daß die Quote der Kleinmühlen an der Brotmehlerzeugung noch fast die Hälfte der Gesamtproduktion ausmacht.

Die für die Gegenwart geschilderte Daseinsberechtigung der Kleinbetriebe wird in der Zukunft nicht abnehmen, sondern eher wachsen, und zwar mit der immer fortschreitenden Verbesserung der Mittel- und Großbetriebe, denn letztere suchen die Ausbeute an Mehlen immer mehr zu steigern, den Mehlgehalt der Kleie also ständig zu verringern. Kleinmüller, die diesen Geist ihrer Berechtigung und ihrer zukünftigen Aussichten einigermaßen erkannt haben, sehen daher in ihren größeren Genossen nicht mehr die argen Feinde, die nur auf den Untergang der übrigen sinnen. Diesen kleinen Müllern, die also nicht in falscher Beurteilung der ganzen Lage mit den größeren in der Mehllieferung zu konkurrieren versuchen, geht es auch geschäftlich meistens durchaus gut.

Die Ergebnisse bezüglich der Zukunftsaussichten der Kleinmühlen lassen sich danach in kurzen Worten folgendermaßen zusammenfassen: jene heute nur mehr wenig zahlreichen Kleinbetriebe, die in der eigentlichen Geschäfts- und Konkurrenzzone mit den größeren Mühlen bezüglich der Mehllieferung konkurrieren müssen, sind unrettbar verloren; ihnen könnte nur ein wieder eingeführter Mahlzwang helfen, der sich in der heutigen Zeit eigenartig ausnehmen müßte. Diese Mühlen haben ihre Existenzberechtigung eingebüßt und die Konkurrenz der großen bläst ihnen unbarmherzig das Lebenslicht aus. An dieser harten Tatsache wirkt nur das eine etwas versöhnend, daß die Besitzer ihr Geschick kennen und sich zeitig nach anderen Berufen umsehen können. Geschieht letzteres nicht, wird also bis zum Zusammenbruch gewartet, so ist in der Ironie des Schicksals meistens der Besitz daran Schuld. Die Müller sitzen dann hartnäckig auf der väterlichen Scholle fest, diese wird ihnen statt zum Segen nur zum Hemmschuh und erst die Gewalt der Zwangsvollstreckung kann sie veranlassen, sich anderweitigen Lebensunterhalt zu suchen. Das Bild schließt unversöhnend ab, es malt die Opfer, welche der in anderer Hinsicht so segensreiche technische und wirtschaftliche Fortschritt unweigerlich fordert. — Die beiden anderen Arten dieser dritten Mühlenklasse haben aber ihre Daseinsberechtigung bewahrt; sie können nicht von der Bildfläche verschwinden, sie gehen einer Zukunft entgegen, die ihnen zwar nicht lockende Schätze und reiche Entwicklungschancen, wohl aber ein durchaus gesichertes Dasein verspricht.

Will man auch hier einen Vergleich mit der englischen Kleinmüllerei ziehen, so ist zu sagen, daß selbst für diese die Existenzberechtigung nicht erloschen ist, obwohl in England eine Vergesellschaftung in viel höherem Grade zu beobachten war. Der englische Kleinmüller ist nur in Landdistrikten mit geringem Verkehr am Platze, und hier wird er noch auf lange Zeit hinaus nicht überflüssig werden, da in diesen ländlichen Gegenden, in denen hauptsächlich Schaf- und Viehzucht blüht, einerseits die Konkurrenz für die Hafenmühlen nicht verlockend ist, weil anderseits aber gerade hier genau wie in Deutschland eine Nachfrage nach mehlhaltiger Kleie besteht, die nach der an früherer Stelle gegebenen Darstellung von den Großmühlen nicht in ausreichender Weise befriedigt werden kann. Auch der engliche ländliche Kleinmüller ist also noch auf lange Zeit hinaus ein notwendiges Glied in der Kette der wirtschaftlichen Berufe; als solches wird er aber sein geordnetes Auskommen finden.

II. Vorschläge zur Verbesserung der Lage des deutschen Mühlengewerbes, besonders der Klein- und Mittelmühlen.

Seit etwa elf Jahren ist seitens einer Anzahl deutscher Klein- und Mittelmüller der Ruf nach einer Mühlenumsatzsteuer laut geworden, welche die bestehenden Großmühlen in ihrer Produktion stark beschränken, die Entstehung weiterer großer Mühlen verhindern, die kleineren und mittleren Betriebe dagegen fördern und schützen soll. Die Mühlen der Umsatzsteuerpetenten weisen nach deren Behauptung so geringe Erträgnisse auf, daß ihnen ein Weiterarbeiten unter den gegenwärtigen Produktionsbedingungen aussichtslos erscheint. Den Grund für den Rückgang ihres Verdienstes sehen sie einzig und allein in dem Bestehen von Großmühlen, die sich nach ihrer Behauptung über jedes Maß und Ziel erweitert haben und immer noch vermehren, die infolge günstigerer Produktionsbedingungen einen immer größeren Teil des Vermahlungsquantums an sich reißen, die ferner eine gewaltige Überproduktion hervorgerufen haben und Klein- und Mittelbetriebe in kurzer Frist vernichten werden, wenn nicht schleunigst staatliche Hilfe kommt. Diese Hilfe soll die reichsgesetzliche Einführung einer mit dem Vermahlungsquantum staffelförmig steigenden Sondersteuer, die sogenannte Umsatzsteuer, bringen. — Über diesen Steuervorschlag ist viel geschrieben worden; Artikel im günstigen und im verurteilenden Sinne füllen die Spalten der Fachliteratur des letzten Dezenniums; auf Müllerversammlungen wurde darüber heftig debattiert, die Handelskammern nahmen Stellung, die Wissenschaft beschäftigte sich mit der Materie. So ist es eine wenig dankenswerte Aufgabe, von neuem dazu das Wort zu nehmen; es sollen daher hier nur einige wichtige Argumente ihre Besprechung finden, während solche, die offenbar nur aus agitatorischen Gründen herangezogen und aufgebauscht sind, unberücksichtigt bleiben mögen.

In den Begründungen der Petenten steht das Märchen von der durch die Schuld der Großmühlen hervorgerufenen Überproduktion stets an erster Stelle. Zur Widerlegung dieser Behauptung ist auf die im sechsten Kapitel Abschnitt IV der vorliegenden Arbeit enthaltene Produktions- und Konsumstatistik[1] zu verweisen, deren Ergebnis war, daß eine absolute und dauernde Überproduktion an Mühlenfabrikaten in Deutschland tatsächlich nicht in die Erscheinung tritt. Der weitere Vorwurf, daß die Großmühlen die Produktion in unverantwortlich weitgehender Weise an sich gerissen hätten, ist durch die früher gegebene Produktionsstatistik gleichfalls widerlegt. Nach diesen Feststellungen kann zur Behandlung der Umsatzsteuerfrage geschritten werden. Der ganze Plan ist, wie schon gesagt, den Köpfen der Mittelmüller entsprungen, und er hat zu den sonderbarsten Vorschlägen geführt. Diese bedürfen aber keiner Besprechung, nur sei erwähnt, daß der Vorschlag eines offenbar wenig ernst zu nehmenden, dafür um so kühneren Petenten die Steuer so hoch verlangte, daß, wie er selbst nachwies, die Einnahmen zur allmählichen Tilgung der gesamten Reichsschulden ausreichen würden. Es seien hier lediglich des Interesses halber die Vorschlagssätze des Verbandes deutscher Müller angeführt, die nur zur Illustrierung dienen sollen. Denn es wäre müßig, sich bezüglich der Steuerhöhe mit den Petenten zu streiten, ehe überhaupt die Notwendigkeit oder auch nur die Berechtigung der ganzen Steuer erwiesen ist. Der Verband deutscher Müller forderte:

[1] Vgl. S. 130.

1. 1 % Steuer bei einer täglichen Vermahlung von 1 t.
2. Darüber wächst die Steuer wie das Quadrat der Vermahlungsmenge.
3. Die Tagesvermahlung ist zur Bestimmung der Jahresvermahlung mit 300 zu multiplizieren.

Nach diesem Vorschlage würde folgende Steuer Platz greifen:

Jahresvermahlung an Getreide in Tonnen	Vermahlung pro Tag in Tonnen	Tonnenziffer = Quadrat der Tagesvermahlung	Jahressteuer = Tonnenziffer mit 300 Pfg. multipliziert Mark	Steuer pro Sack à 100 kg Mark
500	1,67	2,79	8,37	—
1 000	2,33	11,09	33,27	0,0033
2 000	6,67	44,49	133,47	0,0067
3 000	10,00	100,00	300,00	0,01
4 000	13,30	177,69	533,07	0,0133
5 000	16,67	277,89	833,67	0,0167
10 000	33,33	1 110,89	3 332,67	0,0333
50 000	166,67	27 778,89	83 336,67	0,1666
100 000	333,33	111 108,89	333 326,67	0,3333
200 000	666,67	444 488,89	1 333 466,67	0,6666
300 000	1 000,00	1 000 000,00	3 000 000,00	1,00

Diese gegenüber anderen Vorschlägen schon stark gemäßigten Steuersätze sind noch so hoch gegriffen, daß beispielsweise eine Großmühle von vormals 50 000 t Jahresvermahlung eine Steuersumme von jährlich etwa 83 000 Mk. aufbringen soll; nimmt man das Aktienkapital einer solchen Mühle mit 2 000 000 bis 3 000 000 Mk. an, so würden von der bisherigen Dividende 2,77 bis 4,15 % als Steuer abzusetzen sein, bei größeren Mühlen aber noch ein progressiv steigender Prozentsatz. Aber die Steuer soll nicht nur in guten Jahren, also in Berücksichtigung des Geschäftsertrages, sondern eben als Vermahlungssteuer auch dann gezahlt werden, wenn die betreffende Mühle ohne Gewinn oder gar mit Verlust arbeitet; sie soll also für den zu treffenden Großbetrieb vernichtend wirken, und diesem bleiben nun bloß zwei Alternativen: er soll den Betrieb entweder ganz einstellen (das wäre den Petenten das liebste) oder wenigstens auf einen beträchtlichen Teil des bisherigen Produktionsquantums verzichten, oder aber er soll die bedeutenden Steuersummen auf Geschäftsunkosten setzen, sie also auf die Konsumenten abwälzen und dadurch eine starke Mehlverteuerung herbeiführen, die dann den Kleineren, die keine so hohe Steuer zu entrichten hätten, zugute käme. Der Erfolg der Steuer würde allerdings für die Mittelmühlen ein bedeutender sein, wenn es tatsächlich gelänge, den Großmühlen den Todesstoß zu versetzen; der Nutzen wäre für die Kleinmühlen ein negativer, denn die von den Großmühlen freigewordenen Produktionsquoten würden in keiner Weise diesen Kleinbetrieben zufallen, sondern lediglich von den Mittelmühlen übernommen werden, die sich einerseits bis zu einem gewissen Grade ausdehnen, also selbst kleine Großmühlen werden würden, und die anderseits ihre Zahl dann durch Neugründungen wesentlich vermehrten. Tritt die Vernichtung der Großmühlen aber nicht ein, wird also die Steuer überwälzt und erhöhen sich daraufhin die Mehlpreise, so ist der Erfolg für Klein- und Mittelmüller kein nennenswerter, denn ein nur wenig erhöhter Mahllohn könnte denselben ja nichts nützen, um ihren behaupteten „Ruin“ abzuwenden. Nimmt man aber jenen Erfolg an, daß eine Produktionsveränderung infolge der Steuer eintritt, daß also die Großmühlen auf einen Teil der bisherigen Vermahlung zu gunsten der kleineren Genossen verzichten, so ist die Wirkung für die übrigen auch nicht sonderlich glänzend, denn eine um ein Weniges erhöhte Vermahlungsquote bei sonst gleichbleibendem Mahllohn könnte die Petenten ja nicht plötzlich reich machen.

Also ein Erfolg bestände nur dann, wenn es gelänge, die Großmühlen zu stürzen; wird den bestehenden Großmühlen die Lebenskraft wirklich unterbunden, so wird dieser Vorgang nicht ohne Wirkung auf die Importverhältnisse bleiben; es ist ausgeschlossen, daß dann die ganze Produktionsquote an die Mittelmühlen fiele, ein bedeutender Teil geht ohne Zweifel an das Ausland, dessen Mehlimport nach Deutschland hinein sich bedeutend steigern müßte; fremde Importeure wünschen aber nichts sehnlicher, als eine Einfuhrsteigerung nach Deutschland; das Ausland trüge also zweifellos die größte Freude davon. Wer sind nun eigentlich die Petenten? Man geht fehl, wenn man sie in der Hauptsache in der Reihe der Kleinmüller suchte; sie setzen sich im Gegenteil hauptsächlich aus Mittelmüllern zusammen. Derjenige Parlamentarier [1], der sich in mustergültiger Weise in die Materie hineingearbeitet hat, sagt darüber: „Man darf auf Klagen aus Interessentenkreisen niemals viel Gewicht legen, aber diese Petition der rheinisch-westfälischen Mühlenbesitzer ist doch wohl das Stärkste an Unverfrorenheit, was seit Zustandekommen des neuen Zolltarifes geleistet worden ist. Leute, die Millionäre sind, deren Mühlenbetriebe mit gutem oder sehr gutem oder doch befriedigendem Erfolge arbeiten, Vorstände von Aktiengesellschaften, die fast regelmäßig ihre 10 % Dividende geben, genieren sich nicht, von den gesetzgebenden Körperschaften Maßnahmen zu verlangen, durch welche ihnen die innere Konkurrenz vom Halse geschafft werden soll, d. h. die Groß-

---

[1] Gothein, Die Vermahlungssteuer für Mühlen und die progressive Besteuerung der Großbetriebe, Berlin 1908, S. 40.

mühlen sollen erdrosselt werden." Es erscheint unnötig, eine eingehende Widerlegung der von den Petenten vorgebrachten Gründe hier nochmals zu geben, nachdem dieselben von anderer Seite genugsam entkräftet sind[1], es seien lediglich noch die drei verschiedenen Wirkungen auf das deutsche Volk, auf die Staatskasse und auf verwandte Gewerbe betrachtet.

Wie man die Sache auch wenden mag, die Steuer läuft schließlich auf eine Erhöhung der Mehlpreise, also auch der Brotpreise, hinaus. Hierunter leidet das gesamte Volk, in Sonderheit die niederen Klassen, denn eine Brotpreiserhöhung von 1 Pfg. pro Kilogramm bedeutet eine jährliche Mehrausgabe von 150 000 000 Mk. für dieses Nahrungsmittel; und tatsächlich kommt bei einzelnen Vorschlägen eine Erhöhung von 6 Pfg. für 1 kg heraus. Vom Standpunkt der gesamten Bevölkerung ist der ganze Plan also scharf zu verurteilen; denn das deutsche Volk hat kein Interesse an der Steuer; es leidet bereits schwer unter der Verteuerung der übrigen Nahrungsmittel, hat also um so mehr ein Recht darauf, ein qualitativ einwandfreies Brotmehl zu billigen Preisen zu erhalten; und beide Forderungen hat die deutsche Mühlenindustrie besonders durch das ausgleichende Wirken der Großmühlen bisher in vollkommenster Weise erfüllt.

Die Wirkungen auf die Staatskasse erscheinen auf den ersten Blick verlockend oder werden wenigstens von den Petenten als glänzend hingestellt. Aber in Wahrheit liegt die Sache ganz anders. Es erscheint selbstverständlich, daß die Großmühlen für die schwere Einbuße, die sie erleiden müßten, in voller Höhe zu entschädigen sein würden, genau so wie jene Industriezweige, die aus Gründen der Arbeiterfürsorge oder aus anderen Motiven staatlich eingeschränkt oder lahmgelegt wurden. Das bedeutet zunächst einmal gewaltige Aufwendungen für das Reich, die allerdings später durch die einlaufenden Steuerbeträge wettgemacht werden könnten. Aber würde das letztere wirklich möglich sein? Vom Standpunkte der Steuergerechtigkeit betrachtet: niemals! Es ist moralisch nicht angängig, daß die von den Großmühlen, also nur von einem Teil des Gewerbes aufgebrachten Steuern der Staatskasse zufließen sollten; die Umsatzsteuer könnte wohl nur als eine rein wirtschaftspolitische, niemals aber als eine finanzpolitische aufgefaßt werden, und ihre Einkünfte würden also nicht für staatliche Zwecke, sondern lediglich zum Besten des gesamten Müllereigewerbes zu verwenden sein. Auch der wenig beneidenswerte Standpunkt des Reichsschatzsekretärs möge hier kurz gestreift sein: Wird die Steuer entgegen allen sittlichen Voraussetzungen als Finanzeinnahme betrachtet, so

[1] Vgl. spätere Literaturangabe.

muß das Bestreben des Schatzsekretärs dahin gehen, möglichst viele Großmühlen vorhanden zu sehen, denn nur sie stellen ihm einträgliche Objekte dar, sind also zu fördern. Das letztere soll dann wieder nicht zulässig sein, weil sich ja die Steuer zur Brachlegung dieser Großbetriebe betätigen soll. Man kommt bei der Beurteilung von einem Widersinn zum anderen.

Bezüglich der Wirkung auf verwandte Gewerbe ist zu sagen, daß die Steuer den hochentwickelten deutschen Mühlenbau ganz besonders empfindlich schädigen müßte. Es liegt in der Natur des ausgesprochenen Großbetriebes, daß gerade er in der Erprobung neuer Erfindungen und Maschinen vorauseilt, daß also er den Mühlenbauanstalten die umfangreichste und technisch wertvollste Arbeit schafft. Ebenso dürfte die Steuer den Interessen der Landwirtschaft zuwiderlaufen, wenn auch heute der Plan unverständlicherweise bei den Konservativen starke Unterstützung findet. Es ist oben gesagt, daß ein Steigen der Mehleinfuhr zu erwarten wäre; daraus würde ein geringerer Bedarf an Inlandsgetreide entstehen und die Landwirtschaft wäre der leidtragende Teil; ferner aber würde sie durch verteuerte Futtermittelpreise fühlbar leiden. Schon heute ist Deutschland zur Deckung seines Kleiebedarfs von 4250000 Tonnen genötigt, etwa 750000 Tonnen aus dem Auslande zu beziehen, und die Stimmen, die ein Kleieausfuhrverbot wünschen, mehren sich. Eine weitere Schwächung der Inlandproduktion kann der Landwirtschaft also nicht erwünscht sein.

Nun noch einige Worte über die Wirkung von Groß- und Kleinmühlen im Kriegsfalle, die von den Petenten herangezogen wird, weil es bei egoistischen Wünschen immerhin gut klingt, den Altruismus zu gunsten von Vaterlandsrücksichten reden zu lassen. Man behauptet also, daß nur die Mittelmühlen in der Lage seien, die Ernährung des Volkes im Kriegsfalle zu gewährleisten. Aber im Kriegsfalle ist die Größe der Mühlen absolut unwichtig; die Hauptsache ist, daß überhaupt solche vorhanden sind und daß man Getreide zur Vermahlung hat. In letzterer Hinsicht werden die Großmühlen sich mehr bewähren, denn sie unterhalten gezwungenermaßen enorme Speicher mit Vorräten, an die Kleinmüller nicht denken können. Aber auch diese Lager werden sehr bald erschöpft sein, und dann wird der Großmüller, der den Weltmarkt ganz anders übersieht als sein kleinerer Genosse, schnell für Ersatz sorgen können, was dem kleinen unmöglich ist. An eine Aushungerung werden die Petenten selbst nicht glauben, denn heute dauern Kriege nicht mehr jahrelang. Deutschland würde zunächst seine Erntevorräte, danach seine Viehreserven haben und wohl von allen der vielen Grenzländer und Wasserwege nie und nimmer gleichzeitig abgeschlossen sein. Die Schreckbilder in dieser Beziehung werden also wenig Gläubige finden.

Der Umsatzsteuervorschlag ist frivol und daher in jeder Form abzulehnen, wie es von Mohr [1], Fromm [2] und Gothein [3], sowie seitens der Mehrheit der deutschen Handelskammern geschehen ist. Und zwar sind von 84 Handelskammern, die die Frage behandelten, 5 kleinere Kammern der Forderung nach einer Umsatzsteuer beigetreten, während 79 dieselbe abgelehnt haben; diese letzteren Kammern stellen aber gewichtige Stimmen dar, denn unter ihnen befinden sich gerade die bedeutendsten, wie z. B. jene von:

Altona,	Elberfeld,	Mannheim,
Berlin,	Essen,	München,
Bochum,	Halle a. d. S.,	Oppeln,
Brandenburg,	Hamburg,	Plauen i. V.,
Bremen,	Hannover,	Posen,
Breslau,	Kassel,	Potsdam,
Bromberg,	Königsberg i. Pr.,	Ruhrort,
Chemnitz,	Leipzig,	Saarbrücken,
Danzig,	Lübeck,	Straßburg i. Els.
Dortmund,	Ludwigshafen,	
Düsseldorf,	Magdeburg,	

Ferner sprechen sich neuerdings sämtliche Verbände der Brotfabrikanten, der Bund der Industriellen, die Zentralstelle zur Vorbereitung von Handelsverträgen und der Bund Süddeutscher Industrieller dagegen aus. Zum Schlusse sei die Resolution hier wiedergegeben, die der Verein Berliner Kaufleute und Industrieller im Jahre 1899 an den Reichstag gerichtet hat; sie lautet: „Der Antrag des Verbandes deutscher Müller greift über seine finanzpolitischen Zwecke hinaus empfindlich in den privaten und legitimen Wettbewerb der einzelnen Unternehmer ein. Er stellt ersprießliche Betriebsfortschritte zu gunsten wirtschaftlicher und technischer Rückständigkeit unter Strafe. Damit wird auch die Entwicklung des deutschen Gewerbes auf Kosten seiner Wettbewerbsfähigkeit im In- und Auslande zum Schaden der Gesamtheit bedroht. Bei Annahme des Antrages würde zugleich der Verkehr des notwendigen Nahrungsmittels erheblich verteuert werden. Der Vorstand des Vereins Berliner Kaufleute und Industrieller richtet daher an den Reichstag die Bitte, dem

---

[1] Vgl. Mohr, Die Entwicklung des Großbetriebes in der Getreidemüllerei Deutschlands, S. 269—275.

[2] Vgl. Fromm, Das Mühlengewerbe in Baden und in der Rheinpfalz, Karlsruhe 1907, S. 150—152.

[3] Vgl. Gothein, Die Vermahlungssteuer für Mühlen, a. a. O., S. 61—63.

Antrage des Verbandes deutscher Müller keine Folge zu geben." — In Bayern ist eine Mühlenumsatzsteuer auf Betreiben der Mittelstandspolitiker geschaffen worden; sie belegt die Vermahlung mit einer Steuer von 6—60 Pfg. pro 1 t Getreide. Diese Steuer hat sich nicht bewährt, den kleinen Mühlen hat sie nichts genützt, den Mittelmühlen bezüglich der Konkurrenzfähigkeit nur geschadet. Sie wirkt als Einfuhrprämie und die kleinen Mühlen kaufen das zur Verbesserung ihrer Produkte nötige, aus ausländischem Getreide hergestellte Mehl von den nichtbayerischen Mühlen. Die Steuer hat sich in einem solchen Maße unzweckmäßig gezeigt, daß sie vereinzelt suspendiert wird und die Veranlagung wieder wie früher nach dem Ertrage des Unternehmens geschieht[1]. Hiermit möge die Besprechung der Umsatzsteuerfrage erledigt sein. Der Verfasser ist sich wohl bewußt, hier keine annähernd erschöpfende Darstellung gegeben zu haben; das war aber auch — als über den Rahmen der vorliegenden Arbeit weit hinausgehend — gar nicht angestrebt; vielmehr sollten nur die besonders wichtigen Punkte beleuchtet werden, was aber zur Ablehnung der ganzen Steuer völlig genügen dürfte.

Lediglich der Vollständigkeit wegen wird nun noch der neuere Kontingentierungsvorschlag erwähnt, der den Mühlen ihren heutigen Umsatz steuerfrei belassen, jede Erhöhung des Vermahlungsquantums aber mit einer staffelförmigen Umsatzsteuer belegt wissen will. Die Berechtigung dieses Vorschlages ist ebensowenig einzusehen, da auch er von dem Trugschluß einer angeblichen Überproduktion einerseits und von dem Irrtum anderseits ausgeht, daß an der wenig guten Lage des deutschen Mühlengewerbes gerade der Großbetrieb die Schuld trüge. Würde man dem Vorschlage überhaupt nähertreten wollen, so müßte zum allermindesten der Export steuerfrei bleiben und der Steuersatz wäre in vernünftigen Grenzen zu halten. Die Einkünfte müßten dem gesamten Mühlengewerbe zugute kommen; die Betroffenen wären entsprechend zu entschädigen. Aber man muß immer wieder die Frage erheben, wieso eine Hemmung der Großmühlen berechtigt ist; und da diese Berechtigung nach allem früher Gesagten nicht zu erweisen ist, so ist auch dieser Kontingentierungsvorschlag abzulehnen.

In neuerer Zeit hat man innerhalb des Gewerbes viel von Erwägungen über die Organisation von Verkaufsvereinigungen gehört, es hat sich ein Ausschuß für die Vor-

[1] So bei der Ludwigshafener Walzmühle; nähere Angaben bei Fromm, Das Mühlengewerbe in Baden und in der Rheinpfalz, Karlsruhe 1907, S. 151. Vgl. auch Gothein, Die Vermahlungssteuer für Mühlen, a. a. O., S. 45.

bereitung von solchen Zusammenschlüssen gebildet, dem Angehörige aller deutschen Müllerverbände beigetreten sind, und der sich dann Prof. Dr. Ruhland in Berlin als Mitarbeiter sicherte. Der Ausschuß ließ eine Schrift erscheinen, in der er positive Vorschläge macht[1]. Die Konkurrenz im Mühlengewerbe soll danach beseitigt werden, und zu diesem Zwecke sollen die einzelnen Müller nicht mehr selbst für den Vertrieb ihrer Erzeugnisse sorgen; es soll eine das ganze Reich umfassende Verkaufsorganisation geschaffen werden, die den Markt von Überangeboten frei hält und die als „volkswirtschaftlich nachteilig" bezeichneten Fernverkäufe beseitigt. Diese Reichsverkaufsorganisation soll sich auf einer Reihe lokaler Verbände aufbauen, es soll, mit anderen Worten, ein Verkaufskartell aller deutschen Mühlen gebildet werden. Der Vorschlag ist sicher nach verschiedenen Seiten hin vorzüglich durchdacht und sehr beachtenswert. Der Verfasser freilich hält diese Ideen vorläufig noch für Utopien, und zwar nicht einmal für schöne Utopien, denn Mehl eignet sich trotz aller theoretischen Gegenargumente wenig zum kartellieren. Daß auch Vertreter der Großmüllerei sich an der Ausschußarbeit beteiligten und daß überhaupt einmal ein positiver Vorschlag gemacht wurde, ist sicher erfreulich; doch hat es den Anschein, als ob diese Beteiligung nur geschah, um von zwei Übeln das kleinere zu wählen. Aus voller Überzeugung konnten die Großmüller und die größeren Mittelmüller eigentlich nicht mittun, denn eine Kontingentierung, die hier ja unerläßlich wäre, muß ihnen durchaus unsympathisch sein. Die Zukunft hat zu lehren, wie weit die Vorschläge des Ausschusses Wirklichkeit werden und wie sie auf das Ergehen der Müllerei einwirken; das eine Unsympathische können sie nicht verleugnen: auch sie wollen wirtschaftliche Unabhängigkeit, autonomes, schnelles und geistesgegenwärtiges Handeln in wirtschaftliche Gebundenheit verwandeln, und daß letztere durchaus nicht immer die erwarteten heilsamen Folgen trägt, das sieht man meistens erst, wenn diese unangenehmen Folgen schon eingetreten sind.

Zur Beurteilung dieser für das ganze Deutsche Reich geplanten Verkaufsorganisation ist es lehrreich, wiederum die englischen Verhältnisse[2] zu betrachten. An früherer Stelle war die in England beobachtete starke Großbetriebsentwicklung besprochen, die natürlich bald eine Konzentration der Betriebe oder wenigstens die Bildung von Abkommen über die Preise wünschenswert machen mußte. So entstand schon

---

[1] Über die Organisation von Verkaufsvereinigungen der deutschen Müller. Berlin 1907.

[2] Vgl. Macrosty, The trust Movement in British Industry. London 1907. Chapter VIII: „Grain-Milling", S. 218—220.

1873 die Sheffield-Association, 1878 folgte die London-Association, 1897 die Kent-Association. Sie stellten zunächst sogenannte Konditionenkartelle dar, regelten also die Verkaufsbedingungen. So schaffte die Kent-Association auch die bisher allgemein an die Abnehmer gegebenen Weihnachtsgeschenke ab; die London-Association setzte die Lieferungsfrist der Ware auf vier Monate und die Zahlungsfrist auf einen Monat fest. Die National-Association war in derselben Richtung tätig und im Jahre 1898 brachte sie sogar ihre National-Sale-Note heraus, die von Bäckern und Konditoren und darauf von vielen Lokalassoziationen akzeptiert wurde. In dieser Abmachung wurden die Quantitäten geregelt und die Lieferungsfrist auf drei Monate festgesetzt, wenn auf dem Kaufkontrakt nicht eine frühere Lieferung ausbedungen war. Die Zahlungsfrist sollte einen Monat betragen, die Zahlung selbst aber auf des Verkäufers Wunsch vor Lieferung der Ware erfolgen; schließlich wurden Durchschnittsqualitäten normiert und ein Schiedsgericht für Streitfragen geschaffen. Alle diese Bestimmungen waren aber nicht genügend wirksam, man schloß also Preiskartelle. Die im Jahre 1900 gegründete London-Flour-Millers-Association setzte nun wöchentlich die Preise für die Mehlsorten „London Whites" und „Town Households" fest und veröffentlichte sie in der Tagespresse; das waren aber keine pflichtmäßigen Minimum-, sondern nur Musterpreise. Und in ähnlicher Weise ging die im Jahre 1899 gegründete North-Eastern-Millers-Association vor. Aber diese Preisassoziationen haben sich nicht so bewährt, wie erwartet wurde; Macrosty führt die Meinung des Großmüllers Mr. Rank an, der darlegt, daß bei der Preisfestsetzung zunächst die kleinen Müller zu berücksichtigen sind, die ja verdienen müssen. Die festgesetzten Preise sind also dann glänzende für die Großmüllerei, die ja bedeutend billiger produzieren kann. Dieser hohe Preisstand bezw. Verdienst der Großmüller zieht die Auslandskonkurrenz heran; will die inländische Großmüllerei nicht leiden, so muß sie die Preise ermäßigen, also die Abmachungen brechen. Die North-Eastern-Millers-Association wurde auch wirklich in ihrer Eigenschaft als Preiskartell aufgehoben und besteht nur nominell noch fort. Anstatt fester Preisassoziationen schlägt Macrosty[1] zwanglose offene Aussprache bezüglich der Preise zwischen den Müllern vor, und diese Aussprache soll in lockeren Verbänden stattfinden.

Die Ergebnisse dieser Betrachtung müßten eine Warnung für die deutschen Müller sein, die geplante Reichsorganisation

---

[1] Vgl. Macrosty, The trust Movement in British Industry, London 1907. Chapter VIII: „Grain-Milling", S. 221.

wirklich abzuschließen. Die Interessen der Einzelnen sind ja im Deutschen Reich noch viel verschiedener als in England, und es dürfte daher völlig aussichtslos sein, die Verkaufsorganisation praktisch so zu gestalten, daß sie die gerechten Ansprüche der Mehrheit unter den verschiedenen Müllern auf die Dauer und in einer die Konsumenten nicht schädigenden Weise erfüllen könnte. Man hat sich also von dem theoretisch gewiß weitgehend erwogenen Plane keine allzu großen Erwartungen zu machen.

ANHANG.

Die Arbeiterinteressen.

Auf den vorstehenden Seiten ist bisher nur von den Interessen der Unternehmer die Rede gewesen; es erscheint nur billig, nun zum Schluß auch die Lohnverhältnisse und Arbeitsbedingungen der Angestellten etwas näher zu betrachten. Allerdings kann es hier nicht die Aufgabe sein, ein erschöpfendes Bild von allen im deutschen Mühlengewerbe gezahlten Löhnen zu geben; ebenso würde es zu weit führen, die Lohnstatistiken einzelner Mühlen und ganzer Gruppen in allen Einzelheiten aufzuzählen; vielmehr soll nur ein allgemeines Bild von der Lage der Mühlenarbeiter gegeben und gezeigt werden, wie die Größe des Betriebes auf die Lohnzahlen einwirkt. Zunächst ist festzustellen, daß man sich im deutschen Mühlengewerbe bisher nur wenig mit den Problemen der verschiedenen Löhnungsmethoden befaßt hat; Prämien sind nach des Verfassers Wissen nirgends in Aufnahme gelangt, ebensowenig die verschiedenen Arten der Gewinnbeteiligung, für die ja hier auch jede Veranlassung und Grundlage fehlt. Die Unterschiede in der Entlohnung sowohl wie in der täglichen Arbeitszeit sind so große, daß die Betrachtung am besten gleich nach der Betriebsart eingeteilt wird. Nach eingezogenen Erkundigungen, deren Ergebnisse die Untersuchungen von Mohr [1] und von Graack [2] völlig bestätigen, sind die Verhältnisse etwa folgende: In den Kleinbetrieben kommen als Arbeitskräfte nur Lehrlinge, von denen jedoch hier abgesehen werde, und Müllergesellen in Betracht. Die Gesellen haben natürlich ganz verschiedene Arbeitszeiten, je nach der Jahreszeit, der Beschäftigung der Mühle, der Witterung, den Wind- und Wasserverhältnissen. Hier spielt neben dem Geldlohn noch der Naturallohn eine große Rolle; meist tritt er in Verbindung mit dem Geldlohn auf; allgemein werden folgende Angaben zutreffen:

[1] Vgl. Mohr, Die Entwicklung des Großbetriebes in der Getreidemüllerei Deutschlands, S. 215—265.

[2] Graack, Die Entlohnungsmethoden im deutschen Mühlengewerbe. („Allgemeine deutsche Mühlenzeitung", 1907, Nr. 8.)

Landesteil	Arbeitsdauer pro Tag Stunden	Lohn pro Tag Mark	Kost und Logis pro Tag Mark	Jahres-verdienst zirka Mark
Süddeutschland .	14—16, oft mehr!	1,00—1,50	1,00	700
Südwestdeutschland	14—16 „ „	0,90—1,40	1,00	650—700
Ostdeutschland .	14—16 „ „	1,00—1,50	1,00	700
Nordwestdeutschland	14—16 „ „	1,25—1,75	1,00	700—800

Über die Arbeitsbedingungen ist zu sagen, daß dieselben in diesen Kleinbetrieben ungesund sind: die Leute sind als Staubarbeiter zu betrachten, denn es ist ohne weiteres verständlich, daß die kleinen Besitzer keine Maschinen zur Staubabsaugung anschaffen und im Betrieb halten können. Aber von der Staubentwicklung abgesehen, arbeiten diese Arbeiter oft in der schlechtesten und verbrauchtesten Luft. Die Arbeitsräume sind eng und meistens sehr dunkel, da für Fenster und für genügende Lüftung nicht gesorgt werden kann. Am schlimmsten sind die Verhältnisse im Übergang zum Winter, im Winter selbst und im Frühjahr, denn dann findet eine Lüftung eigentlich nur durch das notwendige Öffnen und möglichst schnelle Schließen der Tür statt. Der Mahlraum dient zugleich als Lagerraum, die oft feuchten Getreidesäcke stehen lange Zeit in der Mühle umher, die Weizenkeime verbreiten einen schlimmen Geruch, und so weht dem eintretenden Fremden aus solchen Räumen häufig eine Luft entgegen, die ihn zurückschaudern läßt. Oft haben die Gesellen ihr Nachtlager einfach in einer Ecke auf ein paar Säcken, die selten fortgenommen werden, und überhaupt herrscht in diesen Räumen geringe Sauberkeit. Der Fußboden ist vielfach feucht, der Staub bildet eine schlüpfrige Masse, die den Gesellen leicht ausgleiten läßt; ebenso gefährlich ist der oft beobachtete Mangel an Schutzvorrichtungen, die schlechte Beschaffenheit steiler Treppen usw. Ferner ist der Staub gefährlich, der beim Schärfen der alten Mühlsteine entsteht und die Atmungsorgane stark angreift, ganz abgesehen von den bei diesen Vorrichtungen so häufigen Verletzungen, besonders der Augen. Bedenkt man noch, daß der Müllergeselle gerade bei schlechtem Wetter oftmals am Tage und in der Nacht hinauslaufen muß, um nach dem Wehr oder nach dem Wind zu sehen, so ist es nicht mehr erstaunlich, daß die Arbeiter in den Kleinmühlen meist elend, oft geradezu erschreckend krank aussehen und daß die Lungenschwindsucht und andere Krankheiten, besonders noch Rheuma und Gicht, sowie Katarrhe jeder Art, hier beunruhigend häufige Gäste sind. Die Arbeiter empfinden das natürlich selbst am besten;

um auch ihr Urteil zu hören, mag hier folgende Äußerung des Verbandes deutscher Mühlenarbeiter angeführt sein, die anläßlich der Besprechung einer auf der Nürnberger Ausstellung 1906 ausgestellten Kleinmühle in dem Verbandsorgan erschienen ist: „Wenn die Besucher der Ausstellung von der Leistungsfähigkeit der bayerischen Müllerei aufklärende Kenntnis erlangen sollen, hätte man eine Mühle erbauen müssen, wie sie in Wirklichkeit in Hunderten von Fällen in Bayern vorhanden sind. Eine Mühle, wohinein die Sonne nicht kommen kann, wo jahrelang alter Staub und Spinngewebe auf Decken, Wänden und Durchzügen lagern, wo die Steine und Beutelkästen noch die Hilfsmittel der Mehlerzeugung darstellen und in einem finsteren, staubig-feuchten Loch die Lagerstätte der Gesellen sich befindet . . . Von Filterkästen, Bürstenschnecke, Plansichter usw. weiß man nichts in den Kleinmühlen, wohl aber in den Mittel- und Großmühlen und in der Ausstellungsmühle.“ Ein Räsonnement über die Nachlässigkeit oder Schuld der Besitzer wäre wenig gerechtfertigt; es ist für die Mehrzahl derselben ja unmöglich, hier genügenden Wandel zu schaffen. Die objektive Betonung der geschilderten Tatsachen ist bei der Betrachtung der Arbeiterinteressen aber unentbehrlich gewesen. Das bisherige Resultat war also einerseits geringer Lohn, anderseits äußerst ausgedehnte Arbeitszeit, verbunden mit ungesunden Lebensbedingungen. Hinzu kommt noch, daß die Arbeiten in den Kleinmühlen für den Müllergesellen die schwersten sind. Er ist dort eben Mädchen für alles, hat Acker, Vieh, Pferd, Mühle und den Transport des Kornes auf den Rüttelschuh usw. zu besorgen. Er ist zugleich noch Lastträger, denn Vorrichtungen für Horizontal- und besonders für Vertikaltransport fehlen in Kleinmühlen in der Regel gänzlich. Jedem mit den höheren Aufgaben und Idealen der Technik Vertrauten gilt aber als eine der ersten Forderungen die folgende: Zu der niedrigsten aller Arbeiten, zum geistlosen Schleppen von Lasten sind keine Menschen zu verwenden; für diese Arbeiten ist zu allererst die Maschine am Platze.

Schließlich sei kurz bemerkt, daß der in der vorstehenden Tabelle angegebene Lohn pro Tag durchaus nicht immer als fester Tagelohn zu betrachten ist. Es gibt noch häufig Fälle, in denen die Gesellen vom Meister lediglich Kost und Logis, ihren Geldlohn aber in Form eines Trink- oder Mahlgeldes von den Mahlgästen erhalten; und zwar ist diese letztere Lohnform besonders in den Lohnmühlen in Übung. Auch ein primitives Akkordlohnsystem ist oft in Anwendung; der Geselle bekommt dann einfach pro Wispel des vermahlenen Getreides seinen bestimmten Lohnsatz und ist nun daran interessiert, daß keine Stockungen eintreten. Diesen Akkordlohn findet man besonders in kleinen Wind- und auch Wassermühlen, vorwiegend dann, wenn sie im Nebenberuf betrieben werden, der Besitzer also während des ganzen Tages sich um die Müllerei nicht kümmern kann oder wenn er persönlich nichts davon versteht. In Windmühlen findet auch das sogenannte Meistersohnsystem Anwendung, welches darin besteht, daß der Sohn des Müllermeisters einerseits als Geselle arbeitet, anderseits aber in Akkordlohn steht, weitere Gesellen anstellen kann und diese dann mit von seinem Akkordlohn bezahlt. Dieser Müllersohn ist dann der eigentliche Betriebsleiter, Geselle und Akkordarbeiter in einer Person.

In der Kategorie der Mittelmühlen sind zwei Arten zu unterscheiden, erstens die, welche sich in Betriebsform, Arbeitslohn und Arbeitsbedingungen eng an die Verhältnisse der Kleinmüllerei anschließt, und jene, die technisch und teilweise auch kaufmännisch hochstehend sich den Verhältnissen der Großmüllerei zuneigt, sich aber von letzterer immerhin durch Lohnhöhe und Arbeitsdauer erheblich unterscheidet. In den auf der Höhe stehenden Mittelbetrieben greift mehr und mehr der Geldlohn als einzige Lohnform Platz, wenn es auch heute noch zahlreiche Betriebe gibt, die Naturallohn mit Geldlohn verbinden. Im allgemeinen werden folgende Angaben zutreffen:

Gattung der Arbeiter	Arbeitsdauer pro Tag Stunden	Lohn pro Tag in Süddeutschland	Ostdeutschland	Nordwestdeutschland
		Mark		
Walzenführer	13—16 (oft länger bis 18 Std.)	2,00—2,50	1,90—2,30	2,50—3,00
Untermüller	13—16	1,80—2,30	1,70—2,20	2,30—2,80
Speicherarbeiter	13—16	2,50—3,00	1,60—2,00	2,50—3,00
Maschinisten	13—16	2,70—3,20	2,20—2,70	2,50—2,80
Kutscher	nach Bedarf	2,00—2,50	1,80—2,25	2,30—2,80

In diesen Werken sind die Arbeitsbedingungen schon wesentlich bessere. Zwar kann auch der Mittelmüller nicht für annähernd erreichbare Staubfreiheit sorgen, aber immerhin ist infolge der Verwendung besserer und modernerer Maschinen die Staubentwicklung bedeutend geringer als in den Kleinmühlen, und man findet allgemein Räume mit Fenstern und Luftklappen, die nicht — wie zuweilen bei Kleinmühlen — fest verschraubt oder gar nicht zum Öffnen eingerichtet sind, die vielmehr geöffnet werden können und tatsächlich auch benutzt werden. Als gesund kann man aber die Arbeitsbedingungen schon wegen der langen Arbeitsdauer von 14 bis 15 Stunden nicht bezeichnen. Auch wird, wie aus zahlreichen Berichten von Gewerbeinspektoren hervorgeht, im allgemeinen wenig für den Unfallschutz getan; Unfälle sind daher nicht selten. Hat die Mittelmühle Dampfbetrieb oder arbeitet sie mit größerer Wasserkraft, so entfallen manche Krankheitsursachen; müssen sich die Gesellen aber um kleine und unregelmäßige Wasserkräfte kümmern, so ist ihre Lage in gesundheitlicher Hinsicht ungünstiger.

In den Großmühlen endlich war noch vor wenigen Jahren eine tägliche Arbeitszeit von 12 Stunden allgemein üblich. Das hat sich in letzter Zeit, besonders in den großen Städten, geändert, und man ist inzwischen mehr und mehr zu elfstündiger, oft aber auch zu zehnstündiger Arbeitszeit übergegangen. Die Entlöhnung geschieht ausschließlich in Geldzahlung; man trifft wohl meistens den Zeitlohn, oft aber auch Akkordlohnsysteme, besonders bei Absackern und Verladern. Lohnhöhe und Arbeitsdauer stellen sich etwa folgendermaßen:

Gattung der Arbeiter	Arbeitsdauer pro Tag	Lohn pro Tag
	Stunden	Mark
Walzenführer	10—11	3,50—5,50
Untermüller	10—11	3,40—6,00
Sichtbodenmüller	10—11	3,20—4,20
Müller in der Reinigung	10—11	3,00—4,25
Arbeiter im Mehlspeicher	10—11	3,00—4,00
„ „ Silo	10—11	2,75—3,75
„ auf dem Packboden	10—11	2,75—3,60
„ in der Mühle	10—11	3,00—4,50
Mehlabsacker	10—11	3,20—4,20
Kleieabsacker	10—11	3,00—4,00
Maschinisten und Heizer	10—11	3,25—5,00
Tischler und Schlosser	10—11	3,75—5,00
Verladearbeiter	10—11	2,75—4,00
Mehlkutscher	10—11	2,75—4,00

Zu dieser Aufstellung ist zu bemerken, daß die niederen Löhne besonders für die kleineren der Großmühlen, vorwiegend für solche auf dem Lande oder in kleineren Städten, die höheren Angaben für große Werke in Städten und besonders in Hafenorten und Großstädten in Betracht kommen. Selbstverständlich gibt es Fälle, in denen für besonders schwierige Arbeiten noch höhere Löhne gezahlt werden. Die Arbeitszeit ist hier als normal zu bezeichnen und der in anderen Erwerben oft ersehnte Neun- oder gar Achtstundentag ist in der Großmüllerei aus dem Grunde weniger zu fordern, weil hier ja der spezifischen Arbeitsintensität gewisse Schranken gesetzt sind. Die moderne Mühlentechnik braucht keine Arbeiter zur Verrichtung besonders grober Arbeiten, die also hohe Körperanstrengung erfordern; der Betrieb geschieht vollkommen automatisch, jeden Transport besorgt (bis auf das Ausladen der Getreidesäcke und das Einladen der Säcke in die Waggons) die Maschine, und so sind nur Arbeitskräfte nötig, die die

Maschinen beaufsichtigen und regulieren, und solche, die für die Sauberkeit der Arbeits- und Lagerräume sorgen. Die Arbeit der Müller in Großbetrieben basiert also in der Hauptsache auf Intelligenz. Mit diesen Angaben ist schon ein Teil der Frage nach den Arbeitsbedingungen beantwortet, indem festgestellt wurde, daß körperliche Überanstrengung wohl nirgends gefordert wird. Die Arbeitsräume bestehen — wenigstens in neueren Betrieben — aus weiten, hellen, luftigen Sälen; es herrscht peinliche Sauberkeit schon wegen der Erhaltung der komplizierten Maschinen und wegen Erlangung einer guten Mehlqualität. Staubentwicklung in den Mühlenräumen ist ganz ausgeschlossen, nur in den Speichern und den Absackräumen ist sie nicht ganz zu vermeiden. Verletzungen sind selten, denn einerseits herrscht genügend weite und übersichtliche Anordnung der Maschinen, anderseits sind die weitstgehenden Maßnahmen gegen Unfälle getroffen.

So ist die Betrachtung über die Lage der Mühlenarbeiter mit dem Urteil zu schließen, daß in der Großmüllerei die gesündeste, leichteste und bestbezahlte Arbeit zu finden ist und daß hier überdies die kürzeste tägliche Arbeitsdauer herrscht. Es müßte also der Gesamtheit der Mühlenarbeiter eigentlich daran liegen, daß die Ausdehnung der Großindustrie im Müllergewerbe möglichst schnelle Fortschritte macht. — Statistisch sehr schwer zu fassen sind die Wohlfahrtseinrichtungen, um so mehr, als diese besonders in den großen Privatmühlen existieren, von der Mehrzahl der Aktienmühlen aber bisher wenig gepflegt wurden. Die letztere Erscheinung braucht man kaum zu bedauern, denn schon aus dem Namen „Wohlfahrtspflege" klingt dem Arbeiter ein unsympathischer Klang, mit dem sich ihm der Begriff der Gnade unwillkürlich verbindet. Und in den großen Werken, die am meisten die Wohlfahrtspflege ausgebaut haben, herrscht keineswegs immer Zufriedenheit der Arbeiter, die ja immer wähnen, daß derartige Einrichtungen seitens der Besitzer nur geschaffen werden, um die Arbeiter „an sich zu fesseln". Wenn der Verfasser recht unterrichtet ist, so geht das Streben der Mühlenarbeiter nach weiterer Verkürzung der Arbeitszeit, nach früherem Arbeitsschluß an den Sonnabenden und nach einem möglichst hohen Lohn; Vergünstigungen anderer Art werden nicht geschätzt und nicht erstrebt. Und in der Tat erscheint es das Richtigste, daß man diesen Wünschen soweit als irgend tunlich nachkommt; will eine Mühle etwas Weiteres tun, so ist die Schaffung guter Arbeiterwohnungen wohl dasjenige, was seitens der Beschäftigten noch am ersten anerkannt wird, besonders da die meisten Mühlen nicht unmittelbar in Städten liegen. Man hat sich darüber eben klar zu werden, daß patriarchalische Verhältnisse schlecht in unsere Zeit passen; für sie hat mit dem Tode des Freiherrn von Stumm unwiderruflich die letzte Stunde geschlagen, und dieser Umschwung ist auch im Mühlengewerbe klar zu beobachten.

Neuerdings hat, beginnend mit der Jahrhundertwende, auch die Organisation der Mühlenarbeiter Fortschritte gemacht, ohne aber gerade glänzende Ergebnisse aufzuweisen; denn es gehören noch nicht 12 % aller im Mühlengewerbe Beschäftigten dem Mühlenarbeiterverbande an. Eine eingehendere Betrachtung dieses Verbandes erübrigt sich also. Es sei nur kurz bemerkt, daß die Tätigkeit seiner Agitatoren oft nur einer Verhetzung der Arbeiter gleichkam, wenn natürlich auch Verdienste des Verbandes nicht geleugnet werden sollen. Die unerfreulichen Erscheinungen haben bisher die erfreulichen überwogen und so hat sich für die Handelsmüller die Notwendigkeit ergeben, ein Gegengewicht zu schaffen. Im Jahre 1904 trat der „Arbeitgeberverband der Mühlenindustrie“ ins Leben; ihm schlossen sich der 1906 gegründete brandenburgische Lokalverband und der 1907 entstandene „Arbeitgeberverband der sächsischen Mühlenindustrie“ an. Ein weiterer Ausbau ist geplant, und fortan stehen sich also der Verband der Arbeitnehmer und der der Arbeitgeber in Streitfragen gegenüber.

Bei der Besprechung der Arbeiterinteressen ist die Lage der Obermüller unberücksichtigt geblieben, und zwar deshalb, weil sich in den Löhnen derselben gar zu bedeutende Unterschiede finden. In Mittelmühlen dürften die Obermüller 150—170 Mk. monatlich verdienen; in Großmühlen dann, wenn noch ein besonderer technischer Leiter vorhanden ist, etwa 180—250 Mk.; wenn letztere Bedingung nicht zutrifft, ist der Verdienst erheblich höher, und er erreicht natürlich in den größten Großmühlen die höchsten Ziffern. — Die Klagen, daß bei der weitgehenden Arbeitsteilung in den Großbetrieben die Tätigkeit des einzelnen eine immer mehr mechanische, das geistige Niveau mithin ein immer mehr abnehmendes wird, treffen für die Angestellten moderner Mühlen nicht zu; im Gegenteil verlangt der heutige moderne Mühlenbetrieb Fähigkeiten und vielseitige Kenntnisse von den Obermüllern und Müllern, über die sich ein Kleinmüller schlechthin keinen Begriff zu bilden vermag. Und die eingangs erwähnte, in früherer Zeit angetroffene Ansicht, daß das Mühlenhandwerk in acht Tagen zu erlernen sei, trifft heutzutage weniger als je zu.

Pierersche Hofbuchdruckerei Stephan Geibel & Co. in Altenburg.

FSC
www.fsc.org
MIX
Papier | Fördert gute Waldnutzung
FSC® C083411

Kolibri 360 GmbH
Ferdinand-Jühlke-Straße 7
99095 Erfurt, Deutschland
produktsicherheit@kolibri360.de

Druck:
CPI Druckdienstleistungen GmbH
im Auftrag der
Kolibri 360 GmbH
Ferdinand-Jühlke-Str. 7
99095 Erfurt